CB135526

O OPOSTO DO DESTINO

Amy Tan

O OPOSTO DO DESTINO

Memórias

Tradução de
Aulyde Soares Rodrigues

Rocco

Título do original:
THE OPPOSITE OF FATE
A book of musings

EDITORA ROCCO LTDA.
Av. Presidente Wilson, 231 – 8º andar.
20030-021 – Rio de Janeiro, RJ
Tel.: (21) 3525-2000 – Fax: (21) 3525-2001
rocco@rocco.com.br
www.rocco.com.br

Printed in Brazil/Impresso no Brasil

preparação de originais
MARIANA SOUZA e
CILÉA GROPILLO

CIP-Brasil. Catalogação-na-fonte.
Sindicato Nacional dos Editores de Livros, RJ.

T166o Tan, Amy, 1953-
O oposto do destino: memórias/Amy Tan; tradução de Aulyde Soares Rodrigues. – Rio de Janeiro: Rocco, 2006.

Tradução de: The opposite of fate: a book of musings
ISBN 85-325-2026-X

1. Tan, Amy, 1953-. 2. Escritoras norte-americanas – Relações com a família. 3. Escritoras norte-americanas – Biografia. I. Título.

06-0482 CDD – 818
CDU – 821.111 (73)-94

AGRADECIMENTOS

Devo a muitas pessoas agradecimentos por este trabalho. Entre elas, Sandy Dijkstra e Carole Baron, por sugerirem o livro quando me parecia impossível escrever outra frase; Aimee Taub, pela orientação, organização e jovialidade, fazendo com que o superassustador parecesse apenas assustador, até mesmo divertido; Anna Jardine, por me salvar da desgraça pública; Raphael Stricker, por restaurar meu cérebro para ter forças para escrever, e Faith Sale e Daisy Tan, musas eternas, pela inspiração, intuição e senso de propósito.

Com amor para Lou DeMattei,
que conhece a ficção e a não-ficção da minha vida,
assim como tudo que não pode ser posto em palavras.

SUMÁRIO

Ventos fortes, fortes influências

Sorte, chance e uma vida encantada

Uma escolha de palavras

Esperança

NOTA AO LEITOR

Estes são pensamentos sobre a minha vida, incluindo as metáforas que usei quando tinha oito anos, sentindo os livros como janelas que se abriam e iluminavam meu quarto, e os pensamentos que tive quando escrevi o obituário de minha mãe, tentando recapitular quem ela foi e qual o legado que me deixou.

Digo que este é um livro de pensamentos porque é composto quase inteiramente de peças casuais, em vez de ensaios formais. Algumas são longas, versões de palestras que fiz em universidades. Outras são curtas, resultado da hora desesperada em que foram escritas, como, por exemplo, o panegírico à minha editora, a incomparável Faith Sale, ou o e-mail enviado a amigos depois que um desastre inesperado que quase me tirou a vida chegou ao noticiário nacional. Há também um poema de amor para meu marido, meu exercício mais difícil em brevidade.

Inclui peças mais longas, como meus pensamentos sobre a realização ou produção do filme *O clube da felicidade e da sorte*. Um repórter me enviou perguntas por fax e mandei as respostas, escritas quase sem pensar, e terminei imaginando o que aconteceria depois. Numa nota de rodapé expliquei o que eu tinha feito. Ofereço também parte do meu diário sobre a viagem à China em 1990, quando fui sufocada no seio da família e tive de ceder, em vez de seguir meus típicos costumes americanos. Ofereço isso como divertimento e porque mostra como quase tudo na minha vida se transforma em observação obsessiva, imagens, questões e, quando tenho sorte, no começo de histórias, por mais estranhas que sejam. A última reflexão deste livro foi escrita recentemente por uma razão profética e esperançosa.

Algumas peças têm origem ignominiosa. "Língua materna" foi escrita às pressas, na noite anterior ao dia em que eu deveria estar com um grupo de pessoas muito mais eruditas do que eu para discutir "A situação da língua inglesa". O discurso foi mais tarde publicado na *Threepenny Review* e depois selecionado para ser incluído na antologia *Os melhores ensaios americanos de 1991* – o que me faz imaginar se todos os meus ensaios não deveriam ser escritos às duas horas da manhã num estado de pânico total. Uma versão de "Língua materna" foi também usada pelo desenvolvimento avançado de inglês do SAT (Teste de Aptidão Acadêmica). Esse fato inesperado me encantou extremamente, uma vez que minha contagem nos quatrocentos pontos na seção verbal do SAT fazia parecer impossível, para mim pelo menos, até 1969, pensar em ganhar a vida com o artístico arranjo das palavras.

Escolhendo essas peças para o livro, fiz uma nova descoberta, tão óbvia que me admirei de não ter visto antes, centenas de vezes, o padrão. Em tudo que escrevi, ficção ou não-ficção, direta ou obliquamente, mas sempre como uma obsessão, volto à questão do destino e suas alternativas. Vi que essas reflexões sobre o destino expressam minha filosofia idiossincrática, e isso, por sua vez, é a minha "voz", que determina o tipo de histórias que quero contar, as personagens que escolho, os detalhes que considero relevantes. Nas minhas histórias de ficção, escolhi personagens em dados momentos de suas vidas que questionam no que devem acreditar geralmente em situações de perda. E embora eu jamais tenha pretendido que as peças deste livro de não-ficção expliquem minha ficção, é isso exatamente o que acontece.

Assim, embora cada uma dessas peças tenha sido escrita por uma determinada razão, elas têm muito em comum. E em algumas vezes essa razão se refletiu na minha exposição de idéias, na descrição de pessoas e de momentos de valor central. São pensamentos ligados por meu fascínio pelo destino, cego e abençoado, e em suas várias alternativas: escolha, chance, sorte, fé, perdão, esquecimento, liberdade de expressão, procura da felicidade, bálsamo do amor, atitude resoluta, força de vontade, coleção de talismãs para dar sorte, respeito aos rituais, paz por meio da prece, busca por milagres, pedidos de socorro e o atendimento generoso a esse pedido por estranhos e entes queridos.

Vejo que essas transformações do destino são, na realidade, uma única coisa abrangente: esperança. A esperança sempre é permitida para todas as coisas. A esperança está sempre presente. Minha mãe, que me ensinou várias mudanças do destino, era uma ardente defensora da esperança. Se o destino era o ponteiro pequeno de um relógio, automaticamente movendo-se para a frente, ela podia encontrar um meio de obrigá-lo a voltar. Fazia isso sempre. Ela, que sempre acreditou piamente que eu seria médica, mais tarde gabava-se para quem quisesse ouvir: "Eu sempre soube que um dia ela seria escritora." Dizendo isso, o destino era mudado, e a esperança, realizada. E aqui estou, uma escritora, exatamente como a previsão de minha mãe.

DESTINO E FÉ*

Minha mãe acreditou por muitos anos na vontade de Deus. Era como se ela tivesse aberto uma torneira celestial de onde a bondade jorrava sem parar. Dizia que era a fé que fazia com que todas aquelas coisas boas acontecessem para nós, mas eu pensava que ela dizia "fate" *porque não podia pronunciar o som "th" da palavra* "faith".

Mais tarde descobri que talvez fosse destino o tempo todo, que a fé era apenas uma ilusão que de certa forma podíamos controlar. Descobri que o máximo que podia ter era esperança, e com isso não estava negando qualquer possibilidade, boa ou má. Estava apenas dizendo: se há uma escolha, Deus amado, ou seja lá o que for, é aí que as possibilidades devem estar.

O clube da felicidade e da sorte

* Em inglês, "Fate and faith". *Fate* = destino; *faith* = fé. (N. da T.)

A versão cliffsnotes *de minha vida*

Logo depois da publicação do meu primeiro livro, muitas vezes tive de enfrentar o assunto da minha mortalidade. Lembro-me de uma jovem que me perguntou o que eu fazia para viver. Sou autora de livros, disse com orgulhosa nova autoridade.

– Autora contemporânea? – ela quis saber.

E como na época tinha acabado de publicar meu primeiro livro, tive de pensar por um momento, antes de concluir que se eu não fosse contemporânea, seria o contrário, ou seja, estaria morta.

Desde então prefiro dizer que sou escritora. Um escritor escreve – escreve no tempo presente progressivo. Ao passo que um autor, a não ser que seja definitivamente considerado "contemporâneo", está no tempo passado, alguém que escreveu um dia, alguém que não precisa mais apontar o lápis, por assim dizer. Para mim, a palavra *autor* é tão gelada quanto o *rigor mortis,* e estremeço ao ser apresentada como autora quando faço palestras em universidades. Isso provavelmente porque, quando estava terminando o curso de inglês na faculdade, todos os autores que eu lia, invariavelmente, não eram contemporâneos.

O que leva meus leitores ardentes a me perguntar sobre o tempo de vida dos meus livros? Nos auditórios, em palestras e em programas ao vivo no rádio, sou muitas vezes surpreendida com perguntas do tipo: "O que gostaria que fosse escrito em seu túmulo?", "Por qual dos seus livros deseja ser lembrada?", "Sente-se honrada sabendo que seus livros provavelmente estarão circulando em bibliotecas muito depois da sua morte?"

Nenhuma dessas perguntas me parece tão chocante quanto esta: "Você está armada?" Foi feita por uma menina de nove anos, em Nashville, durante uma sessão de autógrafos. Perguntei a mim mesma se a menina tinha acabado de sair de uma aula sobre prevenção de crimes e de uso de drogas, e agora estava preocupada achando que todos os adultos andam armados ou são viciados. Respondi gentilmente que não: "Que tipo de 'arma' a preocupa?"

"Você sabe", a menina disse. "Com bala na agulha" ("com muito dinheiro"). Olhei para a mãe dela, esperando que chamasse a atenção da filha. A mãe olhou bem para mim e disse: "Então, está ou não?"

Já me acostumei com a curiosidade do público. Mas nada me preparou para o que considero a extrema lembrança da mortalidade de um escritor. Aconteceu quando eu estava em outra livraria, pronta para mais uma leitura. Eu esperava nos bastidores, enquanto o gerente da livraria fazia uma longa introdução sobre minhas credenciais de escritora. Olhando para o lado, vi um suporte de arame cheio de livrinhos baratos e familiares. Eram *cliffsnotes*, autodenominados de "sua chave para os clássicos".

Como todos nós sabemos, *Cliffsnotes* têm servido de salvação de última hora para muitos estudantes de literatura, e a triste verdade é que esta antiga estudante do curso superior de inglês os usou para fazer trabalhos importantes sobre – terei coragem de dizer? – *Ulisses, Lord Jim* e *Hamlet*.

Imaginem: lá estava eu, numa livraria, lembrando os pecados do passado, pronta para ler um dos meus livros publicados. Silenciosamente pedi desculpas aos meus companheiros escritores Jim Joyce, Joe Conrad e Bill Shakespeare, que descansem em paz. Então vi outro título familiar: *O clube da felicidade e da sorte*. Olhei para aquelas *Cliffsnotes*, pensando: "Mas ainda não morri..."

Folheei o livrinho e encontrei uma biografia tipo obituário da autora, eu, Amy Tan. Fiquei chocada ao saber que no passado eu tivera "um relacionamento com um alemão bem mais velho, que tinha contato com traficantes de drogas e com o crime organizado".

Por acaso estariam descrevendo o *meu* Franz? Sim, ele era bem mais velho do que eu. Tinha vinte e dois anos, e eu só dezesseis, quando nos conhecemos. E, sim, era amigo de um casal de hippies canadenses que vendia haxixe, mas não me lembro de serem *tão* organizados a respeito. Seja como for, será que minha história pessoal de namoro com um perdedor constitui o tipo de informação útil para "estudantes sérios", como Cliff os chama? Será que isso os faz sentir "seguros de que têm uma compreensão básica da minha obra"?

Página após página, percebi que meu livro fora desmembrado, autopsiado e permanentemente embalsamado, capítulo por capítulo, golpe por golpe: sumários da trama, mapas genealógicos, e – *ai-ya!* – até horóscopos chineses. Mais adiante, fiquei impressionada ao saber das várias e inteligentes nuances que aparentemente eu imprimira à expressão "força invisível", que no livro a mãe ensina à filha jogadora de xadrez, Waverly. Segundo Cliff, por "força invisível" eu me refiro à "vontade humana", bem como à representação do "poder feminino" e ao "poder dos estrangeiros". Era espantoso o que eu conseguira realizar.

A verdade é que peguei essa frase emprestada de minha mãe, que costumava me dizer algo parecido quando eu ou meu irmão choramingava em voz alta. Dizia: "*Fang pi bu-cho, cho pi bu-fang*", o que geralmente os pais chineses dizem e cuja tradução aproximada é "Há mais poder no silêncio".

Porém, o que minha mãe queria que compreendêssemos era exatamente isto: "Ninguém quer ouvir você fazer tanto barulho por nada; portanto, fique quieta." Um lingüista exigente talvez queira observar que a tradução literal da frase em chinês segue estas linhas nobres: "Peidos altos não têm cheiro, os que fedem de verdade são os silenciosos."

De qualquer modo, esse é o tipo de simbolismo literário que uso em expressões como "força invisível" – *não* o tipo de análise que está nas notas de Cliff, devo acrescentar.

No fim do livrinho havia uma série de perguntas. Li uma: "Qual é a filha, no livro, que mais se parece com Amy Tan? Por quê?" Que sorte. Essa pergunta era geralmente feita nas entrevistas e eu nunca soube o que dizer. Ali, nas minhas mãos trêmulas, logo na página seguinte, estava a resposta definitiva. Mas na outra página descobri que eram apenas perguntas para discussão, sem respostas no livrinho, e desse modo fui deixada só, como sempre, para questionar minha própria angústia existencial.

A despeito do choque inicial, admito que me senti perversamente honrada em fazer parte das *cliffsnotes*. Olhe para mim: estou nas prateleiras, de 4,95 dólares da livraria, ao lado de Shakespeare, Conrad e Joyce. Não estou dizendo que alcancei o status literário desses autores. Reconheço que uma diferença fundamental nos separa. Eu sou uma escritora contemporânea, eles não. E uma vez que não estou morta ainda, posso responder às questões.

Um dos problemas de ser um autor contemporâneo é que freqüentemente temos oportunidade de ver o que escrevem a nosso respeito nas críticas literárias, perfis ou teses de estudantes. É tudo de estarrecer. Bom, mau ou feio, lá está na frente de nossos olhos uma análise da nossa pessoa, nossas intenções, os significados mais profundos, mais subterrâneos do nosso livro – digamos a dicotomia entre duas culturas e duas gerações, ou as preocupações sociopolíticas da imigração e da assimilação, o que nos faz parecer pessoas preocupadas com assuntos elevados, quando na verdade nossas razões para escrever são mais casuais e pessoais.

A verdade é que, quando escrevo, começo com uma simples pergunta: como as coisas acontecem? Desde muito cedo, o que eu pensava sobre isso afetava o que eu podia esperar. E na minha família havia dois pilares de crença: a fé cristã, do lado do meu pai, e o destino chinês, do lado de minha mãe. Imaginem essas duas ideologias como as traves do gol num campo de futebol: fé em um lado, o destino no outro e eu correndo entre os dois, tentando evitar um míssil perigoso lançado por um dos lados.

A fé do meu pai foi alimentada por sua família. Ele nasceu em 1913, o mais velho de doze irmãos. Sua mãe era uma curandeira chinesa, e seu pai, um ministro presbiteriano. Meu avô, Hugh Tan, fora convertido por missionários em Cantão e estudou em escolas de língua inglesa. Sua educação era tão completamente ocidental que ele podia ler e escrever em inglês antes de aprender o cantonês, sua língua de origem. Certa vez ele me escreveu uma carta, pouco antes de morrer de derrame em Xangai. Seu inglês era impecável e suas observações prefaciadas com sentimento cristão: "Agradecemos ao bom Deus por ainda estarmos com boa saúde."

A influência cristã era tão profunda e tão forte na família Tan que os doze filhos se tornaram evangelistas de uma ou outra denominação. Meu pai chegou ao ministério religioso mais tarde do que os outros, mas aos trinta e quatro anos sofreu uma crise moral. Alguns anos antes apaixonara-se por uma bela mulher, infeliz no casamento e com três filhos pequenos. Tiveram um caso, e a mulher foi presa por adultério. Logo depois, meu pai deixou a China e veio para os Estados Unidos, onde lhe foi oferecida uma bolsa para estudar no MIT.

Em São Francisco, hospedou-se na Associação Cristã de Moços e tornou-se membro da Primeira Igreja Batista Chinesa, na rua Waverly. À noite escrevia num diário de capa de couro preto e às vezes citava seus pecados e suas fraquezas. Eles haviam cometido adultério. Agora a mulher penava na cadeia, e ele aprendia a dançar quadrilha em San Francisco. Oh, a terrível injustiça de tudo isso. Ele se censurava amargamente, até que Deus respondeu com uma epifania, indicando que devia se dedicar a salvar outras pessoas. Desistiu da bolsa do MIT e entrou para o seminário da Escola Batista de Divindade Berkeley.

Pelo resto de sua vida, meu pai procurou as respostas certas na fé em Deus, uma fé absoluta. Entre as muitas pessoas que conheço, sempre se espera ganhar um espaço especial para decidir como suas preces serão atendidas. Por exemplo, você pode rezar pelo amor da sua vida e Deus lhe concederá uma posição de voluntário no abrigo de animais, e salvá-los poderá se tornar o amor da sua vida. Deus, assim como seus pais. Papai Noel e talvez seu psiquiatra ou seu editor sabem melhor como canalizar seus desejos para fins mais apropriados e benéficos.

Mas a fé do meu pai, como disse, era absoluta. Rezando para Deus, ele receberia exatamente o que queria. Rezou para que sua namorada fosse libertada, e ela saiu da prisão, passou um telegrama para meu pai perguntando se queria que ela viesse para a América. Xangai logo seria tomada pelos comunistas e a resposta deveria ser agora ou nunca.

Segundo a tradição familiar, respondeu imediatamente, dizendo: "Sim, venha!" Porém, imagino que devia ter gasto alguns minutos, ou talvez horas, pensando em sua obrigação para com ela e em suas futuras obrigações como ministro religioso. Poderia casar com a mulher com quem cometera adultério? Poderia ele, um exemplo moral para o rebanho, suportar a lembrança do seu pecado pelo resto da vida? E o que seus paroquianos pensariam sobre o fato de sua futura mulher ser divorciada? E como ela, sua amada, acostumada a ter empregadas e casacos de pele, a fumar, aceitaria a existência austera de um pobre ministro religioso? Imagino-o pedindo a Deus para "iluminar meu coração com Sua resposta".

Deve também ter se voltado para Deus, pedindo orientação sobre como contar sobre o seu casamento iminente às jovens mulheres, suas amigas, que acompanhava nos piqueniques da igreja e com quem saía às vezes. Felizmente para mim ele documentou bem essas saídas com as amigas. Era fotógrafo amador, gostava da sua máquina Rolleyflex e passava horas na câmara escura. Gostava que as pessoas fotografadas fizessem pose, encostando numa parede e inclinando a cabeça para a luz do sol, ou passando o braço em volta de uma viga de madeira e cruzando os tornozelos com os pés virados para a frente – o mesmo que ele me mandava fazer em pequena. As fotos eram meticulosamente coladas num álbum, que mais tarde eu examinei. Em algumas páginas, porém, não havia nenhuma foto nas cantoneiras negras. Tinham sido retiradas e discretamente guardadas numa caixa de sapatos, que também encontrei – como o *close-up* de uma jovem deitada na grama, outra languidamente passando os dedos nos pés calçados com pequenos sapatos bordados. Não havia nada de sensual nas poses, nada sugeria que aquela saída fosse mais do que uma simples sessão de fotografia. Mas a expressão nos olhos das mulheres era de pura adoração. Imagino-as prendendo a respiração enquanto meu pai olhava através do visor da máquina.

O que elas viam? Um homem bonito, elegantemente vestido, que sabia as palavras certas para deixá-las à vontade. Ele era mais do que um homem basicamente bom. Apesar de ser um estudante pobre no seminário, todos o achavam um bom partido, um soberbo dançarino, conversador espirituoso, dado a gestos românticos e a promessas eternas, além de estar prestes a se tornar ministro religioso, um homem indubitavelmente da mais elevada moral, extremamente respeitado, um líder. No verão de 1949, quando o ministro da sua igreja anunciou para a congregação que a noiva de John Tan estava para chegar da China, várias jovens, desapontadas, saíram da igreja banhadas em lágrimas.

Uma vez ou outra me pergunto o que teria acontecido se meu pai se casasse com uma daquelas mulheres. Elas eram solteiras, tinham um passado limpo – nenhum marido sociopata, nenhuma filha deixada em prantos para trás. Todas instruídas e falando inglês como qualquer americana. Devo ter conhecido várias delas entre as tias que freqüentavam a mesma igreja durante mais de cinqüenta anos: mulheres realizadas, sensatas, agora com setenta ou oitenta anos.

Meu pai mandou o telegrama dizendo "Sim, venha!" para a mulher que seria minha mãe, a divorciada de Xangai que tinha acabado de sair da prisão. Foi assim que minha mãe veio para os Estados Unidos e se casou com meu pai. Era a vontade de Deus e a falta de sorte de outra mulher.

Porém, segundo minha mãe, Deus teve menos a ver com isso do que o destino. "Pense em como conheci seu pai", ela me lembrava. Foi em meados de 1941, durante a guerra. Ela estava num barco, indo para a cidade onde seu marido, um piloto militar do Kuomintang, trabalhava. Meu pai e seu irmão estavam no mesmo barco. Ela e meu pai conversaram amigavelmente. Sentiram-se atraídos um pelo outro, embora não tivessem admitido o fato. O barco chegou ao destino alguns dias depois e cada um seguiu um caminho.

Isso podia ter sido o fim do espermatozóide e do óvulo que deram origem à minha pessoa. Quatro anos se passaram. A guerra terminou. Minha mãe a essa altura tinha tentado várias vezes abandonar o marido abusivo. "Aquele homem mau" era como sempre se referia a ele. Aquele homem mau certa vez encostou uma arma em sua cabeça para obrigá-la a assinar papéis falsos de divórcio. Ela fez isso alegremente, não era preciso a arma, mas logo depois que assinou, o marido a violentou.

Enquanto isso, meu pai passeava em outra parte da China, solteiro e feliz. Muitas mães chinesas tentaram fazer com que ele se interessasse por suas filhas. Uma delas, com três filhas, todas bonitas, talentosas e fotogênicas. Eu vi as fotos. Como falava perfeitamente inglês, cantonês e mandarim, meu pai conseguiu trabalho no Serviço de Informações dos Estados Unidos. Usava uniforme do exército americano e visitava as bancas de jornais e as livrarias locais, à procura de livros e revistas que mencionassem os Estados Unidos, bem ou mal. Um dos meus tios me disse que meu pai fora recrutado pelos Estados Unidos para ser espião. Disse também que ele fumava, bebia e era um verdadeiro playboy na China. Minha mãe ria dessas afirmações. (Até hoje não sei quem tinha razão. E o visto para os Estados Unidos que encontrei entre os pertences do meu pai? Dizia que ele já era casado. Teria outra mulher? Será que um dia vou receber uma carta anunciando: "Surpresa! Sou sua irmã há muito perdida. Suas outras sete irmãs e eu chegaremos amanhã e nos hospedaremos em sua casa por um ou dois meses, a não ser que você queira que fiquemos mais tempo...")

Mas voltemos a 1945, supondo que a versão da minha mãe seja verdadeira. Meu pai, agora com trinta e poucos anos, ainda estava solteiro. Trabalhava em Tientsin, no norte, a milhares de

Meus pais, John Tan e Du Ching (Daisy).
Tientsin, China, 1945.

quilômetros do rio onde ele e minha mãe se conheceram. Por acaso, na mesma época em que minha mãe foi a Tientsin visitar o irmão e a cunhada que trabalhavam para os comunistas. Ela andava por uma rua no momento exato em que meu pai vinha da direção oposta. Eles se encontram. Os dois confessam ter sido amor à primeira vista quatro anos depois, porque esse amor só cresceu mais forte durante o tempo em que estiveram separados, um sentindo falta do outro.

Não foi por acaso que se encontraram duas vezes, minha mãe dizia sempre que contava essa história. Foi o destino. O amor provou isso. Portanto, foi assim que eu nasci, dessa mãe com um passado secreto e tormentoso. Tornei-me a filha de uma mulher que acreditava que eu era parte do seu destino.

Graças à minha mãe, fui criada para ter uma imaginação mórbida. Quando pequena, ela constantemente falava na morte como uma realidade inevitável. A mãe da pequena Debbie nesta mesma rua podia dizer: "Meu bem, olhe para os dois lados antes de atravessar a rua." A versão de minha mãe era: "Se você não olhar, fica atropelada, como um *dab* de areia." (*Dab* de areia era o peixe que comprávamos no mercado, reconhecido pelos dois olhos no mesmo lado da cabeça, que parecia feita de papelão.)

Os avisos ficavam piores, dependendo do perigo do momento. Educação sexual, por exemplo, consistia no seguinte conselho: "Nunca deixe um garoto beijar você. Se deixar, não pode parar. Então você tem um bebê. Você joga o bebê no lixo. A polícia descobre, leva você para a cadeia e então sua vida acaba, é melhor se matar."

As conseqüências de não dar atenção aos seus conselhos eram graves. Quando tinha seis anos, fomos ao enterro de minha amiga Rachel, que morava na mesma rua. Enquanto olhava para os olhos fundos de Rachel, com suas mãos exangues cruzadas sobre uma Bíblia, minha mãe murmurou no meu ouvido: "É isso que acontece quando você não ouve o que sua mãe diz." Minha mãe continuou falando que Rachel morreu porque não tinha lavado as frutas antes de comer – uma precaução saudável que tantas vezes eu ignorava. (Anos mais tarde, quando foi provado que os pesticidas nas frutas causavam câncer, aprendi que os avisos de minha mãe, afinal de contas, tinham sua razão de ser.)

Lembro que um dia, não muito depois da morte de Rachel, eu estava sentada na banqueta do piano, emburrada. Minha mãe ralhava porque eu não estudava o bastante, que era preguiçosa. Falou e falou do quanto custavam as aulas com a Srta. Towler e como papai tinha de fazer horas extras para pagar. E para quê? Para ouvir sempre os mesmos erros. Então perguntou, impaciente: "O que você prefere. Tocar piano e ser famosa ou brincar lá fora e ser ninguém?" Adivinhem a resposta.

Ela ficou calada por um momento, e então disse: "Tudo bem. Vá brincar."

Quando levantei da banqueta, ouvi-a resmungar que dali em diante eu podia fazer o que quisesse. Ela não ia mais me dizer o que devia fazer. Se eu não queria tocar piano, tudo bem. "Para sempre desobedecendo", ela disse. "Não importa. Logo, talvez amanhã ou no dia seguinte, estarei morta mesmo."

Eu já sabia o que queria dizer morta, ou pelo menos como a pessoa ficava. Mas não sabia ainda que minha mãe tinha visto isso acontecer quando tinha nove anos e que depois ela passou a considerar o suicídio como uma resposta a qualquer tipo de infelicidade. Por isso, constantemente ameaçava morrer, uma vez por semana, uma vez por dia, sempre que estava descontente comigo, com meu pai ou com meus irmãos, sempre que se sentia desconsiderada pelos amigos, sempre que o leite derramava ou que o arroz queimava. Eu não sabia que mais tarde seu terrorismo emocional se alternaria entre ameaças de suicídio ou de voltar para a China, e que isso me levaria a pensar que a China, como a morte, era um lugar desagradável para se visitar. Naquele dia, no piano, quando disse que logo estaria morta, tudo o que senti foi medo.

Por causa desse modo de ser de minha mãe, eu vivia num estado de alto suspense. Pensava freqüentemente na morte, em Rachel sem vida, na promessa de minha mãe de que logo também estaria morta. Via também o rato que meu pai tinha mostrado recentemente a mim, e a meus irmãos, no meio da noite: o corpo ensangüentado do roedor esmagado na ratoeira, com os olhos negros saltados. "Vejam!", minha mãe nos consolou, "Agora vocês não têm mais medo do que vai devorar vocês." Até aquele momento, imaginávamos que o rato na nossa casa era uma criatura amável como Mickey Mouse.

Como a morte estava sempre em minha mente quando era pequena, é claro que eu pensava em fantasmas também. Em nossa casa tínhamos dois tipos. Primeiro, havia o fantasma do qual podíamos falar na frente dos outros. Era o Espírito Santo. Afinal, meu pai era um ministro batista ordenado. É verdade que, em meados dos anos 50, ele tinha voltado para a engenharia elétrica para ter com o que viver, mas sua vocação ainda era a igreja, e ele encorajava a devoção diária da família. Nós, os filhos, aprendíamos que o Espírito Santo se sentava à nossa mesa e comia comida chinesa. Em todas as refeições arrumávamos os pauzinhos e uma tigela para nosso convidado invisível.

O segundo tipo de fantasma pertencia só à minha mãe. Eram fantasmas chineses. Não devíamos falar neles porque eram maus, de uma religião diferente e banidos pelas leis do Espírito Santo. Porém, estavam lá. Sentíamos sua presença. Certa vez, quando tinha uns quatro anos, lembro que me mandou ir ao banheiro escovar os dentes e lavar o rosto. Tínhamos convidados e eu não queria ir dormir, por isso respondi: "Não posso entrar lá."

Minha mãe quis saber por quê.

– Estou com medo – menti.

– Por quê?

– Tem um fantasma lá.

Como faz a maioria das mães, segurou a minha mão com firmeza e me levou ao banheiro. A maioria das mães teria acendido a luz e dito: "Veja, não há nenhum fantasma aqui... agora escove os dentes." Minha mãe parou na porta e disse com voz cheia de excitação e esperança: "Onde eles estão? Mostre."

Para meu grande constrangimento, pelo resto da vida continuou a acreditar que eu tinha talento para ver fantasmas. Quando fiquei mais velha, lembrou o incidente do banheiro: "Eu nunca ensinei a você a palavra 'fantasma'. Portanto deve ser verdade. Você vê fantasmas!" Não adiantava tentar explicar que eu não via, nem sentia nada parecido. Ela achava admirável o fato de eu mentir para proteger meus amigos invisíveis.

Minha mãe tinha outras provas de que os fantasmas me procuravam. Eu sabia coisas que não devia saber. Não lembro o que disse ou fiz para que pensasse isso. Talvez o modo como eu pronunciava uma certa palavra. Ou talvez o fato de gostar ou não de algum prato que ela fazia. Meus maneirismos, minhas preferências, meu tom de voz eram exatamente os de outra pessoa... uma pessoa morta em circunstâncias misteriosas. Minha mãe acreditava na reencarnação e acreditava que eu era alguém do seu passado, uma mulher a quem sem dúvida ela fizera algum mal. Do contrário, por que tive de voltar como sua filha para atormentá-la desse modo?

Não queria me considerar uma pessoa morta. Mas também tinha medo de contradizer minha mãe, pois isso a faria mergulhar num daqueles abismos escuros e ameaçar se matar. Eu já a vira tentar uma vez... quando abriu a porta do carro na via expressa e meu pai teve de puxá-la para dentro. Vivia com medo de ver um fantasma de verdade se minha mãe morresse.

Eu não podia falar com meu pai sobre essas coisas. Eu o adorava, e ele a mim, mas ele também adorava e temia minha mãe. Era muito mais fácil lidar com ele do que com minha mãe. Meu pai não se irritava facilmente. Contava piadas em várias línguas e costumava convidar os amigos para cantar depois do jantar. Lia histórias para mim e para meus irmãos quando íamos para a cama, imitando os personagens como ninguém. Fez comigo o questionário da *Reader's Digest*, "O Poder da Palavra", como se fosse a coisa mais divertida do mundo. Lia-me seus sermões e me achava a sua melhor crítica. Mostrava seu trabalho de engenharia quando estava fazendo o curso de professorado, como se eu pudesse absorver imediatamente a complexidade dos símbolos e das fórmulas. Meu pai era trabalhador e gostava de se ocupar sete dias por semana. Era engenheiro, ministro religioso voluntário, com curso universitário, e tinha um negócio de eletrônica em nossa sala de estar, onde fazia minúsculos transformadores eletromagnéticos do tamanho de um drops. Só me lembro de meu pai ter tirado férias duas vezes, e por poucos dias, para nos levar à Disneylândia e à Knott's Berry Farm, e ainda conseguiu celebrar um casamento no caminho e visitar firmas de eletrônica que podiam estar interessadas em comprar os transformadores que fabricava nas horas "livres".

Inteligente e forte como era, sempre cedia às exigências de minha mãe. Isso significava que de seis em seis meses ou de ano em ano tínhamos de mudar de casa. Sempre que minha mãe ficava infeliz, queria se mudar. E quando cismava com alguma coisa, não desistia, até sua infelicidade inundar a casa toda e ficarmos doentes com suas queixas.

Quando me formei no ensino médio, tinha freqüentado onze colégios, aprendido a perder amigos e a ficar sozinha até fazer novas amizades. Cada vez que entrava em um novo colégio, tinha de me sentar no fundo da classe, quieta durante o primeiro mês mais ou menos, observando quem era popular, quem não era, quem era inteligente, quem era sabichão. Tinha de mostrar aos novos professores que era uma boa aluna e que sabia desenhar bem. Mas sabia também como não me destacar em qualquer outra coisa, muito menos me juntar às minorias. Eu compreendia que tinha de ser um camaleão para sobreviver, me encaixar silenciosamente e observar.

Pensando nisso agora, vejo que era um excelente treinamento para uma escritora em embrião. Aguçava minha capacidade de observação. Aprofundava meu senso de alienação, que, embora não sendo um requisito para um escritor, certamente funciona como um incentivo para escrever. Muitos dos grandes romances do nosso tempo são baseados em narradores alienados. Porém, eu detestava aquele sentimento de solidão. Chorava cada vez que meu pai dizia que íamos mudar. Ele podia certamente rezar a Deus para orientá-lo numa direção geral, mas recebia as ordens específicas de minha mãe para nos mudarmos para Oakland, Hayward, Santa Rosa, Palo Alto, Santa Clara, Sunnyvale.

Durante toda a vida, meu pai manteve a devoção às suas crenças em Deus Pai, no Filho e no Espírito Santo. Praticava o que pregava: pagava os dez por cento do dízimo, não fumava, não bebia, não dizia "puxa vida", "minha nossa" ou "pelo amor de Deus". Rezava quando ficava impaciente ou irritado. Praticava a caridade. Ele me fazia sentir bem dando minhas bonecas para as primas pobres em Taiwan, as mesmas que hoje são milionárias. Meu pai punha sua vida nas mãos de Deus e nos encorajava a acreditar que, se tivéssemos fé absoluta, Deus se encarregaria do resto. Milagres aconteceriam.

Mais ou menos há dez anos encontrei um dos diários do meu pai. Num item, escrito no fim de maio de 1967, escreve que acreditava piamente que Deus lhe concederia um milagre e salvaria seu filho de dezesseis anos de morrer por causa de um tumor no cérebro. Sua fé era absoluta e a definia assim: "Fé é a certeza confiante de que alguma coisa que queremos vai acontecer. É a certeza de que o que esperamos está à nossa espera, embora ainda não possamos ver."

Escreveu isso menos de dois meses antes de meu irmão Peter morrer, e logo depois parou de escrever. Mas isso foi devido à incapacidade, e não à perda da fé. A essa altura meu pai não podia segurar uma caneta para comentar a estranha coincidência de que ele, o pai daquele filho que era agora um espírito, tinha também um tumor no cérebro.

Hoje compreendo que fé e destino têm efeitos similares em quem acredita. Sugerem que um poder mais alto sabe qual será o próximo movimento e que estamos à mercê dessa força. Entre outras coisas, diferem no modo com que tentamos selecionar benefícios e o que fazemos para evitar o desastre. Pensando bem, esses mesmos conceitos são a trama de muitos romances.

Durante seu casamento, minha mãe, mulher de um ministro de Deus, afirmou publicamente sua crença Nele. Outro dia encontrei uma carta que enviou em 1967 a uma amiga da família, na qual comenta a fé do meu pai durante sua doença: "A maior parte do tempo ele passa procurando Deus, confiando cegamente que Deus tomará conta dele. Nós dois chorávamos facilmente, comovidos com o calor do amor que tantos amigos nos davam. Sabemos que é uma bênção que vem do Senhor."

As palavras não foram escritas por minha mãe. Eu as escrevi quando tinha quinze anos, e ditadas com quase todas as repetições do que costumavam dizer. Nossas sessões eram mais ou menos assim: "Amy-ah, escreva isto. Diga que seu pai durante todo o tempo procurava, procurava, procurava Deus, então por que isso aconteceu? Amy-ah, você também está procurando? Por que um tumor no cérebro pela segunda vez? Não, não escreva isso, só estou perguntando. Por que acontecem tantas coisas más?... Como assim, você não sabe? Você não pensa! Você não se importa! E por que você não chora? Seu pai, eu, nós choramos tanto. Mas você... Olhe para seu rosto... Nenhum sentimento! O que há de errado com você, que não chora? E por que usa esse penteado? Parece uma japonesa. Feio... Tudo bem, escreva isto... Amigos são tão bons para nós. Seu pai e eu choramos, lágrimas tanto de tristeza quando de agradecimento."

Era uma tortura escrever aquelas cartas. Eu tinha de escrever as notas de agradecimento aos amigos que iam ao hospital, os cartões agradecendo primeiro por terem comparecido aos funerais do meu irmão e depois do meu pai. Cartas extralongas iam para os que enviavam doações.

Depois da morte de meu pai, minha mãe não rezava mais a Deus. No começo eu achava estranho, já que éramos uma família que orava em todas as refeições e antes de cada ocasião importante. Agora, quando a refeição era servida, comíamos em silêncio. Ou melhor, em silêncio se tivéssemos sorte. Às vezes minha mãe recitava longos e obsessivos monólogos sobre nossas tragédias, sobre a maldição, enfatizando com seus lamentos cada garfada que levávamos à boca: "Por que dois tumores no cérebro? Por que na mesma família? Por que ao mesmo tempo? Quem mais vai morrer? Se alguém for a próxima, que seja eu." (Minha mãe não sabia que ela podia já estar com um tumor no cérebro. Soubemos em 1993, depois que ela recebeu um diagnóstico de concussão. Um exame mostrou um meningioma, um tumor benigno, que, segundo o neurologista, crescia provavelmente há vinte e cinco anos, ou seja, desde mais ou menos a época em que meu irmão e meu pai tinham morrido de tumores cerebrais.)

Para debelar a maldição, minha mãe começou a rezar abertamente para os fantasmas do seu passado. Orava para um quadro da mãe dela. Contratou um geomante para inspecionar a arquitetura espiritual, o *feng shui* da nossa casa no bairro residencial.

Quais as forças que estavam alinhadas contra nós? Procurou curandeiros da fé que a ensinaram a falar em línguas estranhas, uma algaravia que me convenceu de que ela estava ficando maluca. Culpava-se por não se mudar de nossa casa, a casa em que tínhamos morado por mais tempo, dois anos. Naquele bairro, via agora, nove coisas más já tinham acontecido. Contou-as nos dedos: o homem que morava na mesma rua teve um ataque cardíaco. Outro perdeu o emprego. Outro ainda estava se divorciando. Todos os dias minha mãe contava esses desastres, perguntando inutilmente a si mesma por que não tinha visto isso claramente antes.

Quando meu pai morreu, mais fantasmas saltaram do passado de minha mãe: idéias sobre retribuição cármica, reencarnação, a presença dos fantasmas evidenciada pelo latido do nosso cachorro, por um objeto perdido ou a batida de uma porta quando um certo nome era pronunciado. Minha mãe tinha certeza de que tudo aquilo que é incerto no mundo real pode ser atribuído ao sobrenatural. A outro mundo ela atribuía possibilidades ilimitadas que não podiam ser explicadas. E porque minha mãe ainda acreditava na minha sensibilidade, freqüentemente me pedia para usar a tábua de Ouija para se comunicar com o espírito do meu pai, do meu irmão e, às vezes, da minha avó.

Não conheci minha avó. Em 1925 ela engoliu uma grande quantidade de ópio, e minha mãe, então com nove anos, a viu morrer. Porém, de outro modo, via minha avó todos os dias. Ela estava na nossa sala de estar, num retrato a óleo que minha mãe mandara fazer baseada numa fotografia em sépia. No retrato, o rosto da minha avó era de uma bela jovem de trinta e poucos anos, com uma franja reta e um coque apertado. Usava um vestido azul com gola alta. Sua expressão era enigmática, com o olhar etéreo, cujos olhos pareciam olhar um ponto além do artista, no futuro. O quadro estava perto do piano, onde eu estudava todos os dias durante uma hora, com minha avó espiando por cima do meu ombro.

Era esse o rosto que eu via quando sentava na frente da tábua de Ouija. Meus dedos pousados na prancheta triangular, minha mãe chorosa à minha frente. Estava sempre esperando um último adeus, mais uma mensagem de amor. "Você ainda me ama? Tem saudades de mim?" Era de cortar o coração até para mim, a adolescente cética que não se permitia demonstrar qualquer tipo de emoção. Eu dava as respostas que minha mãe esperava: "*Sim, sim.*"

Pragmática, minha mãe vez por outra pedia conselhos sobre a vida de todo o dia. Por algum motivo, achava que os espíritos tinham o mesmo interesse que ela sobre Dow Jones, os preços das ações das mais importantes companhias, a Bolsa de Nova York: "IBM ou U. S. Steel?", perguntava, esperando informação confidencial sobre o melhor tipo. E eu, a suposta fornecedora das respostas dos espíritos de Wall Street, empurrava a prancheta para o que me dava na cabeça, só para acabar com a tortura. "*Compre. Venda. Sim. Não. Para cima. Para baixo.*" Pensando nisso agora, vejo que meus falsos conselhos provavelmente não eram piores do que os da maioria dos corretores de ações. Minha mãe conseguiu aumentar bastante seu modesto portfólio.

Ela também pedia conselhos aos espíritos sobre como educar os filhos: "Amy me trata tão mal", ela disse uma vez, quando me preparava para adivinhar as respostas. "O que devo fazer? Mandá-la para Taiwan, para uma escola de meninas más?" A prancheta correu sem hesitar para o *não*.

Em outra ocasião minha mãe quis saber se devia abrir um restaurante chinês. Todos adoravam seus bolinhos de galinha, e ela sonhava que podia ganhar um milhão com a venda deles. Vi-me lavando pilhas de pratos engordurados e panelas com a massa grudada no fundo. "*Má idéia*", foi a resposta da Ouija. "*Perde dinheiro.*"

Na minha lembrança, que, admito, pode ser subjetivamente falha e repleta de imaginação desenfreada, nossas sessões com a tábua de Ouija eram muitas vezes acompanhadas por estranhos sinais de que realmente havia espíritos na sala. De repente o cômodo ficava não somente frio, como também cheio de vento. Uma flor se soltava da haste como em resposta a uma pergunta importante. Um som distante se fazia ouvir... primeiro por minha mãe, depois por mim... aparentemente de uma mulher chorando. E certa vez a tábua se ergueu no ar, com meus dedos ainda sobre ela, e caiu no chão. É isso que lembro, embora a lógica me diga que foi resultado de histeria ou da manteiga de amendoim grudada nos meus dedos.

Além de usar a tábua de Ouija, minha mãe procurava conselho em outros lugares menos tradicionais. Certa vez procurou debaixo da pia da cozinha, onde guardava os produtos de limpeza. Estava arrumando a cozinha depois do jantar e meu irmãozinho e eu assistíamos televisão ali perto. Eu a vi pegar uma lata de detergente e olhar para ela como se tivesse a limpidez de uma bola de cristal. "Holanda", anunciou. "A Holanda é limpa. Vamos nos mudar para a Holanda."

Alguns meses depois, minha mãe, meu irmão e eu embarcamos no SS *Rotterdam*. Nossa mãe tinha vendido o rancho dúplex, os móveis coloniais e o Plymouth, reduzindo tudo o que tínhamos no mundo ao conteúdo de três novas malas Samsonite e uma enorme mochila. Quando chegamos à Holanda, descobrimos que nossa mãe não tinha nenhum plano. Ficamos em Hague, depois em Amsterdã, em seguida em Utrecht. Em cada cidade, minha mãe usava uma linguagem idiossincrática de sinais para perguntar onde ficava o restaurante chinês mais próximo. Encontrávamos aquelas miseráveis paradas de viajantes, e ela comia, como se estivesse morrendo de fome, comida chinesa com ingredientes indonésios e preparada para o paladar holandês.

"Horrível", minha mãe reclamava, e bebia grandes quantidades de chá para tirar o gosto da boca. (Isso seria seu comportamento padrão em todas as cidades, povoados e vilarejos que visitamos na Europa durante um ano... essa procura esperançosa de comida chinesa, o desapontamento em cada prato que experimentava.)

Localizamos uma escola internacional numa pequena cidade chamada Werkhoven, bem como acomodações na casa de uma mulher. A dona da casa não permitia que ficássemos com a luz acesa depois das nove horas da noite, o que tornava difícil fazermos o dever de casa. Outra coisa desagradável: como dona-de-casa, ela não correspondia à idéia que minha mãe tinha da limpeza holandesa.

Depois de duas semanas na Holanda, tomamos um trem para a Alemanha e fomos parar em Karlsruhe, onde éramos hóspedes de um capelão do exército americano, um velho amigo do meu pai. Matriculamo-nos numa escola americana, onde a principal diversão dos alunos era atirar bicos de Bunsen acesos uns nos outros. Esse não era, eu disse para minha mãe, o tipo de educação que ela previa quando nos levou para estudar no exterior. Assim, ela comprou um fuscão e um guia das escolas de língua inglesa, e lá fomos nós, para o Sul, nos deixando guiar somente pelas curvas e pelos desvios das estradas européias.

Seguindo esses mapas do destino, fomos parar em Montreux, na Suíça, nas margens do lago Genebra. Nessa cidade de veraneio, minha mãe encontrou imediatamente nosso novo lar, um chalé completamente mobiliado, com relógio de cuco e colchões de penas, alugado pelo equivalente a cem dólares americanos por mês. O maior cômodo servia de sala de estar, sala de jantar e de quarto para meu irmão, e era cheio de janelas com vários caixilhos de onde se descortinava uma vista espetacular do lago e dos Alpes. Todos os dias eu olhava para aquele cenário incrível, me perguntando como podia ter tanta sorte. Então lembrava que meu pai e meu irmão mais velho estavam mortos, e por isso eu estava ali.

A oitocentos metros do chalé, seguindo por um caminho lajeado, ficava a escola internacional. De lá se avistava o Château de Chillon, onde diziam que o belo Lord Byron tinha se acorrentado para escrever seus poemas em religiosa agonia. Por sorte, havia duas vagas para o externato da escola. Minha mãe calculou as vantagens à razão de quatro para um: professor-aluno, o ensino obrigatório de esqui como educação física, as aulas particulares de piano e de desenho, o professor de espanhol, da Espanha, o de francês, da França, e professores de inglês, da Inglaterra. Decidiu que tudo valia o preço extravagante de seiscentos dólares por ano.

Aquela escola magnífica era freqüentada por filhos e filhas de embaixadores e expatriados de companhias, ricos e diferentes de tudo o que eu conhecia. Uma garota usava um casaco de pêlo de lince sobre um biquíni, para grande divertimento dos professores homens. Havia dois alunos persas nos primeiros anos da escola – um garoto de seis anos e a irmã de nove – que eram acompanhados por toda parte por guarda-costas. A garota que se tornou minha melhor amiga também tinha perdido o pai recentemente e recebia uma mesada de mil dólares para comprar roupas... isso em 1968, imaginem... mas estava sempre sem dinheiro e não se acanhava em filar meus cigarros e alguns francos regularmente.

Os professores eram todos bonitos, não muito mais velhos do que os alunos do penúltimo e do último ano. Imediatamente me apaixonei por um deles. Naquela época eu era rechonchuda e praticamente cega, porque me recusava a usar óculos. Meu cabelo espesso e brilhante ia até a cintura, o que complementava minha aparência de juventude. Sempre que tinha de ir à sala do piano, sentava no parapeito da janela e fumava cigarros, vendo os cisnes e os gansos no lago, mergulhada em pensamentos cínicos e tolos, a maior parte sobre os meios de sair às escondidas para encontrar com meu namorado. Na América, era uma idiota sem namorado, a amiga fraterna dos garotos pelos quais me sentia atraída. Na Suíça, era *exotique*, procurada pelos freqüentadores habituais do café, pelo jovem nômade da Itália, o operário de fábrica da Espanha, os radicais da Alemanha. Finalmente um objeto sexual popular. A vida começava! Por mais triste que seja, essa era a qualidade dos meus pensamentos.

Namorei Franz, um "homem mais velho", como as *cliffsnotes* o descreveram. Na verdade, foi o primeiro homem a dizer que me amava. Escreveu uma carta linda, com vinte e quatro páginas, em alemão, da qual consegui traduzir apenas a primeira linha: "Meu anjo querido que ofusca o céu acima de mim..." Quem não se encantaria com isso? Ele era um hippie de cabelo crespo, cujo pai fora oficial nazista. Tinha desertado do exército alemão e se considerava um revolucionário, no estilo de Che Guevara. Fumava *Gauloises* incessantemente e desprezava a mente tacanha das pessoas que pensavam que era preciso trabalhar para ter uma ocupação que valesse a pena. Ocupava seu tempo ouvindo os Rolling Stones e tinha muitos amigos, com quem se encontrava no café, onde jogavam *foosball*, uma espécie de futebol de mesa, operado por dois conjuntos de alavancas, com rápidos ajustamentos e viradas do pulso. Como jogava durante horas, todos os dias, Franz era incrivelmente bom, como um campeão de futebol internacional. Se alguém pensasse em dar prêmios aos jogadores de *foosball* no café, ele com certeza ganharia um. Para uma adolescente nos anos 1960, nada podia ser mais romântico do que um homem desse tipo.

Mais tarde fiquei sabendo que meu *Liebling* tinha fugido não só do exército alemão, mas também de um hospital para doentes mentais. Ora, muito bem. Doença mental era algo romântico e, de certo modo, até revolucionário.

Quanto à minha mãe, digamos que ela não tinha a mente tão aberta. Não ajudou o fato de Franz, uma vez, a ter empurrado de leve, o que ela interpretou como uma ameaça. Pensei em dizer-lhe o que aquele gesto significava realmente, mas, pensando bem, achei melhor que o considerasse mais violento do que desrespeitoso.

Durante os meses em que estivemos juntos, nosso romance foi de beijos roubados – e apenas beijos, devo deixar bem claro, embora minha mãe tivesse certeza de que ele me violentara. Ela não se cansava de falar que ele era preguiçoso, tinha mau hálito e nenhum futuro. Meu irmão piorou a situação, dizendo que ele parecia o Larry dos Três Patetas. Foi o suficiente para minha mãe começar a gritar, e me esbofetear, me trancar no quarto. Ficou frenética, depois histérica, e começou a falar em se matar para não me ver destruir minha vida.

Um dia, farta das inventivas de minha mãe, resolvi acabar o namoro com Franz. Ou será que estava cansada dele e queria usar minha mãe como pretexto? Fosse como fosse, lembro que o fim do namoro aconteceu na noite anterior a um grande exame. Até então eu era uma aluna só de notas A. Embora estivesse no penúltimo ano, ia me formar mais cedo, e estava tentando entrar nas faculdades, portanto aquele exame era importante. Mal podia esperar para entrar na faculdade, pois era um modo de me livrar de minha mãe. E um namorado que não fazia nada, não se encaixava na minha nova vida de universitária. É claro que não disse isso para Franz. Culpei minha mãe pelo fim do namoro.

Naquela noite, assim que anunciei minha intenção, Franz se jogou nos trilhos do trem e jurou que deixaria o próximo trem de Lausanne atropelá-lo se eu não mudasse de idéia, embarcasse com ele no próximo trem para a Áustria e fugisse para nos casarmos. Pedi-lhe durante mais de uma hora para não fazer isso. Então ouvimos o apito do trem, *uuu-uuu*. O que ia ser, casar ou enterrá-lo?

Um minuto mais tarde, depois de um abraço, choros, corremos para a estação. Enquanto esperávamos o trem para Viena,

tive tempo para pensar se eu queria mesmo casar com um homem cuja única ocupação era ser o campeão internacional não-oficial de *foosball*. Encontrei um telefone público e liguei para minha mãe. Fiz somente o que mandava a consideração, e avisei-a que não estaria em casa para o café da manhã. Por quê? Oh, não contei? Franz e eu estávamos na estação, prontos para fugir e casar. Antes que o trem partisse, levando-me para um destino certo de infelicidade conjugal, minha mäe e a policia chegaram. Assim, não me casei, mas por causa de uma noite insone repleta de drama, levei bomba no exame.

Depois dessa escapada, minha mãe resolveu que estava farta de tudo. Contratou um detetive particular, que era também o prefeito da cidade. Sem que eu soubesse, confiscou meu diário escrito em espanhol, que o detetive-prefeito traduziu para o francês. A confissão involuntária forneceu em detalhes de romance toda a evidência que o detetive precisava para a maior batida contra drogas na história de Montreux.

Não que fosse muito grande... apenas alguns cogumelos psicodélicos foram encontrados numa van que pertencia a uns hippies canadenses. A maior parte da mercadoria ilegal, quatro quilos de haxixe marroquino, já fora jogada no lago Genebra, e alegremente devorados pelos gansos, que mais tarde, naquele dia, foram vistos voando muito alto.

Franz e seus amigos foram presos e depois deportados. Devido à minha pouca idade, tive sorte e fui apenas obrigada a comparecer perante um magistrado, em Berna, e prometi que nunca mais faria nada errado em toda a minha vida. Prometi não fumar nem mesmo um cigarro e obedecer sempre minha mãe sem nenhuma palavra ou gesto de rebeldia.

Alguns meses depois, me formei. Voltei aos Estados Unidos no outono, comecei meu primeiro ano do colegial como estudante americana batista, escolhida por minha alta moralidade.

Essa foi a minha infância. Contada assim não é um bom material para ficção. É muito cheia de coincidências, de melodrama, desviando para o implausível tanto na tragédia quanto na comédia. Mas acredito que minha vida seja excelente material para ficção. A memória alimenta a imaginação, e minha imaginação é repleta de uma coleção de pesadelos.

Olhando para trás, estou convencida de que foi também minha mãe quem afetou minha imaginação, de tal modo que agora ouço e vejo coisas que os outros não vêem e não ouvem. Vejo conexões em coincidências, ironia em mentiras e verdades em contradições, todo tipo de coisa que ninguém mais vê.

Mas também vejo e ouço – como direi? – o inexplicável: aparições barulhentas, misteriosos fenômenos elétricos, sonhos proféticos, risos sem corpo e o desaparecimento brusco de objetos mais significantes do que pés de meias. Como *você* explicaria se ouvisse a música *Jeopardy!* assobiada nas suas costas quando está sozinha em casa, ou se os pratos de papel da recepção de um funeral se levantassem e abaixassem sempre que o nome do morto fosse pronunciado, se sua televisão ligasse sozinha no meio da noite, sintonizada num canal religioso, se seu telefone desligasse de vez em quando, mas só quando você estivesse falando com sua mãe?

Tenho discutido esses fatos com meu marido. Contei ter ouvido passos subindo e descendo a escada, portas batendo e o que parece ser o som de um casal tomando aulas de lambada no nosso quarto. Meu marido explicou que nossa casa é velha e tem uma acústica estranha. Falei sobre o fato de o equipamento elétrico geralmente entrar em curto quando falo de minha avó. Lembrei a ele que esses mistérios têm me acompanhado através do continente, para Denver, Austin, Atlanta e Nova York, e até do outro lado do oceano, até Londres, Amsterdã, Milão e

Munique, onde fitas gravadas e equipamento de vídeo funcionaram mal, as estações de TV e de rádio saíram do ar, tudo enquanto eu estava sendo entrevistada. Meu marido deu de ombros a tudo isso. O que se pode esperar de um homem que é advogado, especializado em impostos? Seu *trabalho* é muito racional e ele não se deixa levar por coisas assim.

Por outro lado, minha mãe garantiu que não estou louca, que não é minha imaginação, nem engenharia estrutural defeituosa. Há fantasmas na minha casa, afirmou. Na verdade, um deles mora no meu computador e ela apresenta como prova o primeiro livro que escrevi, *O clube da felicidade e da sorte*. Contrário ao que as *cliffsnotes* informam, ela não acredita que eu tenha tecido "uma trama íntima de [minha] cultura numa caixa de quebra-cabeças chinesa". De modo algum. Segundo ela, em matéria de chinês eu era uma idiota. Só depois do livro publicado meu estado passou a ser o de uma idiota sábia.

Aqui está como, e por que, sua opinião mudou: enquanto estava escrevendo *O clube da felicidade e da sorte*, pedi-lhe para contar mais sobre seus pais, ambos mortos quando era pequena. Minha mãe revelou que minha avó viúva havia se casado de novo, uma desgraça, mas pelo menos se tornou a primeira mulher de um homem rico. Mais tarde minha avó teve um filho. Dois meses depois ela morreu acidentalmente por ter ingerido uma grande quantidade de ópio.

Quando escrevi "As gralhas", modifiquei um pouco a história: a jovem viúva é violentada por um homem rico e se torna sua quarta mulher, uma concubina de baixa posição que dá à luz um filho, resultado do estupro. O bebê é tomado por uma mulher de posição mais alta, e isso a enraivece de tal modo que ela morre, não acidentalmente, mas comete suicídio como vingança.

Ao ler essa história, minha mãe perguntou: "Como você sabe que sua avó era na realidade a *quarta* mulher? Como sabe o que aconteceu? Por que pode escrever sobre coisas que não conhece?" E então lembrou que eu sempre fui capaz de falar com os espíritos.

Como resultado dessa verdade, minha mãe teve certeza de que minha avó tinha escrito o "meu" livro. Às vezes ela cumprimenta o computador como se sua mãe estivesse ouvindo. "Oi, sou eu", ela chama em chinês. "Você está aí? Sente saudades de mim?" E às vezes eu também penso que meu computador é equipado com uma espécie de placa-avó, que meu teclado é uma tábua de Ouija, que estou simplesmente gravando histórias da Grande Web do Nirvana. Por que eu também me pergunto como posso escrever sobre coisas que não sei?

Mas eu sei coisas. Sempre soube, desde a infância, talvez por ouvir minha mãe e minhas tias trocando confidências enquanto abriam as favas dos feijões e batiam a massa dos bolinhos na mesa da cozinha. Elas falavam em xangainês, uma língua que agora, como adulta, não conheço. Certamente entendia intuitivamente quando era pequena. Prestava atenção quando baixavam as vozes para as palavras vergonhosas. Como posso saber os segredos delas?

Ou eu sei coisas por causa de todas aquelas ameaças de suicídio que minha mãe fazia quando eu era pequena? Prestava atenção aos seus lamentos, ao que ela queria esquecer. Sei coisas porque estávamos sempre nos mudando, e minha mãe acreditava que a felicidade era um lugar onde ela jamais estivera. Sei das coisas ouvindo-a falar sobre todo tipo de perigos, bebês indesejados, um homem que nos beija e arruína nossa vida. Ela me ajudou a imaginar, em detalhes sangrentos, as infelizes conseqüências. O que acontecia se não ouvisse o que minha mãe dizia?

Hoje minha mãe se foi, mas eu ainda sei certas coisas. Estão em meus ossos.

Uma vez ou outra passo o tempo imaginando uma fantasia mórbida. Sento à minha mesa, tentando escrever uma história. Como as coisas acontecem?

Então penso que talvez não seja quem penso que sou. Não sou essa Amy Tan das *cliffsnotes*. A triste verdade é que as preocupações sinistras de minha mãe se realizaram quando eu tinha seis anos mais ou menos, quando corri para a rua e fui atropelada, ou quando comi frutas não lavadas. Não lembro bem qual das duas causas, mas o resultado foi que morri ou mergulhei num coma. É difícil dizer qual das duas situações é pior: morte ou coma. Em todo caso, é nesse estado que estou desde então, neste casulo de mundo onde sonho que qualquer coisa pode acontecer. Nessa realidade alterada, sonho com tudo que aconteceu comigo desde os seis anos. E agora sonho que sou escritora.

Para me convencer de que estou viva, faço o que os escritores fazem para que a ficção se transforme em realidade. Começo a contar tudo o que me aconteceu, nos menores detalhes, como se essa lembrança da ordem da minha vida pudesse provar que se trata realmente de uma vida; uma vida tão cheia de complicações e de coisas mundanas que só pode ser real.

Vejo minha concepção, o DNA de meu pai combinando com o de minha mãe, numa forma híbrida de destino e de fé, unidos por um quê de descrença. Imagino esse código genético recém-criado como pedras de *mah jong* enfileiradas, virando para um lado e para outro, mantendo-se precariamente no lugar, sempre prestes a cair para revelar o desenho de uma cauda agressiva do dragão. Foi assim que nasci, como um dragão da água; para minha mãe, um dragão de fogo. Será coincidência ou destino?

Deixo cair as peças. Olho para o desenho criado, toda a concatenação dos fatos. E então começo a escolher as peças de acordo com o objetivo, me perguntando: Como são ligadas? Quais peças devo escolher? Quais devo rejeitar? Como cada peça encaixa na outra, de uma rua em Tientsin, na China, a este momento em San Francisco, onde estou sentada à minha mesa de madeira, num quarto com painéis de madeira, numa casa com telhado de madeira, imaginando como as coisas aconteceram.

Como tive a sorte de ser escritora? Será destino? Ou milagre? Foi por escolha? É minha imaginação? Sim, sim, sim, sim, é tudo isso. Todas as coisas são possíveis.

Como soubemos

Numa tarde de agosto, logo depois de nos conhecermos num encontro às escuras, viajamos de carro oitenta quilômetros até San Juan Bautista, uma cidade desgastada pelo tempo, com uma missão num vale de lama, prédios com fachadas falsas e com um antigo dormitório para mulheres índias solteiras. Andando pela cidade, nos tornamos fantasmas: ele o vaqueiro que dormia num catre no estábulo, e eu a donzela *mutsun* que tinha pulado a janela do dormitório, deixando para trás seu sapato e o corpete apertado. Corremos livremente, parando para nos beijar em cantos frios e escuros das casas de adobe.

Ao pôr-do-sol fomos para o salão de dança e vimos uma festa de casamento muito concorrida. A banda *mariachi* tocava, a noiva e o noivo estavam embriagados de felicidade e gritaram para que nos juntassemos a eles, puxando-nos para o meio do povo. Com os braços nos ombros uns dos outros, em uma fila, dançamos e gritamos como coiotes. Mais tarde saímos e deitamos na grama, olhando para cima. Eternidade, éramos parte dela. Como que para comemorar nossa alegria, as estrelas apareceram no céu. "Lá! Lá! Lá!" Era a chuva de meteoros Perseid, um evento celeste que há um bilhão de anos é oferecido pelo universo anualmente. Era também a nossa prova de que tínhamos deitado ali antes, quando ele era o vaqueiro, e eu, a donzela *mutsun*, amantes que acreditavam que sua paixão era bastante forte para sobreviver ao escândalo, bastante pura para uni-los por toda a vida, até duzentos anos depois.

Somos eles agora, apaixonados, maravilhados.

Uma questão de destino

Esta é uma história verdadeira.

Horas depois de ter completado vinte e quatro anos, minha vida começou a mudar com eventos estranhamente alinhados que hoje me fazem pensar se não nasceram das tendências à ficção da minha mente.

Era o Ano do Dragão, quando a maré de minha vida, segundo os astrólogos chineses, estaria no auge da força, quando a mudança era inevitável. Mas tudo isso era bobagem para mim, pois eu era uma pessoa instruída, aluna de mestrado em lingüística na Universidade Berkeley da Califórnia.

Vou dizer qual era minha matéria principal, porque revela, creio eu, minha inclinação mental naquela época. Eu estava num campo de teorias ousadas, procurando evidências casuais e fortuitas. Como lingüistas, não podíamos provar muita coisa de modo essencialmente científico, como, por exemplo, que a gramática é inata e organizada no cérebro. Mas podíamos teorizar *ad infinitum,* pois isso era possível, e então procurar o material empírico que a ciência sugeria. Nossos métodos eram descritivos, o uso da linguagem comum por pessoas comuns, sendo os melhores exemplos aqueles que nos faziam ponderar futilidades, tais como: como o som do *p* apareceu na palavra *warmth* e quais as regras que levam as pessoas a criar novas palavras, como *hodgepodge, hocus-pocus* e *hanky-panky.* Circunvoluções intrincadas era com o que gostava de ocupar a mente quando se tratava de preocupações sobre minha pessoa e, em particular, sobre como eu demonstrava minha inaptidão quando comparada a outros alunos.

No começo daquele ano, estava casada há quase dois anos. Embora soubesse que meu marido era a pessoa certa, tinha a angústia habitual de uma jovem que sente que trocou a identidade da própria alma por uma união. Lou e eu morávamos em Danville, Califórnia, num apartamento novo em folha de dois quartos, com tapete espesso e dourado, um sofá de veludo cor de vinho e uma variedade rotativa de animais de estimação, incluindo uma cobra que era uma artista escapista e uma tarântula que precisava de uma dieta de grilos vivos.

Lou DeMattei e eu, 1974.

Para nos ajudar a pagar o aluguel, tínhamos um inquilino, Pete, um jovem mais ou menos da nossa idade, que estudava bioengenharia também em Berkeley. Pete tinha cabelo louro pálido, um olho ambliótico e sotaque de Wisconsin. Nós o tínhamos conhecido há dois anos, quando trabalhávamos na pizzaria Mesa Redonda, em San Jose. Continuamos a trabalhar na Mesa Redonda em Berkeley e em Danville, onde geralmente ficávamos com o último horário da noite e acabávamos conversando e tomando cerveja até altas horas.

Pete gostava de discutir sobre o que era impossível saber, desde conspirações até a eternidade. Suas errantes discussões filosóficas dependiam de quanta cerveja tomava, e geralmente estavam relacionadas com a interseção da filosofia com a ciência – a física do infinito, digamos, ou a ecologia das idéias. Era particularmente fascinado pelo I Ching, a arte de jogar três moedas, três vezes, e adivinhar um padrão de cara e coroa. Pete começava com perguntas: O que determina o padrão? Seria o acaso? Seria um poder mais alto? Seria matemático? O pôquer não se baseia também na probabilidade matemática, e não apenas na sorte? Isso queria dizer que esse acaso era na verdade matemático. E se o I Ching era governado pela matemática, então isso não significava que ele era realmente previsível, como uma resposta determinada. E se era determinado, isso queria dizer que sua vida seguia o I Ching como uma espécie de equação? Ou o I Ching simplesmente captura corretamente o que já foi determinado, como a próxima série de eventos em sua vida?

E assim seguia a discussão circular. Em algum lugar nesse mistério, a matemática sempre tem a resposta. Não me pergunte como. Só estou descrevendo o que lembro, o que nunca entendi. Tínhamos essas conversas nas excursões com mochilas, enquanto escalávamos o Yosemite. À noite, quando não discutiamos questões de eternidade, líamos H. P. Lovecraft em volta da fogueira, espantávamos ursos negros e identificávamos constelações, deitados em sacos de dormir, com os rostos gelados virados para o céu. Acho que esses são elementos que reforçam qualquer amizade.

Lembro-me do prazer das longas conversas sobre transcendentalismo secular, aquela mistura entre o psicodélico e o físico. Sentíamos que estávamos falando sobre o que realmente importava, o universo escondido e as nossas almas. Mas talvez fosse também a atmosfera dos tempos, a década de 1970, quando tudo era possível, especialmente depois de comer biscoitos de chocolate com outras coisas além de nozes, quando a especulação pouco convencional podia ser suficientemente respondida com um reverente "Uau".

Pete também falava muito sobre sua mulher. Uma poeta, naturalmente intuitiva, um tipo de mãe terra sexy. Estavam separados, resultado da imaturidade dele, Pete admitiu, de sua predileção pela imprudência e do fato de não pensar nas conseqüências. Dizia esperar que sua mulher compreendesse que se arrependia e que algum dia estariam juntos outra vez. Vários meses depois de nos conhecermos, explicando como tinha perdido a carteira, e com ela a licença de motorista, contou-nos como tinha perdido a mulher.

Estavam viajando de carro por Nevada, na primeira viagem que faziam de Wisconsin para a Califórnia. Um adolescente de dezenove anos pediu carona e se ofereceu para revezá-los na direção. Logo que saíram de Lovelock, quando atravessavam o deserto negro, um pneu traseiro estourou. Quando Pete se virou para dizer ao rapaz que deixasse o carro andar até parar, o carona instintivamente pisou no freio e o carro capotou. Tudo aconteceu como se fosse em câmera lenta, Pete nos contou. Aquele primeiro salto foi como andar num brinquedo de um parque de diversões, com o carro endireitando e caindo sobre as quatro rodas. Num primeiro momento pareceu que podiam continuar a viagem com a única alteração de um pneu trocado, a capota levemente amassada e uma descarga danada de adrenalina. Mas logo depois o carro capotou outra vez, agora com o vigor do impulso aumentado, e bateu com a capota no chão com tanta força que Pete pensou que o carro estava totalmente destruído. Com sorte puderam sair com lesões leves, embora tudo indicasse que alguns ossos estavam fraturados. Então o carro ergueu-se, capotando pela terceira vez, bateu no chão com a certeza do fim iminente e deslizou de barriga para cima entre nuvens de pó e arbustos arrancados. Quando tudo ficou quieto, Pete se examinou e viu que estava vivo e, o que era mais milagroso ainda, sem nenhum machucado. Estendeu o braço no escuro e se certificou de que sua mulher e o carona também estavam vivos, respirando forte e rapidamente. Mas então eles exalaram um último suspiro, primeiro o carona, depois a mulher de Pete, e ele ficou sozinho. Quando a ambulância e a polícia chegaram e pediram a carteira de Pete, ele descobriu que a tinha perdido.

Dois anos depois do acidente, Pete se reconciliou com a mulher em sonho. Na verdade, em dois sonhos, com intervalo de uma semana. No primeiro, ele nos contou, dois homens estranhos invadiram seu quarto, dominaram-no e lentamente o estrangularam. Ele descreveu a sensação de absoluto terror, a dor de não poder respirar e a liberação final. Quando terminou, viu que sua mulher esperava por ele.

Pete disse que o sonho foi como uma premonição. Bastante assustador, mas estava em paz. Sua mulher estaria lá. Se acontecesse alguma coisa, gostaria que Lou e eu distribuíssemos seus bens entre os vários amigos e a família: a guitarra para um irmão, a máquina fotográfica para outro...

Pare com isso, eu disse. Não seja ridículo. Pensei que ele, assim como Lou e eu, estivesse nervoso por causa das ameaças de morte que tínhamos recebido de uma gangue que expulsamos da pizzaria. Atentados contra nossa vida já tinham sido feitos, com facas e bastões, troca de socos, e minha canela quase foi quebrada com o pontapé de uma bota pontuda. Pete cometeu o erro de vencer uma primeira luta e quebrou o nariz do oponente. Sem dúvida agora a gangue se sentia na obrigação de nos matar. Quando pedimos ajuda da polícia de Danville, fomos informados de que nossos desordeiros pessoais tinham registros de prisões por uma dúzia de assaltos, mas nunca foram condenados e aparentemente nunca o seriam. O melhor modo de enfrentar outros atentados à nossa vida, alguém nos avisara, era comprar armas, aprender a usá-las e ter certeza de que os corpos caíssem no lado de *dentro* de nossa porta. Do lado de fora seria homicídio, dentro era autodefesa. Mudar para outra cidade também nos pareceu uma boa idéia.

Resolvemos seguir este último conselho. Uma semana depois de Pete ter o sonho perturbador, Lou e eu o ajudamos a mudar para Oakland, para um apartamento-estúdio num prédio *art déco*. Entramos numa lista de espera de um apartamento com um quarto no mesmo prédio. Enquanto isso, mantivemos o apartamento em Danville. Pete tinha alguns objetos: uma cama, uma TV, um estéreo, uma mesa pequena, uma cadeira, a guitarra, a máquina fotográfica, livros e uma calculadora cara, comprada com meu cartão de crédito. Tinha também uma automática 22mm comprada para se defender em Danville.

Lou e eu passamos a primeira noite no apartamento de Pete, em Oklahoma, num saco de dormir. Lembro-me de Pete reiterar sua sensação de que alguma coisa terrível ia acontecer, que alguém ia invadir o apartamento e matá-lo. Garantimos que os bandidos não podiam saber onde ele estava agora. Nem eram tão esforçados a ponto de segui-lo. Mesmo assim, Pete pôs a arma entre o colchão e o estrado da cama, bem à mão. Nós brincamos, dizendo que ele parecia paranóico.

O dia seguinte era meu aniversário: vinte e quatro anos. Posso admitir agora que fiquei desapontada quando não me foi oferecido nada especial: nenhuma profusão de belos presentes atados com fitas, nenhuma menção de que planos tinham sido feitos para uma festa que terminasse em um banquete. Mas talvez essa aparente falta de preparação na realidade significava que alguma coisa mais elaborada fora preparada e eu tinha de ser paciente para ver o que era. Lou sugeriu um passeio de carro e Pete declinou o convite. Ia desfazer as malas, instalar-se e tratar um resfriado. Uma desculpa, eu pensei. Ele ficaria em segundo plano, preparando a festa surpresa. Quando saímos, eu disse que talvez passássemos por ali mais tarde, mas não poderíamos avisar com antecedência porque ele não tinha telefone.

No fim, meu aniversário teve uma sucessão de atividades, com a espontaneidade como ponto central e "Por que não?" como resposta. Almoçamos num restaurante, depois passeamos de carro pelo campo e aceitamos o convite de um amigo, em Marin County, para jantar com os pais dele. Passamos a noite na entrada da casa dele, em nossa Kombi. Assim, não houve nenhuma grande festa. Foi um dia agradável, mas não especial como eu esperava.

No dia seguinte, de volta ao apartamento em Danville, um conhecido telefonou. Ele morava no mesmo prédio para o qual Pete acabava de se mudar. Soubemos da vaga por ele. Cumprimentei-o alegremente.

– Oh – ele disse friamente –, então você ainda não sabe.

– Não sei o quê?

– Pete está morto. Dois homens invadiram o apartamento na noite passada e o mataram.

– É a pior piada que já ouvi – falei zangada. Mas depois soubemos que realmente dois homens haviam entrado pela janela do banheiro. Segundo uma testemunha, não pareciam com os bandidos de Danville. Os homens golpearam Pete na cabeça com a 22mm, depois o amarraram de bruços com a corda passada em volta do pescoço e dos tornozelos, de modo que as solas dos pés ficassem viradas para a parte posterior da sua cabeça. Quando ele não conseguiu mais manter os músculos retesados, desistiu e foi estrangulado lentamente.

Em uma versão imaginária – ela apareceu milhares de vezes – os ladrões assistiram à luta de Pete para continuar vivo. Essa era a pior. Em outra versão, eles o deixaram enquanto ainda tentava resistir. A polícia chegou segundos tarde demais. Na verdade essa é a pior. Todas são piores. Quanto ao que aconteceu depois que Pete foi amarrado, tenho apenas os seguintes fatos: os dois homens fugiram do estúdio de Pete com a arma dele e bateram à porta do apartamento do síndico, exigindo que os deixasse entrar. O síndico recusou, eles deram vários tiros na porta, depois correram para o carro. Um homem teve a infelicidade de estar na calçada naquele momento. Eles atiraram e o mataram. Uma reportagem no jornal identificava o homem na calçada como um estudante da Índia que freqüentava a Universidade Armstrong. Sinto não me lembrar do seu nome, pois ninguém morto daquele modo devia ser anônimo e esquecido.

Pensei muitas vezes naquele jovem da Índia e em sua família, que deve pensar em sua morte como eu penso a cada aniversário daquela noite de fevereiro de 1976. "Hoje", eu os imagino dizendo, "nosso filho teria cinqüenta anos. Pode imaginar? Mais velho do que éramos quando ele morreu."

No dia seguinte, fomos à polícia de Oakland para identificar Pete, em lugar de sua família que morava no Wisconsin. A polícia nos mostrou apenas fotos, mas o que vi é obsceno demais para descrever. Desde então, sempre que leio sobre guerras, terremotos ou assassinatos, imagino os que viram o que eu vi, o rosto de uma pessoa querida, não num sono pacífico, criado por um agente funerário, mas sim no momento da morte, um corpo não lavado, não arrumado, não preparado de modo algum para ser visto por outro ser humano que o amava.

Depois de apanhar a medalha de São Cristóvão que Pete sempre levava no pescoço, fomos ao apartamento dele para ajudar os detetives a identificar o que podia ter sido roubado. Lembro-me de ver tudo como num documentário da TV, em *close-up*, sem possibilidade de afastar os olhos: a porta, preparada para que fossem tiradas impressões digitais e a fita amarela; a porta se abrindo e eu recuando ao sentir o cheiro; um cheiro pungente de medo, um cheiro selvagem de suor animal nervoso, tão potente como se Pete e seus assaltantes ainda estivessem no quarto, o tormento acontecendo na frente dos meus olhos. À direita havia mais evidências do que acontecera ali: as impressões digitais e as marcas das palmas das mãos destacadas pelo pó branco no batente da porta. O chão estava cheio de lenços de papel usados: então o resfriado não tinha sido uma desculpa. Na mesa estavam os restos do jantar – uma lata de cozido (uma triste última refeição!) – e uma garrafa de cerveja NyQuil pela metade. Ele estaria letárgico demais para ouvir os homens entrando pela janela do banheiro? Teria reagido muito devagar? Teria pensado que éramos nós, voltando para passar a noite da festa de aniversário? Por que não usou a arma?

Na mesa estava também uma carta para um amigo. Li a primeira folha. Nela descrevia um sonho que tinha tido, semelhante ao que nos contara há uma semana. Ele se viu envolto em camadas de algodão grosso. Logo ficou leve como algodão doce e, quando se libertou, viu sua mulher e outras pessoas, que não reconheceu, mas que pareciam familiares. Foi um sonho bom, dizia a carta. Parecia uma premonição. Então esse foi o segundo sonho. Finalmente Pete tinha se reconciliado com a mulher.

Virei para a esquerda e vi as cordas que tinham sido usadas para estrangulá-lo, a cama com uma grande mancha de sangue.

Fizemos uma lista do que fora roubado: um estéreo, uma televisão pequena, uma calculadora Hewlett-Packard de seiscentos dólares, valiosa para qualquer estudante de bioengenharia, e uma automática 22mm. Imaginei se um presente de aniversário também tinha sido roubado. Éramos bons amigos, afinal de contas, e portanto ele devia ter comprado alguma coisa. Mas, fosse o que fosse, não estava ali, e me entristeceu pensar que nunca saberia o que era.

Quando voltamos a Danville naquela noite, fizemos uma vigília com um pequeno grupo de amigos. Sentamos no chão, no espesso tapete dourado, e, como não podíamos falar, bebemos. Consumi uma grande quantidade de vodca e, quando minha mente clareou, ouvi a voz de Pete. Quero dizer, era como se ele estivesse falando bem alto. Sem dúvida a dor da perda interferindo na minha imaginação, embriagada, pensando na voz. Mas não deixei de dizer em voz alta o que acabava de ouvir: "Os assassinos chamam-se Ronald e John." Todos olharam espantados. "Pete acaba de me dizer", falei. Ela surtou, diziam os olhos dos meus amigos. Completamente.

Quatro dias depois, dois homens foram presos num assalto em Oakland. No banco traseiro do carro deles, havia objetos roubados do apartamento de Pete, incluindo a calculadora comprada com meu cartão de crédito. O número de série do recibo era o mesmo da calculadora. A polícia disse os nomes dos homens em custódia: Ronald e John.

Ficamos atônitos quando ouvimos os nomes, os mesmos daquela noite. A polícia concluiu que escolheram Pete como alvo depois de vê-lo se mudar para o apartamento. Roubos sempre ocorriam por ocasião das mudanças, disseram, pois os criminosos observam a vítima e seus pertences. A não ser por isso, a escolha por Pete como vítima foi aleatória, um pouco de falta de sorte. Os dois homens tinham um longo registro na polícia, por roubo e assalto com lesão corporal, e costumavam amarrar as pessoas para bater. As impressões digitais encontradas no apartamento, entretanto, combinavam apenas com as de um dos presos. Por causa do que tinha ouvido, ou imaginado ouvir, tinha certeza de que os dois homens haviam estado no apartamento. A polícia também, mas por outra razão mais realista. Um vizinho ouvira as vozes de dois homens no corredor um pouco antes de terem atirado na porta. Mas apenas um deles, John, foi acusado pelo assassinato de Pete.

A polícia disse que eu seria chamada como testemunha porque era a dona do cartão de crédito. Avisaram que devia testemunhar na audiência preliminar e no julgamento, e me pediriam para ver as fotos do necrotério e mais uma vez identificar o corpo. Só de pensar nisso eu sentia náuseas.

Na noite anterior à audiência preliminar, tive um sonho fantástico, o primeiro de uma série que ocorreu noite após noite, até o assassino de Pete ser condenado sete meses depois. Os sonhos podem ter sido ilusórios, resultado do trauma emocional de ter visto a terrível evidência da morte de um amigo. Porém, mesmo que esse fosse o caso, não diminuía a importância deles para mim ou o que aprendi e fiz como conseqüência. Embora seja uma prolífica sonhadora, capaz de lembrar mais de uma dúzia de sonhos por noite, nunca tive sonhos como aqueles. Para começar, seguiam uma convenção singular: eu sempre sabia que Pete estava morto e que eu estava viva, e que nos encontrávamos no consciente chamado sonho. Além disso, cada sonho consistia em lições sob a forma de metáforas que eram obviamente o seu significado.

No primeiro sonho, cheguei ao lugar em que Pete estava agora. Era – como é típico dos sonhos – uma terra surreal, com gloriosas montanhas verdes, prados floridos e vales com cachoeiras. Elefantes, mastodontes e pessoas voavam em volta, como num circo armado num ambiente livre da gravidade. Só Pete e eu estávamos no solo.

– Ei – chamou. – Vamos voar.

– Eu não estou morta – lembrei. – Não posso voar.

– Tudo bem. Está vendo ali adiante aquela senhora na barraca? Ela pode emprestar asas para você.

Afastou-se, e eu virei para a barraca mencionada e comprei um par de asas de plástico pelo preço irrisório de vinte e cinco centavos. Ajeitei as asas, caminhei até a borda de um penhasco e saí voando, mas sem saber ao certo o que devia fazer depois. Com as asas eu não tinha peso e podia me mover para onde quisesse. Imediatamente, tive um pensamento perturbador. Como um par de asas baratas pode me fazer voar?

Então comecei a cair, o peso do corpo me empurrando para baixo, o vento fazendo pressão para cima, e eu sabia que logo estaria em pedaços. Como podia ser? Não estava voando há poucos momentos? Logo em seguida estava no ar outra vez, sem peso. Aliviada, mas ainda intrigada, imaginei outra vez como podia estar voando com asas de vinte e cinco centavos – e bruscamente comecei a cair outra vez. Mas estava voando um segundo atrás, eu pensei. E imediatamente lá estava eu, pairando no ar... No momento em que compreendi o significado do sonho, Pete falou:

– Agora você vê – ele disse. – É a sua crença em você mesma que permite que faça o que deseja.

Com isso, o sonho acabou.

Na noite seguinte, um monstro me atacou e comecei a correr. Era o bicho-papão que conhecia desde criança. Subi correndo uma longa escadaria, corri por ruas escuras. O tempo todo Pete me mandava parar, virar para trás e olhar para o que me perseguia.

– Não posso – gritei. – Se ele tocar em mim eu morro.

– Vire para trás – Pete disse com firmeza.

Finalmente virei. Na minha frente estava um monstro, como eu esperava, e sim, ele era horrível sob todos os aspectos. Uma criatura enorme, coberta de escamas, com um olhar ameaçador. Mas ele também ficou surpreso ao me ver ali parada, examinando-o. Depois de alguns segundos, começou a encolher e desapareceu.

– Está vendo? – Pete disse. – É o seu medo que dá a eles o poder de persegui-la.

E assim os sonhos continuaram noite após noite, uma verdade visceral representada com a força do drama. Aprendi a fazer dinheiro jorrar dos telefones públicos quebrados que nunca completavam a ligação com quem eu queria falar. Aprendi a voar escada abaixo com grandes pulos, em vez de ficar paralisada com pernas de chumbo, tentando só um pequeno passo de cada vez. Descobri que se eu não gostasse do que via, bastava olhar para meus sapatos, depois olhar para cima e seguir em frente, para um novo cenário muito mais agradável. Durante esse tempo, minha vida mudou – ou melhor, eu mudei minha vida, de um modo que antes teria considerado impossível. Para começar, resolvi abandonar meu curso de doutorado.

Essa decisão drástica nasceu quando o idealismo dos meus vinte anos entrou em colisão com o choque da tragédia. Uma vida valiosa fora perdida e, para compensar, eu tinha de encontrar valor em minha vida. Essa era a essência do que sentia. O doutorado seria um acessório inútil. Além disso, não havia empregos para lingüistas, e, mesmo que houvesse, como eu estaria fazendo o mundo melhor ensinando outros a examinar as dificuldades de línguas mortas e coisas assim?

Contudo, deixar a faculdade era uma idéia terrível. Significava abandonar o sonho alimentado por meus pais desde que eu tinha seis anos, de que eu seria uma doutora de algum tipo. Dentro daquele doutorado estavam todos os enfeites do meu ego, minha noção de valor, meu lugar no mundo e, portanto, todas as minhas preocupações, o medo de nunca ser bastante boa, de ter de lutar para sempre, para esconder que eu era uma fraude, condenada algum dia a fracassar e revelar o quanto era realmente inadequada. Mas se deixasse o curso de doutorado, o que ia fazer então? O que podia fazer que valesse alguma coisa para alguém, incluindo eu mesma? Eu não via nada.

Lembrei que Pete certa vez tinha sugerido que aplicasse meus conhecimentos de lingüística trabalhando com as crianças deficientes. Ele disse isso um mês antes de morrer. Disse que tinha pensado em criar um equipamento computadorizado para pessoas deficientes. Naquela época, a sugestão não me entusiasmou. Não gostava especialmente de crianças, a não ser como objetos de pesquisa, e não sabia nada sobre deficiências.

Mas assim que deixei meu curso de doutorado, encontrei um emprego, que consistia exatamente no que eu pretendia: um especialista no desenvolvimento da linguagem para um programa distrital que servia crianças, recém-nascidos até cinco anos, com deficiências de desenvolvimento. Na entrevista, ficou claro tanto para a administradora quanto para mim que eu tanto era superqualificada quanto não qualificada o suficiente para o emprego. Quando a entrevista terminou e me levantei para sair, ouvi Pete mandando que eu simplesmente dissesse para a mulher quais eram minhas motivações para me inscrever num programa com aqueles desafios e fatores desconhecidos. E então contei a história da morte de Pete e falei da minha intenção de fazer com minha vida o que ele pretendia fazer com a dele. Dez minutos depois eu estava empregada.

Minha tarefa era observar as crianças, acessar informalmente suas habilidades de comunicação, e então trabalhar com os pais e professores para formular um plano e ajudar na sua execução.

Lembro-me de minha primeira palestra para os pais sobre o desenvolvimento da linguagem. Reuni todos os meus conhecimentos, preparei um exame detalhado dos passos e processos relacionados à aquisição da linguagem e foi uma palestra impressionante, de uma hora, para uma dezena de pais, muitos dos quais acabavam de dizer que os filhos tinham os sintomas da síndrome de Down, paralisia cerebral, autismo ou uma anomalia congênita rara que levaria à morte prematura. No fim da palestra, uma das mães se aproximou e disse: "Você é tão inteligente." Nunca mais me senti idiota. Basta aprender a aprender, ouvi Pete dizer.

Depois disso, ouvia os pais falando sobre suas esperanças em relação aos filhos, e então chorávamos juntos antes de procurar novas esperanças. Com as crianças aprendi a brincar, a descobrir o que as fazia rir, o que não podiam deixar de olhar, tocar ou tentar pegar. Surpreendi-me então não procurando déficits, mas sim as qualidades da alma. Durante os cinco anos seguintes, tive oportunidade de trabalhar com mais de mil famílias, e com elas tive a noção da esperança ilimitada dentro dos limites do ser humano. Aprendi a ter compaixão. Foi o melhor treinamento que podia ter para me tornar uma escritora.

É claro que nem tudo tinha mudado para melhor. Ainda me preocupava incessantemente com cada detalhe da minha vida, transformando tudo num cavalo de batalha, as ansiedades em grandes dificuldades. Lembro me de um dia, uns seis meses depois da morte de Pete, quando eu me preocupava com dinheiro, ou melhor, com nossa profunda falta de dinheiro. Eu atravessava a Ponte Bay em nossa Kombi, voltando do trabalho, que mal dava para pagar o aluguel, as contas da casa e a comida. Lou estava na faculdade de direito e o pouco que ganhava ia todo para a faculdade e para os livros. Mas agora estávamos passando por uma crise. Nossa gata recentemente adotada, Sagwa, tinha tido a primeira investida do cio na noite anterior, e quando procurava seu Romeu, saltou da janela do nosso apartamento no quarto andar. Felizmente sobreviveu, mas arrumar a perna quebrada ia nos custar 383 dólares. Como íamos pagar? Não podíamos economizar essa quantia nem em um ano. Por que cargas-d'água fomos adotar a maldita gata?

Ouvi Pete dizer: "Ora, vamos, foi um acidente. Você se preocupa com coisas que não pode controlar." A essa altura já tinha ouvido esse conselhos várias vezes. Na semana seguinte à sua morte, eu acreditava que ele falava comigo através da parede. Mas agora, com a dor da perda e o choque naturalmente amenizados, voltei a pensar que era só imaginação evocando o que teria dito.

– Para você é fácil falar – respondi. – Você está morto. Eu tenho contas verdadeiras.

Ouvi o riso dele.

– Essas coisas acontecem sozinhas. E também se resolvem sozinhas.

Ia responder quando senti alguma coisa bater no lado da Kombi, fazendo-a derrapar para a outra pista na ponte. Procurei recuperar o controle, finalmente parei e saí do carro com as pernas bambas. Um homem correu para mim.

– Você está bem? Desculpe-me. Não sei o que aconteceu. Graças a Deus não está ferida.

Fomos para o lado da Kombi onde ele tinha batido. A princípio não vimos sinal de avaria, mas quando abaixei e olhei para a placa curva debaixo da Kombi, eu vi. Um longo corte, meio escondido num veículo cheio de barulhos estranhos e tinta contra ferrugem.

– Faça um orçamento – o homem disse. – Mande para minha companhia de seguro que eles pagam.

– Não vale a pena – eu disse. – Mesmo não sendo minha culpa, minha seguradora será informada e aumentará o preço da apólice.

– Sei o que quer dizer – ele respondeu. – Muito bem, então faça um orçamento e mande diretamente para mim. Aqui está o meu cartão. Sou vice-presidente desta companhia. Mando um cheque para você imediatamente.

Era justo. Saí da rampa e entrei na primeira oficina. Dez minutos depois ouvi a risada de Pete quando olhei para o total escrito do orçamento: 383 dólares.

Vou contar só mais um sonho. Foi o último.

No aniversário de Lou naquele ano, terminou o julgamento, com uma condenação dupla. Roubo em primeiro grau. Homicídio em primeiro grau. Naquela noite sonhei que me encontrava com Pete numa oficina de carros, um local bastante esquisito para um encontro de adeus. Ele disse que esse era o último sonho agora que o julgamento tinha terminado. Protestei:

– Esses sonhos são meus. Sou eu quem decide quando devem acabar.

Pete ignorou meu protesto e continuou:

– Você vai conhecer minha amiga Rose...

– Rose! – eu zombei. – De jeito nenhum. Ela me odeia.

Quando telefonei para ela meses atrás, para dizer que Pete estava morto, Rose fora lacônica, quase grosseira. Porém, eu recebi do mesmo modo o mensageiro que me levou a notícia.

– Rose vai se tornar muito importante para você – Pete disse. – Ela é escritora e vai ser de grande auxílio quando você vier a ser também uma escritora.

– Quem disse que vou ser escritora?

– Isso é tudo o que eu queria dizer. – E então, como se fosse até a loja da esquina, Pete me deixou sozinha.

Depois disso ainda sonhei com ele, mas eram sonhos diferentes, nada parecidos com os sonhos-lições. Os novos sonhos mostravam todo o horror da sua morte, pois neles Pete não estava morto, como eu temia, mas vivo, como eu queria que estivesse. Tendo sobrevivido ao quase estrangulamento, adquiriu uma lesão cerebral e estava confuso e desconfiado, preferindo viver como um recluso, tomando cerveja, sem saber ao certo quem era e sem querer descobrir.

Todos os anos, durante sete anos, no aniversário da morte de Pete, eu perdia a voz. Devia ser um gesto psicogênico por causa do horror sobre o qual eu não podia falar. E sim, às vezes Rose e eu nos comunicávamos, superficialmente. No princípio, por meio de breves cartas, depois com cartas mais longas, nós duas entendendo as experiências transcendentais que tínhamos desde a morte dele.

Se você leu esta história até aqui, já compreendeu que Rose é realmente uma escritora e que foi a primeira pessoa que me encorajou a escrever ficção, sugerindo o que eu devia ler para inspiração e para quais revistas devia mandar minhas tentativas.

Agora já passou tempo suficiente para que eu possa acessar mais razoavelmente aquele período depois da morte de Pete. Eu tinha considerado aqueles sonhos como subprodutos produzidos pelo trauma e dor da perda ou uma ilusão do pensamento que permite à pessoa enfrentar o horror. As metáforas eram as que sempre tive, e através da necessidade de sobreviver revelei seus significados. De onde quer que viessem, os sonhos eram muito mais efetivos do que a psicanálise. Quanto à voz aconselhadora de Pete, guiando-me para o trabalho com as crianças, era minha voz, levada pelo medo do fracasso, até me fazer finalmente ouvi-la. A coincidência dos 383 dólares? Bem, isso é estranho e difícil de explicar, a não ser dizendo que, quando estamos procurando coincidências, sem dúvida nós as vemos. Para tudo há respostas racionais. Às vezes penso quais podem ser.

Porém, não importa o que podiam ser aqueles sonhos e aquelas coincidências. Tudo o que aconteceu entre o meu aniversário e o de Lou teve um efeito maravilhoso em mim, no sentido de moldar minha vida. Tudo aquilo me empurrou para a frente, ampliou minha visão e me fez procurar aquilo em que devia acreditar. Sem me importar com as origens?

Hoje não sou crente nem cética. Sou indagadora. Ainda quero descobrir o que a história de Pete representa: o que temo, o que sonho, o que acredito. Pergunto a mim mesma: O que é real? O que é importante? O que ganho acreditando numa realidade a favor de outra? O que perco? E se compreendemos os mistérios do universo, se no fim eles são completamente explicados pela matemática, como Pete dizia que podiam ser, eles ainda nos abençoarão com a mesma alegria incrível?

Faith

Estas foram minhas observações por ocasião do memorial da minha editora, a grande Faith Sale, que morreu em 7 de dezembro de 1999.

A primeira vez em que falei com Faith ao telefone, era uma iniciante em publicidade e não conhecia os direitos para publicar uma obra. Pensei que a observação de Faith sobre "interesse dos clubes" queria dizer que lugares como o Club Med venderiam *O clube da felicidade e da sorte* em suas lojas da praia. O ano era 1988 e, depois de falar sobre o livro que eu estava terminando e outros assuntos literários, contei a Faith que estava interessada em comparecer a uma convenção do livro nacional com um amigo que me convidara. Faith me interrompeu imediatamente:

– Oh, não! Você não deve se envolver em todas essas festas publicitárias. Elas a estragarão como escritora.

Festas? Não sabia que convenções literárias davam festas. Francamente, estava interessada em ir porque meu amigo disse que eu podia conseguir uma porção de livros de graça.

Só depois que conheci bem Faith, compreendi a ironia daquele aviso sobre as festas. Faith era, afinal de contas, essencialmente uma mulher de festas literárias. E os que a conheciam bem sabem que posso dizer isto sem lesar de modo algum sua reputação de editora literária séria e operosa. Nos anos seguintes, sempre que eu ia com Faith a uma convenção da Associação

Americana de Vendedores de Livros, gastávamos duas horas para ir de um salão a outro. Ela conhecia todo mundo, tinha de falar com todo mundo, e eu me sentia como uma criança recalcitrante, impaciente para que ela me levasse aos brinquedos do parque de diversões. Faith chegava atrasada a quase tudo, e por causa disso atrasou até mesmo a sua morte, ocasionada por uma doença que levava as pessoas muito mais cedo. E agradeço a Deus por isso. Agradeço a Deus por sua teimosia, por sua necessidade de controlar até o último detalhe antes de se deixar levar.

Se Faith tivesse ficado conosco por mais tempo, acho que de um modo ou de outro teria se deixado seduzir pela Internet, como eu planejava. Sei que ela tocou o teclado pelo menos algumas vezes, na primeira vez para me mandar um e-mail, outras vezes para jogar paciência e Freecell. E se tivesse brincado mais, acho que teria descoberto o eBay, o grande porão cibernético da pechincha. Nós compartilhávamos isso – a arte do negócio barato. Costumávamos virar a esquina da rua do seu apartamento na Onze Oeste para irmos a um mercado chamado SubPrice, onde podíamos comprar tops e calças de lycra por cinco dólares.

Esse amor à pechincha ainda estava muito evidente na véspera de sua última operação. Estávamos conversando sobre uma reunião em Nova York, em que eu, uma mochileira, ia organizar um levantamento de fundos, em meu apartamento no SoHo, para um certo candidato político por quem Faith tinha, pode-se dizer, sentimentos ambivalentes. O levantamento de fundos provavelmente seria em março, dali a uns quatro meses.

– Você quer ir? – perguntei, tentando parecer casual. Ao ouvir a resposta, achei que podia medir como Faith se sentia sobre a próxima cirurgia e suas chances de sobrevivência. Faith disse imediatamente:

– É claro. Mas não vou *pagar*.

Em Faith eu tinha não apenas uma editora e uma companheira na procura de pechinchas, mas também uma mentora e uma amiga, alguém que conhecia minhas intenções, minhas intuições como escritora e como elas se encaixavam no resto da minha vida. Conhecia todos os detalhes do que eu fazia, quem eu via, o que acontecia em minhas férias, o que minha mãe dizia, o que ela não dizia. Faith também me telefonou nos últimos momentos de vida de minha mãe.

Faith Sale e minha mãe fazendo compras em Nova York, 1992.

Sempre que dava a Faith alguma coisa para ler, ela perguntava o que eu queria dela como editora.

– Não deixe que eu me embarace em público – era minha resposta. E ela me impedia de expor as incorreções da minha prosa, mas também me incentivou a ir mais a fundo, a ser mais generosa na história que queria contar, a não esconder nada, a mostrar o que é mais importante na minha vida e na página que escrevo. Faith tinha a noção perfeita do que importava – para mim – e podia me ajudar a encontrar, embora nossas opiniões e nossos gostos fossem bastante diferentes. Azeitonas, por exemplo. Faith não suportava nenhum prato cheio de azeitonas em conserva, minhas favoritas. E música – quem ia querer maltratar os próprios ouvidos, ou os dela, com qualquer coisa que não fosse música clássica? Ou com musicais da Broadway ou com o roqueiro

Michael Parrish, genro dela? Então havia a questão dos espíritos. Fui criada com eles. Ela não. Mas quanto a isso, Faith era diplomática. Era indulgente comigo. Ouvia com interesse quando contava sobre visitantes invisíveis assobiando na minha cozinha, sobre a TV ligar sozinha, sobre minha versão de escritores fantasmas que, por falar nisso, também fornecem pesquisa e editoração a pedido. Não ia discutir lógica científica comigo, uma vez que, ilusão ou não, espíritos ancestrais e reencarnação enriqueciam muito meu material. Quanto a mim, gostava de lembrar a Faith, uma vez ou outra, que ela, oh, Faith querida, afinal de contas tinha sido editora de George Anderson, o famoso entrevistador dos mortos na televisão. E mais de uma vez eu a lembrei que minha mãe escreveu-lhe um bilhete agradecendo "pelo livro" e por tê-la ajudado a se sentir mais perto do "outro lado". Faith ficou comovida. Penso que se referia a *O clube da felicidade e da sorte,* e que sua ajuda na publicação trouxera a minha mãe lembranças amorosas da família. Tive de explicar para Faith que minha mãe estava falando sobre o livro *We Don't Die,* de George Anderson. Não acabei de atormentar Faith com isso. Pretendo fazer sessões regulares com ela para discutirmos como e por que ela estava errada em sua opinião sobre a vida do além.

Ela também estava errada sobre uma coisa a meu respeito como escritora. Por algum motivo, Faith acreditava que escrever era fácil para mim, que as palavras jorravam na página com a facilidade de abrir uma torneira e que o papel dela era principalmente o de me ajudar a direcionar esse jorro com o equilíbrio certo. Essa crença tinha muito a ver com sua confiança em mim. E acho que esse é o papel tanto do editor quanto da amiga – ter essa confiança em outra pessoa, a certeza de que o melhor dessa pessoa é natural e sempre possível logo depois do ocasional pontapé no traseiro.

Lembro-me do momento em que teve o maior orgulho em ser sua amiga. Estávamos na clínica médica onde colhiam sangue de Faith para exame. A enfermeira olhou para ela, depois para mim, e disse sem a menor insinuação do absurdo: "Vocês duas são irmãs, não são?"

E Faith olhou para mim sem a menor insinuação do absurdo e disse: "Sim, somos."

MUDANDO O PASSADO

Se você não pode mudar seu destino, mude sua atitude.

A mulher do deus da cozinha

Para os missionários, éramos as Jovens do Novo Destino. Cada classe tinha uma grande bandeira vermelha, bordada com letras douradas, que proclamava isso. E todas as tardes, durante o exercício, cantávamos nosso destino numa canção composta pela Srta. Towler, em inglês e em chinês:

Podemos estudar, podemos aprender,
Podemos casar com quem escolhermos,
Podemos trabalhar, podemos ganhar,
E um destino adverso é tudo que perdemos.

A filha de Bonesetter

A última semana

Na última semana de vida de minha mãe, estávamos todos lá – minhas três meias-irmãs com os maridos, meu irmão mais moço, John, com a noiva, meu marido Lou e eu – reunidos em volta da poltrona onde ela flutuava entre este mundo e o outro. Parecia uma criança desamparada num barco sem remos, e nós as âncoras, evitando que ela nos deixasse cedo demais em busca do novo mundo.

– Nyah-nyah – gemeu em xangainês, acenando para uma aparição no teto. Então fez sinal para mim, para chamar seus convidados e oferecer-lhes comida e bebida. Depois de atender o desejo de minha mãe, comecei a escrever seu obituário em chinês, com a ajuda de minhas meias-irmãs, filhas do primeiro casamento de minha mãe. Era uma tarefa que mantinha a mente focalizada, que nos unia, fazendo com que nos sentíssemos úteis naquele momento.

"Daisy Tan", comecei a escrever, "nascida Li Ching."

– *Não* Li Ching – interrompeu Yuhang, minha irmã de Xangai. – Era Li Bingzi o nome que nossa avó lhe deu quando nasceu.

Que idiotice a minha não saber disso. Sempre pensei que Bingzi fosse um apelido usado pelo irmão de minha mãe. Yuhang me viu escrever sua importante contribuição ao obituário. Ela é dezesseis anos mais velha, uma versão pequenina de minha mãe, sempre sorrindo, de rosto redondo. Não fala inglês, mas leu as traduções dos meus livros.

"Nascida Li Bingzi", escrevi obedientemente em inglês, "filha de Li Jingmei..." E então Jindo, minha segunda irmã mais velha, disse em chinês:

– Não, não, o último nome da nossa avó não era Li. Li era do lado paterno. O nome do lado materno era Gu. Gu Jingmei – Jindo, a irmã que mais se parece com minha mãe, orgulhosamente me viu escrever sua contribuição.

Então senti o fantasma da minha avó na sala. "*Ai-ya!*", ela se lamentava. "Que menina idiota. É o que acontece quando se deixam transformar em americanas." Imaginei outros parentes etéreos franzindo a testa e balançando a cabeça.

Minha terceira irmã, Lijun, apanhou a batuta e acrescentou à lista de correções:

– Depois da morte de nossa avó – disse em inglês passável –, nossa mãe recebeu o nome Du Lian Zen para mostrar que foi adotada pela família Du – Lian era em quem eu confiava para traduções aproximadas. Seu inglês era igual ao meu chinês, e a combinação das duas línguas às vezes produzia traduções hilariantes, se não horríveis, do que realmente queríamos dizer. O marido dela, Yan Zheng, escreveu "Du Lian Zen" em chinês, com a versão inglesa ao lado em letra de forma precisa, típica dos arquitetos.

– Para a escola – Yuhang continuou em chinês –, mamãe escolheu Du Ching, o nome que conservou depois do casamento com Wang Zo.

Há muito tempo notei que minhas irmãs nunca se referem a esse homem como "nosso pai". Elas sabiam muito bem que nossa mãe desprezava o "homem mau", como o chamava, e elas deviam agir como se a conexão paterna fosse, na melhor das hipóteses, acidental.

– Vocês sabem por que meu pai mudou o nome dela para Daisy? – perguntei às minhas irmãs. Elas ouviram atentamente.

– Bem, havia uma canção engraçada sobre uma mulher chamada Daisy e uma bicicleta feita para dois. Na canção, o homem pede a mulher, Daisy, em casamento.

Minha avó, Gu Jingmei (esquerda), e uma parenta não identificada. Xangai, cerca de 1905.

– Então nossa mãe gostava de andar de bicicleta? – Yuhang perguntou.

Pensei por um momento.

– Não – respondi.

– Seu pai deu uma bicicleta para ela quando a pediu em casamento?

Eu ri e balancei a cabeça. Minhas irmãs pareceram intrigadas e confirmaram entre elas que os nomes americanos não têm significado.

Percebi que nunca tinha falado para minhas irmãs sobre o nome Daisy Tan Chan – Chan era o nome que minha mãe adotou quando casou pela terceira vez, quando tinha setenta e poucos anos. Um ano depois ela anulou o casamento e voltou para Daisy C. Tan. Mas por que falar nisso agora? Quanto ao seu quarto "casamento" com T. C. Lee, o cavalheiro elegante de oitenta e cinco anos que nossa família em Beijing recebeu amavelmente quando ele e nossa mãe passaram a "lua-de-mel" na China. Bem, na verdade ele jamais se casaram.

– O quê!? – exclamaram minhas irmãs.

– É verdade – eu disse, para explicar por que não iam mencioná-lo no obituário. – Estavam vivendo juntos e ela se sentia muito embaraçada dizendo que eram amantes, por isso me fez mentir e dizer ao tio que eram casados. – Minhas irmãs caíram na gargalhada.

Os vários nomes de minha mãe eram vestígios dos seus vários eus, vidas que tenho pesquisado durante quase toda a minha vida adulta. Às vezes temo encontrar evidências de outros maridos e amantes, mais secretos, mais fantasmagóricos, de mais filhos. Durante um tempo pensei que eu era a única filha, a filha do meio, uma posição que considerava de grande importância psicológica. Então descobri que na verdade era a mais nova de cinco filhas, uma das quais nasceu morta. Minha mãe teve três filhos também, um que morreu com dois ou três anos, e outro, meu irmão Peter, que morreu com dezesseis anos. Com tudo isso, fui rebaixada para o número sete de oito filhos.

Havia também muita confusão sobre sua idade. Havia uma data de nascimento baseada no calendário lunar. Por esse método, ela era considerada com um ano de idade no dia do seu nascimento. Minha mãe tinha me explicado que, quando meu pai transferiu sua idade chinesa para uma idade ocidental, ele a fez *muito* jovem, escrevendo no seu visto que nascera no dia 8 de maio de 1916. A idade a acompanhou nos papéis de naturalização, no cartão da Previdência Social, em todos os seus registros oficiais. Não foi problema até estar prestes a completar sessenta e quatro anos. Foi quando ela me contou que, na verdade, tinha quase sessenta e cinco. Insistiu em dizer que tinha certeza de que era mais velha do que sua idade americana, pois tinha nascido num Ano do Dragão, 1916, assim como eu nasci no Ano do Dragão trinta e seis anos depois. Não podia estar enganada de modo nenhum. Ela era Dragão. Minha mãe se preocupava com esse erro todos os dias, até meu marido desfazer nós burocráticos e corrigir o registro a tempo dela se aposentar e receber a pensão da Previdência Social quando realmente completou sessenta e cinco anos.

No entanto, isso não foi o fim de sua constante mudança de idade. Minha irmã Jindo disse que o jornal internacional de língua chinesa queria fazer uma reportagem dizendo que minha mãe tinha oitenta e seis, em vez de oitenta e três, por conta dos "anos extras" que tinha ganho por ter uma longa vida. Toda a confusão sobre sua idade, seus três ou quatro casamentos, seus vários nomes e a ordem na qual seus filhos vivos e mortos deviam ser citados nos fez desistir da idéia de um obituário chinês. Simplesmente não pareceria apropriado dizer a verdade.

Tentando escrever um obituário, descobri que havia ainda muita coisa que ignorava sobre minha mãe. Embora houvesse escrito livros baseados em sua vida, ela permanecia uma fonte de revelação e de surpresa. É claro que eu queria saber mais sobre ela, pois eu tinha sido moldada por seu passado: sua noção de perigo, seus remorsos, os erros que ela jurou nunca mais cometer. O que sei a meu respeito está relacionado ao que sei sobre ela, incluindo seus segredos, ou, em alguns casos, fragmentos deles. Encontrei as peças tanto por esforço deliberado quanto por acidente, e em cada descoberta tinha de reconfigurar o todo cada vez maior.

Ela sempre foi pequenina. Quando foi da China para os Estados Unidos, em 1949, minha mãe escreveu que tinha 1,52 de altura, esticando a verdade em pelo menos dois centímetros. No dia em que casou com meu pai, pesava 39,5 quilos. Quando estava grávida de nove meses de mim, pesava apenas cinqüenta quilos – fato de admiração considerando que nasci com quatro quilos e meio.

Aos dez anos, nós tinhamos a mesma altura e continuei a crescer, até chegar a 1,58m. Comparada à minha mãe, era uma gigante, e isso sempre deformou a percepção que eu tinha de mim mesma. Embora meu irmão e eu fôssemos maiores do que nossa mãe, ela jamais nos pareceu frágil, isto é, não até começar a perder a razão.

Quando perdeu a saúde e começou a perder peso rapidamente, eu lhe oferecia subornos: mil dólares de cada meio quilo que recuperasse. Minha mãe estendia a mão aberta com alegre antecipação. Mais tarde aumentei a oferta para dez mil. Ela nunca conseguiu ganhar nem um quilo.

Na última semana de vida, pesava 25 quilos, e embora eu tivesse um problema crônico no ombro, minha dor desaparecia sempre que eu precisava carregá-la para a cadeira ou da cadeira para a cama. Parecia perder peso rapidamente e que logo ia desaparecer.

Quatro anos antes de tudo isso, em 1995, minha mãe foi diagnosticada com mal de Alzheimer. Faltavam vários meses para seus oitenta anos. Aparentemente as placas no seu cérebro tinham começado a se acumular há alguns anos. Mas nunca teríamos reconhecido os sinais. "Dificuldade de linguagem", "procura constante por discussões", "julgamento falho" – características que minha mãe demonstrou durante toda a vida. Como podíamos distinguir entre uma personalidade cronicamente difícil e uma pessoa que começava a ficar demente?

Mesmo assim, comecei a olhar para aqueles momentos do passado em que poderia ter visto os sinais. Em 1991, quando estávamos em Beijing, ela não quis ir a um dos vários templos do Palácio de Verão. "Por que vou ver isso?", ela perguntou e voltou para o banco de pedra na sombra. "De qualquer modo, eu logo esqueço que estive lá."

Meu marido e eu rimos. Não seria verdade? Quem podia lembrar a quantidade de lugares turísticos nos quais havia estado durante tantos anos?

Lembrei-me de outra vez, uns dois anos depois, quando estávamos reunidos na casa de um amigo da família para assistir a uma entrevista de minha mãe, na televisão, gravada naquele mesmo dia. O assunto era a estréia do filme *O clube da felicidade e da sorte*. O entrevistador perguntou se tinha sido difícil para ela assistir ao filme, uma vez que tinha tanto da sua vida.

– Você chorou, como todos da platéia?

Minha mãe olhou para a própria imagem na televisão, respondendo com aquele modo despachado dela:

– Oh, não. Minha vida verdadeira foi pior do que isso; no filme é muito melhor.

Essas foram as palavras de minha mãe, mas ditas num inglês melhor por meio de legendas. Ela ficou perplexa quando viu. O filho do nosso amigo de família falou:

– Ei, titia Daisy, por que estão traduzindo o que você diz? Não sabem que você está falando inglês?

Ele teve a infelicidade de dizer isso rindo. Minha mãe ficou furiosa. Durante todo o resto de sua vida falava daquele jovem, a quem sempre tratara como um sobrinho querido, com amargura e críticas sobre o caráter dele.

Eu me perguntei: aquela implicância seria um sinal de que já estava doente? Mas minha mãe sempre tivera ressentimentos.

Nunca esquecia uma ofensa, nem mesmo acidental, mas especialmente quando feita com arrogância. Quando certa vez o irmão e a cunhada, que moravam em Beijing, nos visitaram e disseram que precisavam voltar para a China antes do que previam por causa de uma importante reunião do governo, minha mãe tentou convencê-los a ficar mais tempo na Califórnia. O que era mais importante, perguntou, o Partido Comunista ou a família? A cunhada, que tinha entrado para o partido como uma jovem revolucionária nos anos 30, deu a resposta politicamente correta. Minha mãe ficou chocada. Sua interpretação foi de que a cunhada achava que ela valia menos do que um grão de poeira sob a sola dos seus sapatos proletários.

Mais tarde, naquele mesmo dia, minha mãe me contou o que a cunhada dissera. Acrescentou uma porção de indiretas da cunhada na última semana e queixas sobre como, na última vez em que ela os tinha visitado em Beijing, ela tinha cortado as mangas de uma camisa cara que minha mãe dera para o irmão, para ficar menos quente. Minha mãe falou e falou, até a longa lista de injustiças abranger os cinqüenta e cinco anos de um relacionamento até então harmonioso.

Se nós, seus filhos, fazíamos qualquer coisa sugerindo que não estávamos 100% do lado dela, se nos cansávamos de ouvir e sugeríamos com exaustão, ou melhor, com genuína preocupação que devia tentar "se acalmar para seu próprio bem", ela ficava mais furiosa ainda. "Não para o meu bem", dizia, "para o *seu* bem." O rosto ficava rígido, o queixo tremia enquanto gritava e batia nela mesma. Quem se importava com o que podia acontecer? Ninguém! Sua vida era nada. Ela não valia nada.

A raiva inevitavelmente combinava com a angústia e com a mágoa solitária que sentira anos atrás, durante a doença e a morte do meu irmão Peter, e a morte do meu pai sete meses depois, os dois com um tumor no cérebro. Minha mãe tinha concordado em ligar os dois a aparelhos, e a pior coisa de sua vida, ela me contou anos mais tarde, foi mandar desligá-los.

– Não comece – ela me aconselhou –, pois não precisará parar. De qualquer modo, não adianta.

Aquela tragédia dupla de tumores cerebrais foi tão horrível que o próprio neurocirurgião, tentando consolar minha mãe quando ela fazia intermináveis perguntas sobre por que e como aquilo podia acontecer, disse simplesmente:

– Sra. Tan, temo que seja apenas má sorte.

Esse pronunciamento oficial de má sorte então incentivou minha mãe a uma procura tardia da razão pela qual fomos amaldiçoados. O resto de nós estaria condenado a morrer também por causa dessa falta de sorte? Acreditava que sim. Depois disso, nós aprendemos a esconder as nossas dores de cabeça, a não dizer que estávamos "cansados", o que era, é claro, uma desculpa que todos os adolescentes dão para não fazer o que não têm vontade. O cansaço fora o primeiro sintoma de que havia algo errado com Peter. Tínhamos aprendido as conseqüências de dizer que não nos sentíamos bem: éramos carregados para o hospital, para fazer um eletroencefalograma, uma radiografia, e mais tarde, de volta à casa, éramos submetidos às infindáveis perguntas. Nós a víamos como uma atormentadora, e não como protetora contra maldições. Tarde da noite, meses depois da morte de meu pai, ela gemia: "Por quê? Por que isso aconteceu?"

Depois de diagnosticado o mal de Alzheimer, também fiquei obcecada em saber por quê. Quando a doença tinha começado? Quando a lógica de minha mãe começara a ficar mais avariada que o de costume? Era importante saber exatamente quando, pois com essa resposta eu saberia também quanto do seu comportamento, suas raivas que magoavam tanto sua família, podiam agora ser vistas como doença, e assim com maior simpatia.

Lembrei-me de um Dia de Ação de Graças em sua casa quando chegamos tarde. A culpa foi minha. Sempre tive propensão a me atrasar pelo menos quarenta e sete minutos para qualquer coisa e para tudo. "Por que tão tarde?", minha mãe perguntou quando entrei. Ela considerou meu atraso um insulto pessoal, sinal de desrespeito, o mesmo que dizer que não a achava digna de consideração. Sentou-se na sala de jantar, recusando-se a falar. Aquele era o silêncio mortal que conhecíamos há séculos. As nuvens escuras estavam praticamente visíveis sobre a cabeça, que parecia ferver. O ar que respirávamos estava cheio de estática. Pedimos que se acalmasse – grande erro –, e seu silêncio explodiu em ameaças de suicídio. Não houve Dia de Ação de Graças naquele ano.

Nós tínhamos ouvido as mesmas ameaças durante toda a vida. Quando eu era muito pequena, devia ter visto minha mãe tentar cortar os pulsos com uma faca. Suponho que quando tentei fazer o mesmo num momento de raiva, depois de ter sido mandada para a cama, eu devia ter seis anos. Felizmente usei uma faca de manteiga, e fiquei mortificada quando descobri que passar uma lâmina na pele é um processo doloroso.

O método habitual de minha mãe de quase-morte envolvia o tráfego. Sua última tentativa foi típica. Jantávamos num restaurante e minha mãe estava obcecada com um membro da família que, segundo ela, não a respeitava. Lou, meu irmão e eu não discordávamos inteiramente dela. O problema era que também não concordávamos inteiramente. Sua raiva cresceu, e então ela levantou-se da mesa num salto e correu para fora do restaurante lotado, conosco correndo atrás. Antes que chegasse a uma rua movimentada, gritando que queria morrer, Lou segurou-a, colocou-a sobre um ombro e carregou-a para um lugar seguro, dando pontapés e soluçando.

As ameaças de "fazer aquilo" eram tão freqüentes que criei um escudo emocional. Na adolescência fingia não me importar. Ela podia berrar e bater no peito. Podia me atacar com os punhos fechados. Meu rosto continuava inexpressivo, tão inescrutável quanto os ocidentais sempre acusam os chineses de ser. Quando ela não estava olhando, eu ia rapidamente para o banheiro e tinha crises de náuseas. Às vezes, secretamente, desejava que ela cumprisse a ameaça. Como a vida seria pacífica sem ela. Esse pensamento era imediatamente seguido pelo medo de que meu desejo se realizasse, e então seria culpada de assassinato, como se a tivesse matado com minhas próprias mãos.

Quando envelhecemos, supostamente ficamos mais sensatos. Mas não importava que tivéssemos vinte, trinta ou quarenta anos. Sempre que minha mãe batia no peito com os punhos pequeninos, sabíamos o que ia acontecer e éramos reduzidos a crianças que tremiam de medo de que dessa vez ela pudesse fazer com que a ameaça se realizasse.

Como adultos, lamentávamos com raiva e frustração o fato de nossa mãe poder ainda nos manipular e nos fazer sentir culpados e com medo. Mais tarde verificamos que crescemos para ter aqueles mesmos acessos de fúria. Às vezes sinto a inescapável investida de uma raiva que cresce como um gêiser e expulsa toda a razão de minha mente, deixando-me com um impulso autodestrutivo.

Só quando cheguei aos trinta anos fiquei sabendo que minha mãe, quando tinha nove anos, viu sua mãe cometer suicídio. Senti pena daquela criança pequena. Podia ver agora que, sob muitos aspectos, minha mãe ficara presa à idade em que fora abandonada.

Recentemente fiquei sabendo que, ainda hoje, na China, um terço das mortes de mulheres nas áreas rurais é de suicídios. Em todo país, mais de dois milhões de mulheres chinesas tentam o suicídio a cada ano e 300 mil têm sucesso. E em contraste com qualquer outro país, mais mulheres do que homens, na China, se matam. Pensei nisso. As condições das mulheres na China melhoraram nos últimos cem anos, e a vida no campo pode não ser igual, com os mesmos direitos para todos, mas será realmente tão ruim que as mulheres preferem tomar uma garrafa de veneno para ratos? E por que a ingestão é ainda o método preferido?

Mais de dois milhões de tentativas *registradas*. Quantas não são registradas? A China, como sociedade, detesta dar a público eventos vergonhosos, por isso o número verdadeiro provavelmente é muito mais alto. Para mim isso tudo foi um estranho consolo, pois, nesse contexto, nossa família é praticamente *normal*. Nos termos ocidentais, somos uma família disfuncional. Do ponto de vista chinês, entretanto, o impulso de minha mãe para se matar é compreensível. Era parte de um legado maior passado de geração a geração, de avó para mãe e de mãe para filha. Em lugar da prata da família, foi herdado um silêncio sofredor, acompanhado por uma explosão súbita e uma necessidade de apagar toda a nossa lembrança da existência.

Minha mãe sempre se gabava da sua memória. Nunca esquecia nada. Não que lembrasse datas, fatos ou números. Quando lembrava de um evento do passado, especialmente um evento traumático, era como se tivesse embarcado na máquina do tempo e fosse transportada para o momento que estava lembrando. Ela o experimentava outra vez enquanto falava sobre ele.

Os psiquiatras podem chamar isso de *flashback* pós-traumático, mas para mim suas lembranças eram dons. Em 1990, antes de ficar doente, liguei uma câmera de vídeo e a fiz contar sua história. Tive medo de que ela ficasse constrangida. E a princípio falou com cautela, olhando timidamente para a câmera. Mas logo tinha voltado para o passado, recriando-o para mim, como se estivesse hipnotizada. Estava lembrando a tristeza da sua mãe quando o marido morreu de doença, deixando-a com dois filhos pequenos para criar, sem meios para isso. O filho mais novo de minha avó levava roupas a um penhor para conseguir algum dinheiro. "Pode imaginar?", minha mãe me dizia, contando a história. Repetia freqüentemente essa pergunta, e eu me esforçava mais para imaginar.

Mais tarde ela representou o dia em que seu primeiro marido voltou para casa rugindo de raiva, para se mostrar na frente dos amigos. Tudo aconteceu novamente em sua lembrança. Ele empunhava uma pistola e a fez curvar-se. "O que estão olhando?", ele gritava para os amigos que estavam na porta, boquiabertos. Eles se curvaram também. Ela ficou olhando para ele, para o movimento da arma, preparando-se para se abaixar caso ele atirasse. Mas então "aquele homem mau" começou a rir. Foi uma brincadeira, ele fez aquilo de brincadeira.

Em outra lembrança ela tinha um bebê no colo, seu primeiro filho. Ele acabara de morrer de disenteria porque seu marido se recusou a interromper o jogo de *mah jong* com o médico. Perguntei com a maior gentileza possível:

– O que você sentiu quando o bebê morreu? Deve ter sentido muita dor.

Ela ergueu os olhos, com o rosto inexpressivo.

– Não dor, só atordoamento. Eu disse: "Sorte sua, pequenino, você escapou. Sorte sua."

Certa vez, quando contava uma das suas histórias há várias horas, ela parou e olhou para mim como se estivesse acordando de um sonho.

– Talvez você não queira esta parte na TV – disse. Atônita, percebi que ela tinha consciência da câmera. – Esta parte é sobre sexo... – A câmera continuou a filmar. Abaixou a cabeça e disse em tom conspiratório: – Ele quer sexo, vou ao banheiro, finjo que uso meu urinol. Ooh, oooh, tão doente, uma diarréia. Naquela noite, não há sexo. Tantas noites eu finjo que vou usar o urinol – ela estava rindo quando me contou isso. A câmera gravou tudo.

Quanto mais ouvia, mais queria saber. Não podia acreditar que antes nunca tivesse me interessado por aquelas histórias que há anos ela tentava me contar. Agora queria voltar ao passado. Queria estar lá, ser testemunha, concordar com ela.

– Sua vida foi terrível. – Não era tarde demais para consolá-la.

Em 1991, presenteei-a com meu segundo livro, *A mulher do deus da cozinha,* uma história baseada em sua vida, uma história que ela me pediu para escrever. Minha mãe começou a ler a primeira página, e então disse, consternada:

– Helen? Eu não conhecia Helen na China. – Eu a lembrei que não era *aquela* Helen, era ficção e os personagens eram inventados. – Ah, sim, sim – disse e recomeçou a ler, mas logo parou outra vez. – Eu nunca morei em casa cor-de-rosa em San Francisco.

Meses depois, perguntei se acabara de ler o livro.

– Não tive tempo – respondeu. Mais tarde ainda, a desculpa foi esta: – Por que preciso acabar? É a minha história. Já sei o fim.

Vi muitas outras coisas que ela não conseguiu terminar. Suéteres começados. Contas que abria, mas não pagava. Comida que descongelava, mas não cozinhava. O apartamento começava a ficar sujo, não apenas atulhado de coisas como sempre, mas sujo. Ela se esquecia de trancar a porta e a grade de segurança do elevador. Esquecia como dar marcha a ré e amassou o carro ao sair da garagem. Mais tarde bateu outra vez, na traseira de um caminhão. E o mais estranho, não parecia muito preocupada com o fato de seu carro estar cheio de amassados.

Notei que minha mãe, antes tão exigente, começava a descuidar da aparência. Usava as mesmas roupas todos os dias, um suéter púrpura e uma calça preta de lycra. Não estava tomando banho. Seu cabelo estava sujo e cheirava mal. Um dia, quando sugeri que lavasse a cabeça antes de sair para um evento elegante, ela comentou que as torneiras do chuveiro estavam quebradas.

Fui ao banheiro verificar. As torneiras estavam perfeitas. Ocorreu-me que ela não sabia ajustá-las. Como uma pessoa que viaja em grupo e passa cada noite num hotel, sei como é desconcertante descobrir como funciona a água sem ficar escaldada ou tomar um banho frio. Liguei a água, ajustei a temperatura e lhe preparei um banho. Então vi que não tinha sabonete, xampu, pasta de dentes. Por que não tinha comprado essas coisas? Resolvi fazer compras para ela.

Algum tempo depois, nossa família estava reunida em volta da mesa num Dia de Ação de Graças, diferente da desastrosa comemoração de anos atrás. Estávamos com a família do meu marido. Falamos sobre esportes, sobre o tempo, política, e então sobre a absolvição de O. J. Simpson. Minha mãe fez um comentário:

– Oh, aquele homem que matou a mulher – ela disse com grande autoridade. – Eu lá. Eu vi.

– Quer dizer que viu na televisão – corrigi.

– Não! – ela insistiu. – Eu lá. Ele escondeu nos arbustos, pulou fora, cortou à faca a garganta daquela pobre mulher. Tanto sangue, nem podem acreditar quanto. Horrível.

O inglês de minha mãe sempre deixava o que pareciam lacunas de lógica. Freqüentemente eu servia de intérprete, mesmo na minha infância, quando eu mesma escrevia as cartas para o diretor da escola, justificando minha ausência. Então, naquele dia, tentei esclarecer para os outros o que ela estava dizendo.

– Você viu um documentário onde acontecia o que os advogados *diziam*.

– Talvez você vê documentário – minha mãe respondeu. – Eu vejo tudo. Eu lá.

– Como assim? – perguntei. Lou pôs a mão no meu braço. Todos em volta de nós ficaram quietos, tomando vinho ou comendo peru, embaraçados. Mas eu não podia parar. Tinha de saber o que estava acontecendo. Por acaso minha mãe pensava que tinha se projetado no astral?

Ela ignorou o desconforto de todos.

– Eu escondo nos arbustos também.

– Você o viu entrar no carro e ir para casa?

Minha mãe balançou a cabeça afirmativamente.

– Eu sigo.

– Como? Como você chegou a Los Angeles?

Eu não conseguia abalar sua falta de lógica.

– Não lembro. Talvez vou de carro.

– E você estava no quarto dele quando ele se limpou?

Ela confirmou com um gesto cheio de confiança.

– Você o viu se *despir*? – desafiei, desesperada para fazer com que compreendesse o quanto era doida aquela linha de pensamento.

– Oh, não. Eu olho para o outro lado.

Nesse momento eu não podia mais negar que alguma coisa estava terrivelmente errada. Minha mãe certamente estava numa idade em que Alzheimer era uma possibilidade. A caminho de casa, Lou e eu concordamos em levá-la a um médico.

Isso ia exigir subterfúgios. Disse-lhe que íamos fazer um *check-up*.

– Já fiz *check-up* este ano – reclamou.

– Precisamos de outro – eu disse, e então arrisquei: – Acho que devemos verificar esse problema com sua memória.

– Que problema? – minha mãe perguntou.

– Bem, às vezes você esquece as coisas... pode ser devido à depressão.

E minha mãe revidou o ataque:

– Nada errado com minha memória. Depressão *não* causa esquecimento. – Então começou a contar as tragédias de perder a mãe, meu irmão, meu pai. Ela estava certa. Não havia nada de errado com sua memória.

– Muito bem, vamos ao médico para verificar sua pressão. Na última vez estava alta. Você não quer ter um derrame, quer?

Uma semana depois estávamos no consultório do médico. Ele fez algumas perguntas:

– Que idade tem?

– Oh, eu já quase com oitenta e um.

O médico olhou para a ficha dela.

– Acho que quer dizer sua idade chinesa – eu disse. O médico ignorou minha explicação. O que eu queria dizer a ele, é claro, era o problema com a idade dela, como sempre fora fonte de confusão maciça e exasperação em nossa família. A idade de minha mãe não era uma coisa fácil. Mesmo uma pessoa que soubesse tudo sobre ela teria dificuldade para responder uma pergunta que parecia tão simples, como "Qual a sua idade?". Mas então percebi que estava tentando proteger minha mãe – ou talvez a mim mesma – para não ouvir o diagnóstico.

O médico fez outra pergunta.

– Quantos filhos a senhora tem?

– Três – ela respondeu.

A resposta me intrigou. O médico, é claro, não tinha idéia da resposta certa, mas eu também não, a não ser que soubesse qual o contexto que minha mãe estava usando. Talvez os três se referissem aos filhos que teve com meu pai, dois filhos homens, uma filha, embora um dos filhos tivesse morrido em 1967.

– E Lijun, Jindo e Yuhang? – lembrei gentilmente, lembrando das filhas do primeiro casamento com o homem mau. Ela ficou longe delas de 1949 a 1978; portanto, de algum modo, foram perdidas para ela como filhas. Quando reapareceram na sua vida, eram "velhas senhoras" na estimativa de minha mãe, não filhas.

Minha mãe recalculou a resposta:

– Cinco filhos – decidiu.

E isso de certo modo estava certo. Havia cinco filhos vivos, três do primeiro casamento e dois do segundo. O médico continuou:

– Quero que a senhora conte de trás para diante, a partir de cem, subtraindo sete.

Minha mãe começou:

– Noventa e três.

– E menos sete? – o médico perguntou.

Minha mãe parou e pensou.

– Noventa e três.

Lembro-me de sentir que minha mãe, que me censurava sempre que eu não tirava a nota mais alta, estava agora falhando tristemente. Embora sabendo que havia um problema, não estava preparada para ouvir a verdade.

– Quem é o presidente dos Estados Unidos? – o médico perguntou.

Minha mãe bufou com desprezo. Essa era fácil.

– Clinton.

– E quem foi presidente antes dele?

Minha mãe franziu a testa antes de responder.

– Ainda Clinton – obviamente se referia ao ano anterior, não ao presidente anterior.

O médico fez um breve exame físico, verificando os reflexos de minha mãe, batendo nos joelhos pequeninos, passando o estetoscópio pelo corpo de boneca. O exame estava quase no fim quando o médico fez uma observação inócua, que não lembro mais. Talvez tivesse pedido desculpas à minha mãe por fazer tantas perguntas, como se ela estivesse em julgamento. Fosse o que fosse, minha mãe começou a falar sobre o julgamento de O. J. Simpson e como ela sabia que ele era culpado porque ela estava lá quando ele matou a mulher. E em sua mente ela estava lá outra vez, como quando estava sentada à mesa no Dia de Ação de

Graças. Ela representou a cena: como tinha se escondido nos arbustos, como viu o sangue "jorrar por toda a parte".

O médico me deu o diagnóstico naquele dia, embora na verdade não precisasse disso para saber.

Alguns meses depois, resolvi dar um jantar a rigor, numa boate, para comemorar os oitenta anos de minha mãe. Convidei a família e todos os seus amigos. Contratei um dançarino profissional, porque minha mãe adorava dançar. No convite escrevi sobre o diagnóstico de minha mãe. Expliquei quais as dificuldades que podia ter, as mudanças que poderiam ser notadas no futuro. Disse que o melhor presente que podiam dar a ela era manter a amizade.

Eu não sabia a palavra para Alzheimer em chinês. Minhas irmãs também não. Elas descreveram a doença para uma tia e um tio em Beijing como "aquela doença que afeta as pessoas velhas", em outras palavras, esquecimento benigno. Percebi que minhas irmãs não tinham idéia da gravidade da doença. Para elas era uma doença de culpa, culpa delas por terem sido pouco atenciosas, fazendo com que minha mãe deixasse de dar atenção ao mundo. Minhas irmãs se culpavam por não visitá-la com maior freqüência. Receitaram alimentos favoritos como cura.

Minha tia Su disse que a mente da cunhada se atrofiara porque ela não tinha pessoas suficientes com quem falar em xangainês, sua língua nativa. Prometeu levar minha mãe para almoçar fora mais vezes e conversar com ela.

Minha irmã Jindo mandou ginseng do Wisconsin, da melhor qualidade, e me garantiu: "Ela vai melhorar." Nenhuma de minhas irmãs sentiu o choque paralisante que senti ao saber que o cérebro dela estava morrendo e que por isso ela ia desaparecer muito antes de sua morte.

Porém, descobri que suas perdas de memória nem sempre eram nocivas. Por exemplo, ela aparentemente esqueceu o que tinha acontecido com meu pai e meu irmão mais velho. Não falava tanto na morte deles quanto antes. Em vez disso, começou a falar sobre dias mais felizes, como as viagens que tínhamos feito juntas. Contava-as nos dedos: China, Japão, China outra vez, Nova York, China outra e outra vez. Gostava de contar o ano que moramos na Suíça, quando eu e meu namorado, Franz, fomos tão horríveis. "Você me deu tanta dor de cabeça", ela dizia orgulhosamente. Eu ficava atônita do quanto ela lembrava, detalhes sobre minhas desventuras que eu mesma tinha esquecido.

Lembrou a noite em que nós atravessamos, de carro, as montanhas da Espanha.

– Você lembra? Tínhamos medo de parar por causa de tantas histórias de bandidos. Então continuei dirigindo, dirigindo durante toda a noite, mal podendo manter os olhos abertos. Eu disse para você: "Comece a discutir sobre seu namorado para brigarmos. Assim eu fico acordada."

Oh, sim, agora eu lembro, disse. Ela podia evocar o passado melhor do que eu. Como podia ter Alzheimer? Fantasiei que ela não tinha aquela doença tão temida. Suas confusões e ilusões eram devidas a um derrame ou a um tumor, talvez deficiência de vitaminas ou depressão. Logo, com medicamentos, voltaria a ser a mesma pessoa determinada de sempre, mas tão feliz quanto estava agora.

Um dia ela falou sobre quando conheceu meu pai. Que dia tão feliz.

– Você lembra? – perguntou. – Você comigo.

– Conte – eu disse. – Sua memória é melhor do que a minha.

– Nós no elevador – ela lembrou. – De repente a porta abre. Você me empurra para fora e lá estava seu pai numa pista de dança, esperando. Você sorrindo o tempo todo me diz para ir ver, ir dançar. Então você volta para o elevador, sobe. Muita esperteza sua.

Em vez de ficar triste com essa ilusão, fiquei chocada de felicidade. Ela tinha me inserido num dos melhores dias da sua vida.

Em parte sua nova tranqüilidade podia ser devida a um comprimido cor-de-rosa, um antidepressivo. Supostamente os novos remédios eram para a pressão alta. Essa era a mentira, o comprimido fácil de engolir, Paxil, fazia parte da coleção, bem como o Aricept e vários benzodiazepínicos, uma série que estava sempre mudando de antipsicóticos, cuja eficácia ou efeitos colaterais, como estalar os lábios e girar o pé, provocava uma retardada dificuldade de evacuar. Para nós era mais exaustivo ver seus tiques neurológicos do que para ela que os fazia inconscientemente. Fiz um diário do que ela tomava e por quê, de quais eram os sintomas e como ela estava mudando e como perdia as coisas. Escrevi muitas vezes que minha mãe parecia mais feliz do que nunca. Eu ficava admirada com isso. A felicidade na demência seria realmente felicidade?

No entanto, eu ficava triste, pensando que, com a medicação adequada, minha mãe podia ter sido uma pessoa diferente. Sem dúvida ela tinha sofrido grandes depressões a maior parte da vida. Devia ter herdado isso da mãe. E passou para mim.

Em certos momentos, imaginava como teria sido a vida com outra mãe, feliz, livre da depressão. Imaginei-a me acalentando, em vez de preocupar-se, enchendo minha cabeça de sugestões entusiásticas sobre o que vestir para o baile, em vez de avisar que bastava um beijo de um garoto para me deixar grávida e insana. Se nós tivéssemos tido um relacionamento maravilhoso, eu teria tido uma infância maravilhosa. Teria crescido cheia de entusiasmo, bem equilibrada, mentalmente estável, e teria engravidado, muitas e muitas vezes, com muitos e muitos beijos. E em vez de me tornar uma escritora de ficção, seria, talvez, neurocirurgiã e concertista, para surpresa de minha mãe, a mãe feliz que nunca havia impingido suas expectativas sobre o meu futuro.

Começou um novo estágio da doença. Mais ilusões tomaram conta dela. Às vezes ficava obcecada com conspirações de minha meia-irmã das quais era o alvo. Lijun, ela acreditava, estava tentando roubar dela o papel principal num documentário sobre sua vida. Em outra ocasião, imaginou que meu marido estava tendo um caso com uma mulher chinesa no lago Tahoe. Afirmava que tinha estado lá e vira toda a sordidez dos dois.

Isso era especialmente triste, uma vez que Lou tinha tomado conta dela como um verdadeiro filho. Ele comprou a casa onde morava, cuidava das necessidades financeiras, sempre a servia primeiro às refeições e estava sempre disposto a acompanhá-la ao hospital ou a procurar soluções para os problemas dela. Mas agora, em nossos jantares bissemanais no restaurante favorito, ela olhava furiosa para ele o tempo todo. Dia e noite, me telefonava de vinte em vinte minutos para dizer que eu devia deixá-lo. Depois de duas semanas, descobri o que devia fazer para acabar com isso. Não podia discutir com ilusões. Tinha de concordar com elas.

Quando o telefone tocou outra vez, atendi com voz triste. Informei que tinha expulsado Lou de casa. (Lou, que estava perto, olhou espantado para mim.)

– Então agora você acredita em mim – ela disse.

– Você sempre esteve certa – concordei. – Só você se preocupa comigo. Só você pode me proteger de todo mal.

– Sim – minha mãe disse.

– Ninguém mais se importa. Mas você se importa porque é minha mãe. Só você é tão boa para se preocupar tanto. Você me conhece melhor do que eu me conheço. Você sabe o que pode me magoar. Você é a melhor das mães.

– Agora você acredita – ela murmurou agradecida. Então disse o que qualquer mãe diria: – Muito bem, agora vá comer alguma coisa.

– Não posso – respondi. – Não tenho nada para comer em casa. Lou ia ao mercado. Mas agora ele não está aqui. E eu não posso sair sozinha. Posso ser roubada.

– Mas está com fome?

Bem, só um pouco, mas está tudo bem. Não vou morrer de fome até de manhã. Não faz mal ficar com um pouco de fome.

Uma boa mãe não pode nem pensar que o filho ou a filha está de estômago vazio.

– Você com medo, sozinha? – ela perguntou.

– Um pouco – respondi. – A casa é tão grande agora que estou só. Mas vou verificar sempre as portas, para ter certeza de que nenhum ladrão pode entrar. Ainda bem que vou mudar para uma casa menor.

– Mudar? Por quê?

– Você sabe. Com o divórcio Lou fica com metade de tudo. Teremos de vender a casa e dividir o dinheiro. E se eu casar outra vez e me divorciar, ele fica com metade da metade, e eu fico com um quarto do que tenho agora. É assim quando a gente se divorcia.

Minha mãe começou a lembrar as melhores qualidades de Lou. Ele fazia as compras no mercado, me levava de carro a todo lugar e era forte. Aconselhou-me a perdoá-lo. É claro que devia castigá-lo por um curto tempo, essa noite, mas amanhã devia aceitá-lo de volta.

– Que ótimo conselho – concordei. – Só você sabe como salvar meu casamento e minha casa para eu não ficar pobre.

O que tinha começado como um subterfúgio da minha parte se transformou numa epifania. Comecei a ver o quanto realmente sabia sobre minha mãe e sobre mim mesma. Ela estava perdendo a razão, mas eu estava perdendo as defesas erguidas e fortalecidas desde a infância. As cicatrizes se dissolviam e nossos corações se tornavam transparentes. Como pude ser tão idiota, a ponto de não saber disso durante todos aqueles anos. Era tão simples fazer minha mãe feliz. Bastava dizer que eu a apreciava como minha mãe.

Agora sei as respostas às suas perguntas impossíveis. "Quando vai voltar para casa?" era uma pergunta comum, já que estava sempre fora, em viagens para promoção dos livros. Se eu dizia a data verdadeira, ela perguntava cinco minutos depois: "Quando vai voltar para casa?"

– Estamos quase em casa – eu falava ao telefone, não importando o quanto Lou e eu fôssemos demorar –, pois sentimos muitas saudades de você. Nós a amamos tanto que mal podemos esperar voltar a vê-la. Você é a pessoa mais importante do mundo. – E ela parava de perguntar. Era tudo que precisava saber.

Descobri meios semelhantes para ajudá-la a lembrar. Eu costumava dizer-lhe para não jantar às cinco e meia da tarde nos dias em que íamos levá-la ao restaurante. Mas inevitavelmente ela esquecia e, quando aparecíamos, ficava surpresa e aborrecida. "Jantar? Não está dizendo que vai me levar para jantar?" Na vez seguinte em que queríamos levá-la para jantar fora, telefonei e disse, entusiasmada:

– Adivinhe só! Esta noite vai haver uma festa no Fountain Court, seu favorito. Sabe por quê? Porque todos os que a amam estarão lá. Você será a estrela! Vamos pedir todos os seus pratos favoritos: camarões suculentos, lula macia e as ervilhas frescas com couves-de-bruxelas de que você tanto gosta. Use seu vestido cor-de-rosa. Você fica sempre tão bonita com ele. Vai ser a mulher mais bonita do restaurante.

Dito e feito. Quando chegamos à casa dela, minha mãe tinha se lembrado de não jantar e estava com o vestido cor-de-rosa. A felicidade na demência é felicidade verdadeira? Sim, é. Tenho certeza agora.

Em sua última semana de vida, começou a falar com fantasmas. "Nyah-nyah", gemia em xangainês e acenava para alguém que via acima dela. Então fazia sinal para mim, indicando que devia convidar os fantasmas para entrar. Falava incoerentemente com voz trêmula, mas dava para compreender o que queria dizer. Eu ainda podia traduzir: "Sente-se, sente-se. Chá. Depressa, depressa. Casaco, casaco, melhor casaco." E eu tirava o casaco do closet e punha onde o fantasma devia se sentar.

Minha mãe continuava a falar excitada com uma multidão invisível. Segurava minha mão e apontava. "Sim, estou vendo", eu dizia. "Tanta gente." Num certo ponto esqueci o fingimento e, quando uma névoa gelada entrou pela janela aberta, peguei o casaco do sofá e estendi sobre suas pernas. Ela resmungou e protestou, depois apontou para o sofá vazio. Oh, certo, como fui esquecer! Nyah-nyah estava lá, usando o casaco. Levei-o de volta para o sofá, admirada com as contradições de sua memória.

Finalmente resolvi perguntar o que significava Nyah-nyah.

– Um nome xangainês para "avó" – explicou minha irmã mais velha. Então me lembrei da história que minha mãe tinha contado, de quando tinha quatro anos. Delirando e quase morrendo ela pediu à minha avó para fazer parar a dor. Minha mãe fora terrivelmente ferida quando uma panela de sopa fervente caiu em seu pescoço. Nyah-nyah ficou sentada ao lado da cama, dia e noite, dizendo que as roupas do funeral já estavam prontas, mas eram muito simples, porque ela não vivera tempo suficiente para usar qualquer coisa mais elaborada.

Disse para a menina que logo todos a esqueceriam, porque sua vida fora curta demais e deixaria poucas lembranças. Foi assim que Nyah-nyah, que amava muito minha mãe, a assustou fazendo com que lutasse para viver. Agora minha mãe chamava Nyah-nyah outra vez. Eu imaginei que Nyah-nyah estava dizendo que suas roupas para o funeral estavam prontas e que era para ela não se preocupar, pois eram incrivelmente belas.

Logo depois minha mãe entrou em coma. Uns dez a vinte membros da família estavam sempre no quarto. Jogávamos pôquer e *mah jong*. Comíamos pizza e comida chinesa. Assistíamos a vídeos dos seus filmes favoritos, musicais de Rodgers e Hammerstein, incluindo um que ela chamava de "Southern Pacific". Liguei o toca-discos com um CD de músicas de Chopin e murmurei no ouvido dela: "Sou eu tocando. Estive estudando com mais afinco."

Por quatro dias a respiração de minha mãe nos manteve em suspense. Ela respirava três vezes, depois nada durante quarenta segundos, às vezes por mais tempo. Era como ver as ondas da maré antes de uma onda de terremoto. À noite me deitava ao lado dela, insone, olhando para a pulsação em seu pescoço, meu coração acompanhando aquele ritmo regular, mas incerto. Mais tarde coloquei uma pérola na depressão do pescoço para ver melhor essa prova de vida. Embora com medo de que ela parasse de respirar, fiquei aliviada por ela ter morrido de causas naturais, e não de suicídio.

Durante a última hora de sua vida, quando a pele ficou cinzenta, nossa família murmurava que nós a amávamos muito e sentíamos pena por ver que ela estava indo embora. Murmurávamos todas as coisas de que íamos sentir falta: seus bolinhos, seus conselhos, seu humor. Para mim mesma eu lamentei: Quem mais podia se preocupar tanto comigo? Quem mais podia descrever com detalhes explosivos o que podia acontecer com partes do meu corpo se eu não tivesse cuidado? Quem mais teria a franqueza de me avisar que meu marido podia me trocar por uma mulher mais nova, a não ser que eu o obrigasse a me comprar jóias tão caras que seria impossível para ele me deixar, e deixar as jóias também?

Minha mãe não falou durante aqueles últimos quatro dias, mas com seu último e longo suspiro, ouvimos um som fraco de uma única nota. Tive de quase encostar o ouvido em sua boca para ouvir. Fui a única a ouvir, mas não acho que tenha sido imaginação. Era como se nossa mãe, aquela mulher tão cheia de surpresas até seu último dia, tivesse dito apenas "Ah!", significando que estava indo para seu último desafio.

Depois da sua morte, comecei a reescrever o livro no qual estava trabalhando há cinco anos. Escrevi com a firmeza da dor da perda "encontrando o verdadeiro coração da história", como disse minha editora, Faith Sale. Minha mentora, Molly Giles, disse que os ossos estavam lá, e que, para consertá-los, eu precisava desenterrá-los, fazê-los em pedaços e juntar tudo outra vez.

Assim, joguei fora algumas páginas, reescrevi outras. Escrevi sobre as datas erradas de nascimento, sobre os casamentos secretos, sobre nomes quase esquecidos. Escrevi como a dor do passado pode nos alcançar e como pode também ser curada como um osso quebrado. Com a ajuda dos novos escritores fantasmas, encontrei na memória e na imaginação o que tinha perdido com a dor.

Minha mãe (centro) com oito anos. Hangzhou, China, cerca de 1924.

A escolha de minha avó

Em minha sala de trabalho há uma antiga foto de família, com uma moldura negra simples, que mostra cinco mulheres e uma menina no pavilhão de um templo, à margem de um lago. Quando vi essa foto pela primeira vez, era pequena e a achei exótica e remota, de um lugar e um tempo há muito passados, com pessoas que não tinham nenhuma conexão com a minha vida na América. Vejam os pés reduzidos! Vejam aquela mulher engraçada com parte da cabeça raspada!

A menininha solene é minha mãe. Parece ter uns oito anos. E atrás, encostada numa pedra, está minha avó, Jingmei. "Ela me chamava de Baobei", minha mãe contara. "Significa tesouro."

A foto foi tirada em Hangzhou, em 1924, mais ou menos, possivelmente na primavera ou no outono, a julgar pelas roupas. À primeira vista parece que as mulheres estão dando um passeio agradável.

Porém, estão vendo as faixas brancas nas saias? Os sapatos brancos? Estão lamentando a morte da avó da minha mãe, Divong, conhecida como a "esposa substituta". As mulheres foram a esse lugar, um retiro budista, para outra cerimônia em honra dela. Monges contratados para a ocasião cantaram as palavras apropriadas. E as mulheres e a menina andaram em círculos, segurando varetas de incenso acesas. Ajoelharam e rezaram, depois queimaram uma pilha enorme de dinheiro dos espíritos para que Divong pudesse ser elevada a uma posição mais alta em seu novo mundo.

É uma foto que mostra também segredos e tragédias, as razões pelas quais advertências foram passadas em nossa família como herança. Cada uma dessas mulheres teve um destino terrível. E não eram camponesas, mas moradoras da cidade grande, muito modernas. Iam a bailes e usavam roupas elegantes. Eram, supostamente, pessoas de sorte.

Vejam a bonita mulher com o dedo no rosto. É Nunu Aiyi, prima em segundo grau, a "tia preciosa". Não se pode ver, mas o rosto de Nunu Aiyi era coberto de marcas de varíola. Felizmente, mais ou menos um ano depois que esta foto foi tirada, ela recebeu pedidos de casamento de duas famílias. Declinou o pedido de um advogado e casou com outro homem. Mais tarde se divorciou – um ato ousado para uma mulher. Porém, sem meios para se manter e com uma filha pequena, Nunu finalmente aceitou o segundo pedido do advogado – dessa vez para ser a concubina número dois dele. "Para onde mais podia ir?", minha mãe disse. "Muitos disseram que teve sorte de o advogado ainda a aceitar."

Agora vejam a mulherzinha carrancuda. Há um motivo para que "a mulher do tio", Jyou Ma, esteja com essa cara. Seu marido, meu tio-avô, sempre reclamava em voz alta, dizendo que sua família tinha escolhido uma mulher feia para se casar com ele. Para mostrar seu descontentamento, ele insultava a habilidade culinária de Ma. Durante uma das brigas no jantar, a mesa foi empurrada e uma terrina de sopa escaldante virou e derramou no pescoço da sobrinha dele, provocando uma queimadura que quase a matou. Minha mãe era a sobrinha e pelo resto da vida ficou com a cicatriz no pescoço. A família do meu tio-avô finalmente arranjou uma mulher mais bonita para sua segunda esposa. Mas as reclamações sobre a cozinha da primeira mulher não cessaram. Quando ela adoeceu com uma doença facilmente curável, recusou-se a se tratar. Jurou que preferia morrer a viver outro dia desnecessário. E logo depois morreu.

Dooma, a "mãe grande", é a mulher de aparência régia, com a cabeça meio raspada, sentada numa pedra. A mulher de casaco escuro ao seu lado é uma empregada lembrada por minha mãe apenas como alguém que fazia a limpeza, mas não cozinhava. Dooma era tia de minha mãe, filha do seu avô e de sua "mulher original", Nu-pei. Mas Divong, a esposa substituta, avó de minha mãe, evitava Dooma, sua enteada, por ser "forte demais", mas sua filha, minha avó, amava Dooma. Ela não se importava com o fato de a primeira filha de Dooma ter nascido corcunda – um sinal, diziam alguns, da natureza disforme de Dooma. Ela não parou de ver Dooma depois que ela casou outra vez, desobedecendo as ordens da família para ficar viúva para sempre. Mais tarde ela cometeu suicídio, usando meios misteriosos que a fizeram morrer lentamente durante três dias. "Dooma morreu como viveu", minha mãe disse, "forte, sofrendo muito."

Jigmei, minha avó, viveu só um ou dois anos depois dessa foto. Era viúva de um acadêmico pobre, um homem que teve a infelicidade de morrer de gripe logo depois de ser nomeado vice-magistrado num pequeno distrito. Eu só posso supor que foi gripe, uma vez que sua morte, em 1918, foi tão súbita quanto a de milhões de outras durante a grande epidemia. A tradição da família, entretanto, registra que o fantasma de um homem condenado à morte por ele voltou do inferno e o matou.

Mais ou menos na época em que esta foto foi tirada, em outro passeio ao lago, um homem rico que colecionava mulheres bonitas viu minha avó viúva e mandou uma das suas mulheres convidá-la à sua casa por alguns dias para jogar *mah jong*. Uma noite ele a violentou, fazendo dela uma pária. Minha avó passou a ser concubina do homem rico e levou sua filha pequena para uma ilha perto de Xangai. Deixou o filho para trás, para não prejudicar o prestígio dele. Depois que o bebê nasceu, o primeiro filho homem do homem rico, ela se matou engolindo ópio cru, escondido nos doces de arroz do Ano-Novo. "Não siga meus passos", ela disse para a filha pequena, que chorava ao lado do seu leito de morte.

Nos funerais de minha avó, monges prenderam com correntes os tornozelos de minha mãe para que não voasse com o espírito da mãe. "Eu tentei retirar as correntes", minha mãe me disse. "Eu era seu tesouro, sua vida." E também tentou seguir os passos da mãe. Desde pequena ela falava muito em se matar. Ela nunca deixou de sentir o impulso de cometer suicídio.

Minha mãe jamais comentou a vergonha de ser filha de uma concubina, nem com os amigos mais chegados. "Não conte para ninguém", ela me pediu. "As pessoas não entendem. Uma concubina era uma espécie de prostituta. Minha mãe era uma boa mulher, de alta classe. Ela não teve escolha."

Eu disse que compreendia.

– Como você pode compreender? – explodiu. – Você não vivia na China naquele tempo. Não sabe o que é não ter uma posição na vida. Eu era filha dela. Não tínhamos nenhum prestígio. Não pertencíamos a pessoa alguma! Isso é uma vergonha que nunca poderei tirar das costas. – No fim desse discurso, ela estava chorando.

Numa viagem a Beijing, fiquei sabendo que meu tio tinha descoberto um meio de tirar a vergonha das costas dela. Ele era o filho abandonado por minha avó. Em 1936 filiou-se ao Partido Comunista – em grande parte, ele me contou, para derrubar a sociedade que tinha obrigado sua mãe a ser concubina. Publicou uma história sobre ela. Eu disse que estava escrevendo um livro de ficção sobre minha avó. Concordamos que ela era a fonte de força da família. Minha mãe chorou ao ouvir isso.

Olho freqüentemente para essa foto e é fácil deduzir que minha avó jamais imaginou que teria uma neta morando numa casa da qual é co-proprietária, com um marido que ama, um cachorro e um gato que estraga com mimos (não temos filhos por escolha, não por falta de sorte), e que essa neta tem seu dinheiro, pode fazer compras – desconto de 50%, sem desconto, não importa, nunca precisa pedir permissão a ninguém – porque ela ganha a própria vida fazendo o que é importante para ela: contar histórias, muitas delas sobre sua avó, uma mulher que acreditava na morte como o único meio de mudar sua vida.

Uma parenta certa vez censurou minha mãe: "Por que você conta essas histórias inúteis para sua filha? Ela não pode mudar o passado." E minha mãe respondeu: "*Pode* ser mudado. Digo para ela, para que ela possa dizer para todos, para todo o mundo, o que minha mãe sofreu. É assim que *pode* ser mudado."

Penso no que minha mãe disse. Não é o passado que as pessoas lembram – quem fez o quê, como e por quê. E o que as pessoas lembram não é especialmente o que escolheram acreditar? Durante muitos anos, minha família acreditou que minha avó foi uma vítima da sociedade e que, lamentavelmente, tirou a própria vida sem mais nem menos.

Em minha sala de trabalho, volto ao passado, ao momento em que minha avó aconselhou minha mãe a não seguir seus passos. Minha avó e eu estamos andando lado a lado, imaginando um passado diferente, lembrando de outro modo. Juntas encontramos um túmulo de memórias. Nós o abrimos e libertamos o que há tanto tempo estava enterrado – o terrível desespero, a raiva destruidora. Nós sofremos, lamentamos, choramos. E então vejo o que resta: as esperanças, partidas em pequenos pedaços, mas ainda lá.

Olho para a foto de minha avó. Juntas escrevemos histórias de coisas que aconteceram e não deviam acontecer, ou que poderiam ter acontecido, ou que ainda podem acontecer. Sabemos que o passado pode ser mudado. Podemos escolher aquilo em que devemos acreditar. Podemos escolher aquilo que devemos lembrar. É essa escolha que nos liberta e nos dá esperança de redimir algumas lembranças dessa menininha que veio a se tornar minha mãe.

Memória levemente disfarçada

Com o milagre de publicar meus livros, três das minhas fantasias da infância se tornaram realidade.

Em primeiro lugar, a menina de seis anos que havia em mim ficou atônita quando viu que estava encapsulada na seção de humor da *Reader's Digest*. Mais precisamente, vários trechos dos meus livros foram usados na seção "Citações Citáveis".

É preciso compreender que a *Reader's Digest* era a única revista que meus pais assinavam, e isso porque continha "O Poder da Palavra". Isso elevava o valor da revista de entretenimento frívolo a uma educação valiosa. Com o "Poder da Palavra" como passaporte, nossa família tinha acesso às melhores oportunidades. Podíamos substituir palavras fracas, monossilábicas, e desse modo subir como balões de gás acima das massas.

Outro método de conseguir sucesso era enviar material para "Vida Nestes Estados Unidos" e para "Rir É o Melhor Remédio". Se um material era escolhido, além de ser publicado recebia cinqüenta dólares de pagamento – fama e fortuna num só golpe. Aqui está um material que enviei, uma piada que meu pai contava sempre depois do jantar, com muitos gestos.

"Um dia, um ministro religioso veio jantar em nossa casa. Ele adorou os pratos maravilhosos que minha mulher tinha passado o dia todo preparando. E me disse: 'John, quero agradecer à sua mulher. Como se diz que a comida está deliciosa?' Eu disse: '*La-sa hau chr.*' Ele então foi até a cozinha e disse '*La-sa hau chr*' para minha mulher. E ela disse: 'Muito bem, se você não gosta, jogue no lixo.'"

Tentei explicar para a *Reader's Digest* que *La-sa hau chr* quer dizer "O lixo é gostoso", mas essa piada bilíngüe jamais foi publicada na seção "Rir É o Melhor Remédio".

Uma segunda fantasia da infância foi realizada quando apareci no número "Mulheres que Amamos" da *Esquire*, logo depois da publicação do meu livro. Minha foto foi tirada por um fotógrafo famoso. Era uma grande conquista para a versão de quinze anos, que ainda mora numa parte do meu corpo, que, na minha lembrança da adolescência, era desajeitado, distorcido, quase desfigurado. Quando a *Esquire* apareceu nas bancas, tive vontade de procurar todos os garotos que tinham estudado comigo na Peterson High, em Sunnyvalley, e mostrar a foto. "Estão vendo? Essa sou eu. Aposto que agora se arrependem de nunca terem me convidado para dançar." Patético, eu sei.

Minha terceira e mais importante fantasia-tornada-realidade foi ter aparecido na *Playboy*. Anos e anos atrás, costumava dizer que minha *maiden form* não mostrava nenhuma forma jovem. Eu apertava as palmas das mãos, uma contra a outra, os braços erguidos na altura do peito, para aumentar meus peitorais. Comprava cremes que prometiam aumentar o busto em pelo menos 5 centímetros. Nada funcionava e, como aqueles que hoje compram inutilmente comprimidos de Viagra, tinha vergonha de exigir a devolução do dinheiro. Portanto, imaginem qual não foi minha surpresa quando apareci na *Playboy* como uma dominatrix, vestida de couro negro e com correntes.

Tudo bem, então sou apenas um pequeno personagem num desenho animado de toda a banda The Rock Bottom Remainders, apresentado humoristicamente ao lado de Stephen King, Dave Barry e Barbara Kingsolver. Mas por meio da pena do desenhista, certos aspectos de minha pessoa foram generosamente melhorados, sem ser necessário o bisturi de um cirurgião. Pelo menos minha figura tem seios de arregalar os olhos o suficiente para a *Playboy*.

Nenhuma dessas fantasias realizadas alterou muito minha vida. Quando era muito mais jovem, pensava que alterariam. Oh, às vezes sou reconhecida. Isso acontece com mais freqüência quando vou à farmácia comprar uma coisa que não se anuncia num churrasco familiar. Certa ocasião, estava na sala de espera de um médico especialista, para um exame de rotina, mas mesmo assim detestável.

– Amy Tan? – a recepcionista gritou. – Está aqui para uma sigmoidoscopia? Já fez sua lavagem? Tome, pegue isto e vá àquele banheiro ali adiante... Diga, você não é Amy Tan, a escritora? Claro que é! Você escreveu o filme *O clube da felicidade e da sorte*, eu a vi numa revista. Ei, todos digam olá a Amy Tan.

Isso, pessoal, é o melhor que acontece. Fama e fortuna, o sonho americano.

O sonho americano vem também com um contrato para escrever memórias. Muitos pensam que é o que tenho escrito em meus livros: memórias disfarçadas em ficção. Dizem-me: "Não a culpo por ter se divorciado do seu marido. Eu me divorciei do meu pelo mesmo motivo." Perguntam por meus dois filhos imaginários. Dizem que podem me dar referências para um grande médico naturalista que cura esclerose múltipla. Perguntam se eu gostaria de escrever um artigo para uma revista de xadrez, uma vez que, segundo minhas histórias, fui quase uma grande campeã.

Agora que escrevi várias memórias disfarçadas de ficção, alguns leitores supõem que devo estar ficando sem material. Afinal, quantas vezes você pode escrever uma autobiografia?

Algumas dessas pessoas se oferecem para me contar uma história. Dizem que foram criadas numa família horrivelmente atingida por tragédias e escândalos, doenças e mortes, lágrimas e corações partidos. Alguns desses estranhos também sugerem, generosamente, que eu divida os *royalties* meio a meio. Embora seja a história deles, concordam que vou escrever a maior parte. E já sabem quem deve fazer seu papel na versão cinematográfica.

Lembro-me de estar autografando um livro em Houston quando um homem me deu um pedaço de papel onde estava escrito o que a princípio pensei ser um poema dadaísta: "Pai enforcado, mãe assassinada, tio morto com um tiro, o filho, bebê ainda, afogado, mulher insana, quase morri duas vezes, do modo mais horrível. Quer escrever a meu respeito? Telefone para mim. Vamos conversar."

Se você estivesse viajando sozinho numa cidade estranha, você telefonaria para um homem, dizendo: "Ei, grandes idéias, venha ao meu hotel para conversarmos a respeito."

A maior parte das ofertas é sincera. Sei disso. A maioria das pessoas nem quer a divisão meio a meio. Só quer que eu conte sua história e precisa de um escritor para arrumar as palavras de modo que todos compreendam. Querem que o povo saiba o que passaram. Querem testemunhas porque é muito solitário passar pela vida com suas desventuras. São pessoas que acreditam poder encontrar uma espécie de redenção se sua história for contada para o mundo, se pelo menos puderem tirar o peso do peito.

Sinto-me péssima por não poder ajudá-las. O problema é que nunca consegui tomar emprestada a vida de um estranho para criar minhas histórias. Para começar, por que escrevo uma história se não para examinar masoquisticamente a confusão da minha vida, minhas esperanças e minhas preces não atendidas? As metáforas, as verdades sensoriais, as perguntas devem ser criadas por mim – concebidas, alimentadas e cuidadas por mim.

Não quer dizer que escrevo autobiografias, pelo menos não no sentido que a maioria das pessoas supõe. Se escrevo sobre uma menina que mora em Chinatown e joga xadrez, não quer dizer que eu tenha feito essas coisas.

Mas dentro da história há uma verdade emocional. Tem a ver com a mãe que ajudou a filha a ver o mundo de modo especial. É um mundo no qual a mãe possui uma magia rara. Ela pode fazer a menina ver *Yin* quando é *Yang*. A menina vê que a mãe, sua aliada, é também sua adversária. E essa é uma lembrança emocional que *eu* tenho, essa sensação de duplo perigo, percebendo que minha mãe pode tanto me ajudar quanto me ferir, do melhor e do pior modo possível. Portanto, não retiro o material de uma memória fotográfica, mas de uma memória emocional. Quando ponho essa memória de sentimento dentro de um lar fictício, ela se torna imaginação. Qualquer coisa pode acontecer. A menina pode responder mal para a mãe e mandá-la para o inferno. A mãe pode dizer: "Eu estava errada. Peço desculpas." As possibilidades são intermináveis, mas uma é escolhida. E quando escrevo essa possibilidade, ela se torna parte de mim. Tem o poder de mudar minha memória, desviando-a do modo como as coisas realmente aconteceram.

Para mim, escrever de memória é lembrar meu lugar psicológico no mundo, em diferentes estágios de minha vida. Onde me encaixo na minha família ou por que não me encaixo. É sobre lembrar minha complicada noção de vida, desde pensar como a vida é mágica, até acreditar que é aleatória e sem sentido, até voltar a pensar que é mágica outra vez. Minha memória, então, é inteiramente subjetiva. E isso, eu acho, é o tipo de memória ao mesmo tempo o mais falível e o mais autêntico elemento que um escritor pode infundir no seu trabalho.

Desde que tenho lembrança, sou curiosa para saber como posso evocar a mais antiga lembrança de um evento que ocorreu debaixo de uma árvore. Eu tinha um ano e meio. Sei que tinha essa idade por causa da estação do ano e dos detalhes do jardim e da casa. Lembro que estava sentada no gramado frio, num dia quente. À minha volta havia uma cerca baixa e à direita uma casa branca com portas escuras que davam para o quarto de dormir. Meu irmão mais velho e meus pais estavam ao meu lado. De repente alguma coisa bateu em minha cabeça. Meu irmão riu. Embora não tivesse provocado muita dor, assustei-me e chorei alto para comunicar meu desprazer, para que não acontecesse outra vez. Depois de algum tempo, apanhei o que tinha batido em mim. Uma bola dourada, peluda, encheu a palma da minha mão.

– Era um pêssego – lembrei para minha mãe.

Ela pensou por algum tempo e depois disse que não era um pêssego, mas um abricó, pois a casa da paróquia, em Fresno, foi o único lugar onde moramos que tinha uma árvore dessa fruta no jardim. E tinha sentido o fato de ser um abricó, pois um abricó teria enchido toda a palma da minha mão de dezoito meses como um pêssego encheria a mão de um adulto.

Em outra ocasião, quando tinha sete anos, percebi que as lembranças eram tênues, que não podíamos obrigá-las a ficar e que de algumas não podíamos nos desfazer. Eu tinha idade suficiente para compreender que algumas coisas estavam em minha memória como sonhos lembrados de manhã. Por mais que tentasse prendê-las, elas fugiam. E quando tentava encontrar um meio de me lembrar delas, digamos, escrevendo ou desenhando, o resultado não chegava nem perto, e então se tornava a memória que substituía a coisa real.

Quando era pequena, tentei inventar vários processos mnemônicos. Sempre que me sentia injustiçada ou incompreendida, olhava para minhas mãos, para as linhas das minhas mãos, e dizia: Sempre serei a mesma pessoa, assim como sempre tive estas mesmas mãos. Sabia que meu corpo continuaria a mudar, embora não soubesse exatamente como. Mas olhava para minhas mãos e prometia lembrar daquele dia, daquelas mesmas mãos e do sentimento de injustiça que senti quando me acusaram de ter feito algo errado, quando não era de modo nenhum minha intenção.

Olhando para minhas palmas hoje, vejo aquelas ranhuras da infância. Sinto-as outra vez sob minha pele, ouço minha voz prometendo jamais esquecer quem e o que tinha me magoado. Penso nessas linhas como ingredientes de um texto. Com elas posso inventar milhares de histórias, não simplesmente uma *bona fide*. As histórias que escrevo dizem respeito às várias crenças que tive, e perdi, e encontrei em várias épocas de minha vida. E tendo agora escrito vários livros, vejo que essas crenças com maior freqüência têm a ver com esperança: esperança e expectativa, esperança e desapontamento, perda e esperança, destino e esperança, morte e esperança. Elas nascem das perguntas que eu fazia quando era criança: Como aconteceu? O que vai acontecer? Como faço as coisas acontecer?

Quando escrevo minhas histórias, não uso lembranças da infância. Uso a memória de uma criança. Através da mente dessa criança, tenho bastante experiência para fazer suposições. Portanto, o mundo ainda é cheio de magia. Qualquer coisa pode acontecer. Todas as possibilidades. Eu tenho sonhos. Eu tenho fantasias.

Posso entrar nesse mundo outra vez quando quiser.

Persona errata

Entre o tempo em que escrevi o primeiro livro e hoje, a Internet realizou o equivalente ao Big Bang, e a Rede Mundial se expandiu no Universo Ubíquo Incontrolável. Como resultado, certos erros de fato começaram a circular a meu respeito e se tornaram parte da minha biografia não oficial, que é agora usada por estudantes, entrevistadores, livreiros e relações públicas, antes do começo de minhas palestras.

No começo eram apenas pequenos enganos, como, por exemplo, que eu tinha recebido o grau de mestrado e um Ph.D. na UC Berkeley, que é uma ótima universidade e na qual estudei para meu doutorado. Mas os únicos doutorados que tenho são honorários e, segundo um presidente de universidade que me entregou um diploma, isso me dá direito a uma vaga para o carro no estacionamento da faculdade, porém, unicamente quando vou fazer uma palestra grátis. Para corrigir as coisas, não terminei meu programa de doutorado, e meus diplomas de B.A. (bacharel em artes) e M.A. (mestre de artes) são da Universidade Estadual de San Jose.

Com o crescimento da Internet, os erros também se tornaram maiores. Não têm a força da lenda urbana, mas cresceram definitivamente. Lembro o dia em que vi anunciado, antes de uma entrevista ao vivo *on-line,* que Amy Tan havia recebido o Prêmio Nobel de Literatura. Ocorreu-me então que é possível levar várias vidas partindo de diferentes realidades, até mesmo melhores. Certamente com mais prêmios de prestígio. Mas quando começou a entrevista, digitei meu cumprimento: "Oi. Aqui é Amy Tan, só que jamais ganhei aquele Prêmio Nobel. Eu queria que fosse verdade. Obrigada pelo voto de confiança."

Geralmente percebo os erros quando estou recebendo outras homenagens relacionadas com o fato de ser asiático-americana, ou escritora, ou chinesa, ou ex-aluna de um dos colégios onde estudei. Então fico sabendo de todos os outros prêmios que supostamente ganhei, entre eles o Prêmio do Livro Nacional, o Prêmio do Livro do *Los Angeles Times* e o Pulitzer. Na verdade fui indicada para os dois primeiros, portanto é compreensível um pequeno exagero, mas a referência ao Pulitzer é uma jogada da Web, que se reproduz como um vírus. É embaraçoso começar meus discursos de aceitação com uma lista de errata, o que parece demonstrar o quanto na verdade sou indigna de estar ali no pódio ou no palco, segurando uma placa gravada ou uma vasilha de cristal.

Alguns dos erros são irritantes, como os do artigo do *Los Angeles Times,* publicado em 2000, que não li, mas que um amigo achou que era seu dever ler em voz alta para minha edificação. O artigo me descreve com um largo sorriso, que revela dentes manchados de nicotina pelo vício de fumar. O repórter deve ter visto aquela velha entrevista no *Salon* na qual apareço fumando no meu terraço e na qual peço ao entrevistador para não contar. Seja qual for a fonte, eu nunca soube que meus dentes pareciam tão ruins, e se estão de fato manchados o suficiente para que isso seja mencionado, devo informar que não é devido ao cigarro. Orgulho-me de ter deixado de fumar para sempre em 1995, e desde então escovo os dentes com regularidade e faço uma limpeza rotineira de seis em seis meses.

Temo que a incorreção tenha se tornado epidêmica nas publicações cujos leitores confiam na Internet para pesquisa.

Pois é onde entrevistas e artigos antigos sobrevivem e até crescem, como se acabassem de ser impressos, perpetuando uma parte das notícias atuais. Uma entrevista de 1989 diz, corretamente, que eu estava casada há quinze anos. Um repórter que evidentemente usou essa entrevista como base em 1996 disse que eu estava casada há quinze nos. Outros repórteres, talvez para diferenciar entre os primeiros quinze anos e os segundos, referiu-se a Lou como meu "marido atual".

Usar uma foto de vinte anos nos artigos também é motivo de consternação. Já aconteceu de RPs se recusarem a me levar ao salão verde antes de um evento, só para mais tarde correrem para mim, dizendo: "Oh, sinto muito. Eu não sabia que era *a* Amy Tan. Estava esperando *outra pessoa*." Leia nas entrelinhas.

Num outro dia fiz uma investigação para ver quem exatamente é essa Amy Tan sempre com a aparência que tinha em 1989, que teve vários maridos, sempre pelo mesmo número de anos, e ganhou todos os prêmios literários do mundo. Encontrei-a escondida em pelo menos um covil de iniqüidade. Esse website começa com o seguinte convite:

> *Você precisa de um trabalho de qualidade sobre Amy Tan – hoje, amanhã, na próxima semana ou no próximo mês?*
>
> Desde 1997 nossos especialistas em Amy Tan têm ajudado estudantes de todo o mundo, fornecendo o melhor e mais barato serviço por escrito da Internet. Se você esperou muito tempo para começar seu trabalho sobre Amy Tan, ou tem mais material escrito do que pode manejar, podemos ajudar. Nossa equipe de mais de 200 escritores profissionais de todo o mundo produziu milhares de trabalhos escolares, ensaios, pesquisas, dissertações, teses e apreciação de livros sobre Amy Tan. Esses excelentes trabalhos estão à sua disposição imediatamente apenas por 25,99 dólares cada um.

É triste pensar que posso ser resumida, instantaneamente, por apenas 25,99 dólares. Esse material não pode estar correto. Paguei muitas vezes 200 dólares a hora para psiquiatras e ainda não compreendo quem sou.

Durante anos, tenho me sentido bloqueada por minha realidade alternativa. Ela criou um novo tipo de angústia existencial. Quem era eu realmente, se não o que aqueles artigos dizem que sou? Se a Internet e sua parte de informação errada continuassem perpetuamente, então eu também viveria numa confusão imortal. Meu verdadeiro eu se perderia nas falsas afirmações dos fatos.

Então descobri que podia usar os mesmos métodos pelos quais a errata cresceu, para eliminar os 48.291 itens. Resolvi escrever isto que você está lendo. Vai se tornar parte dos arquivos da Internet usados por repórteres. Desse modo terei pelo menos registrado minha refutação para a posteridade.

Portanto, aqui vão os fatos, como são apresentados pelo maior especialista em Amy Tan, e você não precisa pagar 25,99 dólares para ficar sabendo o que na vida dela é apenas um engano.

Erratum 1. As obras de Tan não incluem *The Year of No Flood* (1995). Isso foi um capítulo do seu livro *The Hundred Secret Sense*. Houve um tempo em que Amy pensou em escrever um livro cujo título incluísse a enchente e depois a seca que precedeu a Revolta dos Boxers, mas como Amy Tan falou tanto sobre esse livro antes que fosse escrito, ele foi completamente lançado para fora de sua imaginação. Aparentemente alguém com quem falou supôs que ela havia terminado e publicado o livro.

Erratum 2. Tan não esteve em oito colégios diferentes. Foram cinco. Ela diz que esse número é mais do que suficiente, especialmente quando chega a estação de levantamento de fundos e pedem a ela contribuições para os cofres de todas as suas *almas maters*.

Erratum 3. Tan não lecionou poesia em uma universidade na Virgínia Ocidental. Não tem idéia de onde veio isso, porque ela jamais esteve na Virgínia Ocidental e nunca lecionou. Mas a idéia é bastante lisonjeira, pois sempre desejou poder escrever poesia, bem como lecionar. Tan também nunca foi líder de oficina de um grupo de escritores e, aos que afirmam ao seu agente e ao seu editor que ela liderou seu grupo, saibam que a líder foi Molly Giles. Molly tem cabelos vermelhos. Tan tem cabelos vermelhos só quando atua num grupo literário de garagem chamado The Rock Bottom Remainders. Nunca usou a peruca vermelha para liderar uma oficina de escritores.

Erratum 4. Tan nunca trabalhou numa fábrica ao lado de certa pessoa que era seu melhor amigo, nem nesta vida nem no passado, até onde pode lembrar. Entre seus primeiros empregos está o de telefonista no colégio, garçonete de lanchonete que serve às pessoas dentro de carros no drive-in A&W e entregadora de pizza do Mesa Redonda.

Erratum 5. Tan nunca morou numa mansão nas multimilionárias colinas de Hillsborough, Califórnia. Ela esteve lá uma vez num levantamento de fundos, onde os convidados pagavam 25 mil dólares para a campanha de um candidato político, mas ela entrou de graça. O candidato mais tarde perdeu. Quanto ao lugar onde Tan mora, é num modesto condomínio em San Francisco, uma cidade que tem algumas belas colinas e uma mistura de bilionários e de pobres, que os candidatos afirmam ter ao seu lado.

Erratum 6. O apartamento de Tan não fica no último andar de uma antiga mansão. Seu prédio foi construído em 1916 para apartamentos. Sua unidade fica no terceiro e no quarto andares, este um antigo sótão. Tan não é nenhuma criança, tendo nascido em 1952 (para determinar sua idade, subtraia 1952 do ano em curso), por isso agora gostaria de ter um elevador.

Erratum 7. Tan nunca brigou com ninguém da sua editora numa livraria, nem gritou e jogou livros para todos os lados, fazendo com que os fregueses fugissem apavorados. Tan afirma que ela e seus editores sempre mantiveram um relacionamento amistoso e só discutem sobre quem vai pagar a conta nos restaurantes, e isso só como um show de polidez. Na maioria das vezes, Tan os deixa ganhar. Eles pagam a conta.

Erratum 8. Com a exceção de discussões sobre as contas dos restaurantes, Tan nunca brigou com sua agente, Sandy Dijkstra, e passou para outro agente. Foi Sandy quem a encorajou a escrever ficção. Ela é como uma mãe judia, insistiu com Tan semana após semana para continuar a escrever. Tan deve a vida à sua agente por dar-lhe a vida de uma escritora. Por isso, provavelmente Tan também lhe deve um almoço, mas geralmente quem paga é Sandy.

Erratum 9. Lou DeMattei é sem dúvida o primeiro marido de Tan. É também seu marido atual. Além disso, é seu único marido. Estão juntos desde 1970, casados desde 1974. Para descobrir quantos anos isso representa, subtraia do ano atual, 1970 para calcular o tempo em que estão juntos, e 1974 para o tempo em que estão casados.

Erratum 10. Tan não tem dois filhos, a não ser que se considere, assim como Tan o faz, seus cachorros como filhos. Em artigos sobre Tan depois de 1997, seu gato, Sagwa, deve ser referido não como seu bicho de estimação, mas como seu querido e falecido animalzinho. Tan reconhece que incluiu filhos na maioria dos seus livros, exceto o que é sobre o gato. Como era de esperar, esses filhos cresceram com cada livro. Embora sejam imaginários, gosta muito deles. Mas nunca os ajudou com o dever de casa todas as noites, nunca os levou aos treinos de futebol ou às competições de natação, nunca chorou numa sala de emergência quando afinal foi descoberto que eles só tinham enfiado grãos de feijão nos ouvidos, nem passou pelo ciclo de ficar zangada, depois preocupada, depois histérica quando eles foram de carro a um lugar proibido, e ficaram desaparecidos por seis horas. Desse modo, Tan não pode dizer com verdadeira convicção que seus cães são seus filhos.

Erratum 11. Tan não tem a pele amarela como aparece numa versão do desenho dos *Simpsons*. São coisas como essa que a aborrecem quando a chamam de "escritora de cor". Além disso, Tan na verdade não censurou Lisa Simpson, nem a humilhou impiedosamente na frente de um auditório de TV. As palavras foram postas em sua boca por outro personagem do desenho, chamado Matt Groening. A não ser pelo negócio da cor da pele, Tan acha Matt Groening um amor e um cara realmente bom. Ela certa vez discutiu com ele em público sobre a conta do almoço, mas ele empurrou o cartão de crédito de Tan para o lado e pagou a conta.

Isso é tudo por agora. Irei ampliando regularmente a lista, na medida do necessário. Procure as novas correções nos 48.291 websites, que crescem a cada dia, relacionados no Google para "Amy Tan".

Perfume

Na adolescência eu desejava um ramo de gardênias. Era o símbolo das festas de formatura e dos primeiros beijos. Mas quando tinha quinze anos, meu irmão e depois meu pai ficaram doentes, ambos com um tumor no cérebro, e, em vez de ir a bailes, vivia nas salas de espera de hospitais. Em menos de um ano, nossa sala de estar ficou duas vezes repleta de gardênias brancas enfeitando os vaporizadores de funerais. Depois, durante muito tempo, quando ia a uma ocasião festiva, como um casamento ou aniversário, era apanhada de surpresa pela doçura opressiva das gardênias, o perfume que me fazia lembrar imediatamente a dor insuportável. Porém, recentemente, vi um vaso de gardênias numa loja de plantas e me deixei seduzir pela brancura das flores e o verde vibrante das folhas. Levei a gardênia para casa e o perfume imediatamente saturou meu espaço e me fez lembrar momentos do passado de felizes expectativas. Infelizmente não tive sorte como jardineira e a flor logo ficou amarela, caiu e desisti de regá-la. A despeito do meu descaso, a planta não morreu. Na verdade, novas folhas nasceram. E agora estou regando a gardênia outra vez. Espero que as flores apareçam, imaginando quando será isso.

CONDIÇÕES DE VIDA AMERICANAS E CARÁTER CHINÊS

Eu queria que meus filhos tivessem a melhor combinação: condições de vida americanas e caráter chinês. Como podia saber que essas duas coisas não se misturam?

Ensinei [à minha filha] como funcionam as condições de vida americanas. Se você nasce pobre aqui, não é uma vergonha para sempre. Você é a primeira da fila para uma bolsa de estudos. Se o telhado desaba em sua cabeça, não precisa chorar por falta de sorte. Pode processar o responsável, faça o proprietário consertar. Você não precisa sentar como o Buda debaixo de uma árvore, deixando que os pombos façam suas necessidades em sua cabeça. Pode comprar um guarda-chuva. Ou entrar em uma igreja católica. Na América, ninguém diz que você tem de observar as condições de vida dadas por outra pessoa.

Ela aprendeu essas coisas, mas não foi possível ensinar o caráter chinês. Como obedecer aos pais e ouvir o que sua mãe diz. Como não mostrar seus pensamentos, escondendo o que sente para tirar vantagem de oportunidades ocultas, porque não vale a pena procurar as coisas fáceis. Como conhecer o próprio valor e aperfeiçoá-lo, nunca o expondo como um anel barato. Porque o pensamento chinês é melhor.

O clube da felicidade e da sorte

Cabeça de peixe

Eu me apaixonei pelo filho do ministro da igreja no inverno em que completei quatorze anos. Ele não era chinês, mas tão branco quanto Maria ao lado da manjedoura. Como presente de Natal, pedi em minhas orações aquele rapaz louro, Robert, e um novo nariz, americano, fino.

Quando descobri que minha família tinha convidado a família dele para o jantar da véspera de Natal, chorei. O que Robert ia pensar do nosso pobre Natal chinês? O que ia pensar dos nossos parentes barulhentos que não tinham as boas maneiras americanas? Qual não seria seu desapontamento ao ver comida chinesa, em vez do peru assado com batatas-doces?

Na véspera de Natal, vi que minha mãe tinha se excedido no preparo de um cardápio estranho. Ela estava tirando as veias das costas de camarões frescos. A cozinha estava cheia de pilhas de comida crua: um bacalhau magro, com olhos saltados de peixe que imploravam para não ser lançado numa frigideira com óleo fervente. Tofu, que parecia pilhas de esponjas brancas de borracha. Uma vasilha com cogumelos secos mergulhados na água para voltar à vida. Uma travessa de lulas com cortes de faca entrecruzados, parecendo pneus de bicicleta.

Então eles chegaram – a família do ministro e todos os meus parentes, numa barulheira de campainhas e de embrulhos amarrotados de Natal. Robert rosnou olá e eu fingi que ele não era digno de existir.

O jantar me fez mergulhar num desespero mais profundo. Meus parentes lambiam as pontas dos pauzinhos e estendiam os braços sobre a mesa, servindo-se das dezenas de travessas de comida. Robert e sua família esperavam pacientemente que as

A família Tan (da esquerda para a direita): Peter, John, eu e Daisy – em Oakland, Califórnia, um dia depois do meu nascimento, 1952.

travessas fossem passadas. Meus parentes murmuraram com prazer quando minha mãe levou para a mesa o peixe inteiro cozido. Então meu pai enfiou o pauzinho bem debaixo do olho do peixe e retirou a carne macia.

– Amy, seu favorito – ele disse, oferecendo-me a face macia do peixe. Eu queria desaparecer.

No fim da refeição, meu pai se recostou na cadeira e arrotou alto, agradecendo à minha mãe a ótima comida.

– É um costume chinês para mostrar que você está satisfeito – explicou aos nossos convidados atônitos. Robert, muito corado, olhava para o prato. O ministro conseguiu um arroto discreto. Eu passei o resto da noite num silêncio, chocada.

Quando os convidados se foram, minha mãe me disse:

"Você quer ser o mesmo que as meninas americanas por fora" – e me deu um presente adiantado. Uma minissaia bege de *tweed* – "mas por dentro você deve ser sempre chinesa. Deve se orgulhar da diferença. Sua única vergonha é sentir vergonha."

E embora não concordasse naquele momento, tive certeza de que ela compreendia o que eu sofrera durante o jantar. Só muitos anos depois – muito depois de ter acabado meu entusiasmo por Robert – apreciei completamente a lição e o objetivo por trás daquele cardápio especial. Para a véspera do Natal daquele ano, ela tinha escolhido minhas comidas favoritas.

Conselho perigoso

Minha mãe sempre me dava exemplos vívidos do que aconteceria comigo se fosse bastante tola para ignorar seus conselhos. Se atravessasse uma rua sem olhar para os dois lados, podia ser esmagada por um carro, amassada como um linguado. Se eu comesse frutas não lavadas, podia acabar envenenada, me contorcendo como uma lesma numa cama de sal. Se eu beijasse um garoto – um garoto que provavelmente *nunca* escovava os dentes nem *lavava* as mãos –, acabaria com uma doença e grávida, inchada como um melão podre.

Graças a ela, nunca comi linguado nem lesmas e tive o cuidado de casar com um homem que escova *e* passa fio dental nos dentes todos os dias. Portanto, é estranho informar que minha mãe *não* me preveniu contra esquiar. Na verdade, me encorajou a praticar esse esporte.

Éramos uma família de imigrantes urbanos que morava num bairro de classe média, na Califórnia, e depois passamos para os bairros residenciais elegantes do Vale do Silício. Ao contrário de meus amigos, eu não ia para acampamentos de verão, onde garotos e garotas infelizes tinham de montar em pôneis malucos e nadar em lagos cheios de cobras. Minhas diversões de verão incluíam fazer tranças no cabelo numa lanchonete, assistir ao *The Angry Red Planet* numa matinê com preços reduzidos e ir à biblioteca uma vez por semana. A única montanha com o pico coberto de neve que tinha visto de perto era a Matterhorn, na

Disneylândia. É claro que eu não tinha permissão para andar no brinquedo da Matterhorn.

– Por que não? – choraminguei.

– Não é divertido – minha mãe respondeu. – Só perigoso.

– Todo mundo vai!

– Todo mundo se joga de um penhasco, você faz o mesmo?

Fiz cara de esperta.

– Faço.

– Bem, de qualquer modo, tem muita gente na fila. Espere muito tempo e pega uma insolação.

Intencionalmente ou não, minha mãe me criou para ser do tipo doméstico. Em minha juventude não pratiquei nenhum esporte. Considerava-me desajeitada, e essa auto-imagem era reforçada constantemente nas aulas de educação física. Três vezes por semana tinha de agüentar um cruel ritual no qual as meninas faziam fila para serem escolhidas pelas capitãs do time.

– Vejamos – ouvia a capitã dizer examinando o resto da turma. Um grande suspiro. – Tudo bem, *acho* que posso ficar com Tan – e eu pulava como um cão agradecido, poupada de ser outra vez a última escolhida.

Eu era a menina que não podia fazer uma corrida de revezamento sem cair ou vomitar, ou a jogadora que distendia o músculo do dedo só de olhar para uma bola de voleibol. Era a trapalhona designada para o campo da direita, onde as bolas de beisebol raramente chegavam. A única vez em que uma jogadora rebateu uma bola para o campo da direita, caçoaram de mim por fugir correndo da bola. Como minha mãe, via perigo vindo de todos os lados.

Quando fiz dezesseis anos, minha mãe resolveu me levar, junto com meu irmão mais novo, à Europa, onde acreditava que havia mais segurança. Para mim, ela tinha ficado louca. Em agosto, embarcamos para a Holanda, sem falar holandês e sem idéia de onde íamos morar ou freqüentar a escola. Depois de um mês andando a esmo, encontramos nosso lar por um ano: um chalé com cem anos de idade em Territet-Montreux, na Suíça. Era um perfeito cartão-postal, perto de casas do século XIV, e com caminhos de pedra e vistas gloriosas do lago Genebra e dos Alpes.

Minha mãe nos deu uma incumbência: devíamos tirar vantagem de qualquer oportunidade que aparecesse – falar francês, ir a museus, esquiar... *Esquiar*? Minha mãe tinha assistido recentemente ao filme *The Sound of Music* e não via nenhum perigo numa paisagem onde até uma freira cantava em versos.

Na verdade, não tive escolha sobre esquiar. Era obrigatório na escola em que fui matriculada – uma escola freqüentada, devo acrescentar, por garotas saudáveis, com estilo de vida internacional e que esquiavam e bebiam Bordeaux desde os três anos de idade. Várias delas faziam compras em Paris nos fins de semana.

Como uma adolescente basicamente insegura, tentei me encaixar e agir como minhas iguais, como se vivesse entediada por uma vida de fartura.

– Quando estive em Genebra na semana passada – contei para minhas novas amigas, com um certo ar de tédio na voz –, foi impossível encontrar roupas para esquiar que fossem do meu gosto. – E então acendi outro cigarro.

Para comprar o equipamento de esqui e as roupas necessárias, minha mãe me levou ao Migros, à loja que equivalia a um Wal-Mart americano. Quando a vendedora me mandou estender o braço, não perguntei por quê. Estendi o quanto permitia meu tamanho de 1,65m. Ela me mostrou um par de esquis de madeira vermelha, de 196 centímetros, com o cabo preso a um deles. Assim, para não ser tomada por uma perfeita idiota, examinei cuidadosamente os esquis, certificando-me de que a tinta não estava lascada e tinham peso suficiente para resistir a pancadas sem quebrar.

Para completar o conjunto, minha mãe escolheu algumas estacas com cestos de couro – fortes, bonitas e pesadas –, bem como um par de botas negras Dolomita com espaço para três pares de meias de lã que ela tinha tricotado e fazia questão de que eu usasse. Escolheu também um casaco que podia acomodar camadas de suéteres. Quando saí da cabine de provas como o resultado do cruzamento de uma berinjela gigante com um esquimó, ela declarou que eu estava equipada para esquiar.

Para minha primeira viagem de esqui fui a Gstaad com dois amigos do colégio e, sem que minha mãe soubesse, com meu primeiro namorado, Franz, que tinha vinte e dois anos, era um esquiador excelente e desertor do exército alemão.

Quando chegamos à pista de esqui, prendi minhas botas aos esquis pela primeira vez e tentei andar para a cadeira do elevador, com os movimentos de uma Frankenstein. Vi uma cadeira balançar e bater num casal na minha frente, e me lembrei de um carrossel do playground, quando era pequena, uma geringonça de metal que parecia um prato de toca-discos na areia. Quando tinha quatro anos, um garoto me convidou para subir nele. Ele começou a empurrar o carrossel até alcançar a velocidade de uma bandeira sacudida por um vento forte, e então a força centrífuga soltou os meus dedos e eu voei pelo ar, gritando.

Esses eram meus pensamentos quando enfrentei minha primeira cadeira do elevador de esqui. Quando chegou a vez de Franz e eu subirmos na cadeira, delicadamente convidei os esquiadores que estavam atrás para entrar primeiro. "*Mais non*", eu disse no meu francês recentemente adquirido. "*Après vous... et vous et vous...*" Franz me levantou do chão, me pôs na próxima cadeira e lá fomos nós. Ele garantiu que a primeira descida seria fácil. "Rampa de principiante", ele disse.

Sei agora que a menor descida parece "morte súbita" para um principiante, e se algum dia voltar a Gstaad, provavelmente vou rir, vendo que a pista não era mais do que uma pequena descida, uma mera espinha numa colina. Mas então penso: por que levamos *vinte minutos* no elevador para chegar até lá?

No topo, Franz me empurrou para fora da cadeira e deslizei de costas, numa confusão de esquis e estacas.

– Você acha *mesmo* que posso fazer isso? – perguntei quando ele me ajudou a levantar.

– *Ja*, claro – respondeu –, sem problema. Siga-me. – E lá foi ele, eu parada, só olhando. Três curvas depois, desapareceu de vista, bem como outros vinte esquiadores que passaram por mim e desceram a rampa.

Sozinha lá no alto, olhei para baixo, para a montanha. A temperatura estava abaixo de zero, mas comecei a suar. Naquele exato momento me lembrei de outra montanha suíça, a Matterhorn, na Disneylândia. "Isso não é divertido", minha mãe me avisava. "Isto é *perigoso.*"

Na minha frente estava um precipício de puro gelo. Todos os temores de uma vida inteira se juntaram numa visão terrível. Eu seria esmagada, meu cérebro esmigalhado como um melão podre, filetes de sangue manchando a neve branca e limpa. Então imaginei minha mãe dizendo: "Se todo mundo se atira de um penhasco, você faz o mesmo?" E fui levada para a beira do precipício pela minha resposta atrevida, "Faço", e meio segundo depois os esquis longos e pesados estavam apontados diretamente para baixo, para o que hoje sei que se chama a "linha de queda".

Logo cheguei a uma velocidade que embaçava o cenário. Pressionei as estacas para frear. Isso, logo descobri, não é um bom modo de parar, mas um modo eficiente de arrancar as mãos na altura dos pulsos.

Eu era uma semifugitiva, semichocada, semidelirante. Passei voando pelos "Ricos e Famosos" – Rod Steiger, Julie Andrews. Estava esquiando com os melhores. Só a ignorância me impedia de entrar em pânico completo. Pensei que poderia ficar de pé sobre meus esquis o tempo suficiente para chegar ao pé da montanha, onde então poderia, gradualmente, deslizar até parar. Teria realizado esse plano se a rainha da Suécia não tivesse cruzado meu caminho (não estou inventando isso). Ela gritou, bem como seus acompanhantes, e eu pela primeira vez caí de cara na neve.

Sangue! Havia sangue na neve. Meu cérebro devia estar vazando. Não lembro o que era pior: a dor ou a humilhação de ouvir os sósias de Jean-Claude Killy perguntar se eu estava bem. Fui também informada, asperamente, que quase tinha assassinado a adorada personagem real.

Depois que meu nariz parou de sangrar, tirei os esquis. Não me importava estar ainda a uns três quilômetros do pé da montanha e que podia levar horas para chegar a um lugar seguro. Se a noite chegasse, a equipe de resgate podia simplesmente seguir as marcas de um metro de profundidade que eu fazia no meio da pista.

Não me tornei uma ótima esquiadora naquele ano. Por quarenta e cinco minutos, duas vezes por semana, consegui manejar as estacas para atravessar as partes mais planas do estacionamento até fazer o que a escola exigia. Estava resolvida a não permitir que meu novo medo de velocidade me vencesse. Posso dizer que agora o medo alimentava meu desafio.

Quando voltei aos Estados Unidos, continuei a esquiar. Ano após ano persisti, a despeito do péssimo equipamento, das ridículas roupas de esqui e dos tombos humilhantes. Com o passar dos anos, quebrei um par de esquis pelo meio, fui carregada de uma montanha num trenó de salvamento, e até consegui, ainda na fila do elevador, derrubar uma dezena de esquiadores, como dominós. Aprendi que tudo isso era necessário para me transformar numa pessoa que não apenas procura o terror, mas que sente um imenso prazer com ele.

Este ano caí e deslizei por toda a Face Leste no vale Squaw, Califórnia, e voltei para mais. Segui amigos de cérebros alterados cuja idéia de divertimento no esqui é esquiar rapidamente entre as árvores durante uma tempestade de neve. Este ano cheguei a ter uma lição.

– Oh, vai esquiar outra vez? – minha mãe perguntou um dia quando eu disse que ia para minha cabine no lago Tahoe.

– Isso mesmo – respondi. – Vou tentar quebrar algumas pernas.

– Tudo bem – ela disse. – Divirta-se.

Quem sou eu para ignorar o conselho de minha mãe?*

* Logo depois de ter escrito esse material, fui esquiar numa montanha cujo acesso só era possível de helicóptero e tive ruptura do quadríceps, distendi o tendão do jarrete e quebrei a parte superior da tíbia. Mas continuo a esquiar.

Confidências da meia-idade

Como filha de laboriosos imigrantes cristãos da China, tive poucas oportunidades de cultivar uma juventude desperdiçada.

Nossa família raramente saía de férias. Durante os primeiros dezesseis anos de minha vida, saímos só duas vezes, uma quando tinha seis anos e a outra quando tinha doze, as duas breves viagens à Disneylândia e à Knott's Berry Farm. A maioria dos verões eu passava com aulas de Bíblia ou nas lanchonetes do colégio, trançando os cabelos ou plantando ervilhas-de-cheiro em caixas de leite, ou fazia mapas da América do Sul com feijões secos, ervilhas partidas e lentilhas. Um divertimento comum na minha infância consistia em andar de bicicleta perto de casa, ir à biblioteca, cortar a grama, olhar para o balcão de balas no mercado da esquina, dar folhas para as lagartas, que acabavam morrendo, ou observar casulos que jamais se abriam.

Conto como sendo os momentos mais memoráveis da minha vida aqueles que eram entrelaçados com um terror de disparar o coração – as vezes em que ficava tão assustada que nem podia gritar. Quando tinha dois anos, por exemplo, minha mãe me levou a uma loja de departamentos onde vi um homem sem os membros e outro com pernas longas como escadas de pedreiro. Quando tinha três anos, fiquei no lado de fora da janela de um apartamento e ouvi o eco dos gritos de uma menina da minha idade, cuja mãe a espancava sem parar no banheiro. Aos quatro anos, me agarrei desesperadamente às alças de um carrossel empurrado à mão por um tempo que pareceu uma eternidade, até que soltei e caí de bruços na areia. Com cinco anos, uma enfermeira no hospital gritou comigo por eu querer levar minha boneca para a sala de cirurgia. Quando tinha seis anos, vi uma amiga no caixão, as mãos cruzadas sobre uma Bíblia em cima do peito. Certa vez, aos sete anos, vi a pele de pessoas ficar cheia de bolhas fumegantes, no filme *The Angry Red Planet.* Quando tinha oito anos, voei uma ladeira abaixo na bicicleta de um garoto, só para descobrir que ela não tinha freios. Com nove anos, peguei uma cobra num regato – e a parte assustadora foi *não* contar para meus pais que a cobra tinha deslizado entre os bancos do Rambler um pouco antes de irmos para o aeroporto apanhar minha tia-avó Grace. Essa última experiência também conta como a viagem de carro mais divertida que fiz na vida.

A palavra "divertimento" não era comumente usada em nossa família, exceto, talvez, no seguinte contexto: "Divertir? Por que você quer se divertir? O que há de tão bom nisso? É só perder tempo e dinheiro." Na minha família "divertir" era um palavrão e seu antônimo era "difícil", como em "trabalho difícil". Coisas que eram difíceis tinham resultados valiosos, coisas que eram divertidas, não.

Outro palavrão era "liberdade", como em "Então você quer que a liberdade americana se descontrole e traga vergonha à nossa família? O que me leva a outro palavrão, "amigos", esses fornecedores de corrupção e de vergonha, cujo único propósito na vida era me encorajar a responder para minha mãe e fazer com que ela desejasse voltar para a China, onde havia milhões de jovens da minha idade que ficariam muito felizes em obedecer aos pais sem questionar. A boa palavra era, é claro, "família", como em "vai à igreja com a família", ou "faz o dever de casa com a família", ou "dá seus brinquedos para sua família em Taiwan".

Para que não pensem que meus pais eram completamente feudais em seu modo de pensar, quero esclarecer que adotaram alguns importantes preceitos americanos – por exemplo, a noção de que "tempo é dinheiro" e que "um centavo economizado é um centavo ganho". Como conseqüência, gostavam muito também da palavra "livre" – que não deve ser confundida com "liberdade" ou com "livre" usada em expressões como "tempo livre", ou "livre para fazer o que bem entender". Estou me referindo ao tipo de "livre" que transmite idéias valiosas, como: "Você está livre para ir ao curso de verão porque é de graça."

Eu exagerei quando disse que *nunca* me divertia. Meus pais permitiam certas versões de divertimento em *família*, como passear em volta do campus da Universidade de Stanford, uma forma de diversão que, além de ser de graça, servia para me lembrar de uma meta e de um prêmio que só perdiam em importância em como ir para o céu. Os prêmios só podiam ser ganhos *se* eu ouvisse com atenção o que meus pais diziam, isto é, nada de garotos, nada de pizza e, é claro, nada de *rock-'n'-roll*.

Alguns meses antes de completar quarenta anos, descobri que tinha adquirido má postura, agravada por uma dor crônica no pescoço – sintomas comuns entre escritores em viagem de promoção dos seus livros. No meu caso, estava viajando pelo país e pelo exterior há mais de meio ano. Muitos pensam que essas viagens são cheias de eventos divertidos e glamurosos. Essas pessoas têm muita imaginação. Exatamente o que perdi como uma escritora em viagem de promoção.

Estava passando anos produtivos de minha vida não escrevendo, mas comendo cachorro-quente nos aeroportos e obedecendo ao aviso de "aperte seu cinto quando sentar". Estava esvaziando os suprimentos de força mental, tentando descobrir em que cidade acordava ou como agir espontaneamente quando respondia sempre às mesmas perguntas dez vezes por dia, durante vinte dias seguidos.

Embora feliz no casamento, estava passando mais noites sozinha do que com meu marido. Não consegui dormir em Seattle, Cincinati, St. Louis e Boca Raton. Nas camas dos hotéis, preocupava-me, obcecada, com uma resposta tola que tinha dado naquele dia, com o quanto tinha parecido inarticulada, como eu era uma completa desgraça para a literatura americana. Depois de me censurar, ouvia através de paredes finas o que parecia uma mulher tendo as amígdalas extraídas sem anestesia, um homem que ou estava fazendo um teste para o papel principal de *Falstaff* ou com graves problemas gastrointestinais. Para me ajudar a dormir, eu me lembrava de algum detalhe científico – como o fato de que a grande fonte de poeira nos cômodos, mais ou menos 99,87%, é de pele humana desprendida. Imaginava anos e anos de partículas de pele do corpo de estranhos tristes ou felizes, que tinham dormido na cama em que estava agora, soltas no ar que eu respirava.

Esse era meu estado mental quando voltei da última viagem de promoção do meu livro. Essa era a minha atitude em 6 de novembro de 1991, quando ouvi o fax funcionando, certamente enviando outro pedido de comparecimento da autora.

Era de Kathi Kamen Goldmark, a assessora de imprensa que tinha me levado a vários eventos de divulgação do meu livro em Bay Area. Se bem me lembro, seu fax dizia mais ou menos isto: "Oi, Amy, um grupo de escritores e eu estamos formando uma banda de *rock-'n'-roll* para tocar na Associação de Livreiros Americanos, ABA, em Anaheim. Quer se juntar a nós? Acho que vai se divertir muito."

Pensei no convite. Eu parecia o tipo de escritora que perdia tempo com divertimento? Quanto a cantar em público, podia haver coisa mais parecida com uma execução pública? Além disso, como podia, a autora de histórias comoventes sobre mãe e filha, fazer uma coisa tão ridícula e prejudicial à carreira como tocar numa banda de rock na frente de milhares de leitores na convenção da Associação de Livreiros Americanos? Acrescente a isso uma banda de rock *medíocre*.

Dois minutos depois, enviei a resposta por fax: "O que devo vestir?"

No dia seguinte, comecei a me exercitar para fortalecer os músculos do meu corpo de meia-idade. Logo depois, Kathi e eu fomos fazer compras na Betsey Johnson, a escolha de todas as garotas respeitáveis de quatorze anos. Examinamos as coleções em liquidação e experimentamos dezenas de vestidos muito justos. Encontrei spandex e sequins, uma versão da minha juventude perdida, também chamada de "O Pior Pesadelo de Todas as Mães".

A perspectiva de ser uma cantora de rock apresentava apenas um obstáculo: o fato de eu *não* saber cantar. Não estou sendo modesta. Quando tinha treze anos, minha mãe me levou a um professor de canto, achando que eu podia aprender a me acompanhar ao piano, como Liberace. O professor me fez cantar escalas progressivamente mais altas. "Dó, ré, mi, fá – *epa*." Depois de vinte minutos, deu o veredicto para minha mãe: "Minha cara Sra. Tan, sua filha não tem nenhuma habilidade vocal."

Basta dizer que cerca de dois meses antes de nossa primeira apresentação em Anaheim, acordei uma noite banhada em suor. Telefonei para Kathi na manhã seguinte.

– Kathi, Kathi – arquejei. – Não posso cantar na ABA.

– Oh, não! Houve um conflito em sua agenda?

– Quero dizer que *não sei cantar*.

A brilhante solução de Kathi tinha duas partes: primeira, eu podia praticar num microfone no estúdio de som que pertencia a David Phillips, um amigo dela que, segundo a opinião geral, era um amor. Segundo, eu podia vencer o medo do palco cantando no caraokê de um bar repleto de alegres fregueses que, Kathi me garantiu, não me ouviriam com o barulho dos copos de coquetel.

No estúdio de som levei quarenta e cinco minutos para poder emitir algo que parecesse um grasnado. Minhas cordas vocais estavam paralisadas. David, de acordo com o prometido, foi um doce – um doce que tocava em uma banda verdadeira, The Potato Eaters. Além disso era bonitinho. Eu estava esperando me humilhar na frente de um sabichão arrogante.

Quando meus lábios se moviam silenciosamente perto do microfone, David olhava para Kathi preocupado e compreensivo, gentilmente me incentivando a tentar outra vez: "Tudo bem, foi uma boa tentativa. Vamos agora... bem, tentar outra vez."

No caraokê-bar cantei com horrível rigidez, mas meu consolo foi ver que não era a única megalomaníaca bastante tola para pensar que podia cantar em público. Na semana seguinte, saí de férias e fui para o Havaí. Durante cinco horas por dia, sentava na praia de Kona, com fones de ouvido, cantando em harmonia "Mammer Jammer" e "Bye Bye Love" para uma platéia de botos e tartarugas que cabriolavam nas ondas. Cantei até não poder mais, alto e forte, balançando a cabeça ao ritmo dos instrumentos de fundo gravados por Ridley Pearson para os musicalmente deficientes. Meu marido mais tarde me disse que, quando as ondas ouviam, recuavam com a pressa de quem evita as calçadas onde pregadores falam do castigo do inferno.

Aos quatorze anos costumava ir à praia nos fins de semana, supostamente para recrutar garotos para Cristo. Só assim meus pais me deixavam ir. A essa altura meus hormônios estavam ávidos pelo pecado. Já não me contentava em cantar hinos no coro da igreja como único estímulo. Eu me imaginava gritando a plenos pulmões, correndo pela praia – não muito depressa, é claro –, perseguida por rapazes magricelas e malcomportados que ameaçavam me pegar e jogar no mar. Os rapazes de verdade não me perseguiam. Também não aceitavam meu convite para ir a "uma festinha de confraternização de jovens".

Todas as tardes, enquanto estudava piano, lamentava não ser uma garota popular. Eu não era do tipo que é convidada para festas nas garagens depois das aulas, onde discos eram tocados a todo volume e refrigerantes eram batizados com vodca. Eu me odiava por ser considerada a "boa menina", o contrário das "meninas más", que picotavam o cabelo, se esparramavam com as camisas sociais brancas dos pais e roubavam esmalte de unhas do Kmart.

Nesse mesmo ano, descobri algo bom nos meus pais. Eles não tinham a mínima idéia do que era um palavrão, pelo menos não os verdadeiros. Enquanto proibiam meus irmãos e a mim de dizer "puxa", "danado", "oba" e "bacana"* – por serem variações de "Deus" (*Gosh*) e "maldito" (*damm*) –, podíamos dizer "vadia", "mijado" e "tesão" impunemente. Meus pais eram abençoadamente ignorantes do significado dessas palavras. Meu irmão mais velho comprou um disco do Fugs, e quando minha mãe me perguntou o que queria dizer aquela palavra "fug", disse que era "despreocupado" e que "fug você" era um modo americano de cumprimentar alguém. Bem, de certo modo é mesmo.

Tirando vantagem da ingenuidade de meus pais, descobri como ser uma garota popular. Para começar candidatei-me a secretária da classe de calouros, o que meus pais interpretaram como meu desejo cristão natural de prestar serviço ao público. Para aumentar minhas fracas chances de vencer a eleição, pintei faixas de papel de açougue com o slogan da campanha: "Amy

---

* *Gosh, darn, gee, golly.* (N. da T.)

Tan Tem Sec. Appeal". Eu já esperava que meus pais não fossem entender o jogo de palavras,* e eles realmente não entenderam. Mas o vice-diretor do colégio entendeu. Como esperava, ele fez um grande barulho sobre o slogan e mandou retirar as faixas, o que provocou o protesto contra censura injusta, não só dos calouros, mas de todos os estudantes. Em pouco tempo meu nome ficou amplamente conhecido.

Para decidir a eleição, fiz um discurso de campanha prometendo levantar dinheiro para as danças do colégio vendendo *kazoos*,** que os alunos não tinham permissão de tocar no campus. Em meu discurso ponderei apaixonadamente que não havia nenhuma regra proibindo a *posse* de *kazoos*. "Parem com a censura." "Um voto para mim é um voto para os *kazoos*."

Tenho o prazer de informar que ganhei a eleição, e os *kazoos* se tornaram símbolos ubíquos de liberdade, mostrados em todos os jogos de beisebol e futebol. Infelizmente, meu novo status social não me conferiu *sex appeal*. Em vez disso, tornei-me confidente de garotas que diziam que seus lábios estavam doloridos de tanto beijar na noite anterior, ou de garotos que perguntavam o que deviam fazer quando uma garota ficava zangada por terem ido longe demais.

Como secretária dos calouros, também tinha de organizar as danças. Argumentei persuasivamente com minha mãe sobre a necessidade de meu comparecimento às danças.

– Ora, vamos! Eu tenho de estar lá para tomar conta das coisas. E se alguém entrar sem pagar? É o mesmo que roubar. Não é como se eu fosse para dançar ou coisa assim.

---

* "Sec" = abreviação de "secretária". "Appeal" = simpatia; rogo, súplica; atrair, agradar. Jogo de palavras com a expressão "sex appeal". (N. da T.)

** *Kazoos* – pequenos instrumentos musicais consistindo de um tubo de plástico ou de metal com um pequeno pedaço de papel dentro que estremece quando se sopra, criando um alto som musical. (N. da T.)

Antes de ir à dança, usei adesivo para encurtar o vestido e pedi emprestado à minha amiga Terry seu batom branco. Nem uma coisa nem outra provocou a menor reação nos garotos. Na dança, fiquei perto da vasilha de ponche, mortificada, enquanto Terry, depois Janis, depois Dottie, depois Cindy eram tiradas para dançar. O giro de uma bola espelhada batia no meu cérebro com força hipnótica: *Nah-nah... nah-nah...*

No fim de cada dança, Terry fazia o possível para me consolar:

– Você viu aquele nojento que me tirou para dançar? Aquele com a espinha no queixo? Fiquei com medo que começasse a vazar em cima de mim. E então eu sentia os ossos dele pressionando meus quadris. Meu Deus! Prefiro morrer virgem...

Com o passar do tempo, em outras festas, alguns garotos me tiraram para dançar. Você sabe de quem estou falando. Caras que pertenciam ao Clube das Nações Unidas, cujas tentativas de usar aparelho de barba os deixavam com espinhas sangrentas, que sempre levantam a mão na classe, sentindo-se superiores por saberem as respostas. Em outras palavras, os refugos do colégio se encontravam.

Porém, geralmente ficava sozinha, sem ser tirada para dançar. Bem, uma garota só pode ir ao banheiro um número limitado de vezes antes de inventar outra desculpa por não estar dançando ou ocupada em outra coisa. Eu fingia estar fascinada pela banda, sempre uma péssima versão dos Beatles, The Beach Boys ou The Lovin' Spoonful, e às vezes as três unidas numa só. Fantasiava que o cantor da banda finalmente me via e dizia com seus lábios grossos: "Sim, você, a garota chinesa com o rosto de lua. Venha aqui em cima e faça comigo os movimentos primitivos."

Isso mostraria a eles, a todos aqueles caras que convidavam as outras garotas para dançar.

Então a realidade voltava. Isso jamais aconteceria, nem em um milhão de anos. O cantor da banda? Cantando para mim? De jeito nenhum.

Agora estamos em maio de 1993, numa estrada escura entre Northampton e Cambridge, Massachusetts. Estou numa van com Barbara Kingsolver, Ridley Pearson, Tad Bartimus e Al Kooper. Estamos sentados em fileiras de bancos, e Bob Daitz, nosso diretor de viagens, está dirigindo. Deve ser quase uma hora da manhã e acabamos de nos apresentar para uma multidão barulhenta de pessoas de meia-idade. Devíamos estar exaustos. Mas na verdade a adrenalina corre abundantemente por nossas veias e nossa respiração embaça os vidros das janelas. Bob liga o ar-condicionado no volume máximo para reduzir o cheiro de suor.

Al insere uma fita no toca-fitas. A música é um conjunto das suas antigas canções favoritas, incluindo "Short Shorts", do seu tempo com os Royal Teens. A canção nos desafia: "Quem usa shorts curtos?" Barbara, Tad e eu respondemos: "Nós usamos shorts curtos!" Esqueça a cochilada na volta para o hotel. Nossos hormônios adolescentes estão a mil.

Outra canção começa e Al aumenta o volume. Eu não sei a letra, mas mágica e milagre flutuam no ar, e minha voz de algum modo encontra a harmonia. Uma nota acima, uma nota abaixo – posso passar de uma para a outra facilmente. Ou talvez não possa alcançar nenhuma das duas, mas estou tão animada que acredito poder cantar tão bem quando os outros. *Ooh-uah, ooh-uah.* Poderia fazer *backing* vocal para Aretha Franklin. Como pegando a deixa, nós todos erguemos os pés para o teto do carro e começamos a dançar. Com os diabos, poderia ser uma Ikette. Estou dançando. Estou dançando para a lua. Estou cantando noite afora. Estou deixando marcas de sujeira no teto de uma van alugada. Finalmente estou fazendo movimentos primitivos com o cantor da banda.

Pensando bem, em umas duas canções eu fui a cantora da banda.

Foi Al quem sugeriu que eu podia cantar "These Boots Are Made for Walkin". Quando vi meu nome na lista ao lado do título desse clássico de Nancy Sinatra, senti-me tão ofendida quanto se estivesse vendo um bigode pintado na minha foto no livro do ano do colégio.

Telefonei para Kathi.

– Diga ao Al para esquecer. De todas as canções do mundo, essa é a que mais odeio. É uma piada. Não a cantaria nem em um milhão de anos.

Kathi, sempre diplomata, me deu a notícia gentilmente:

– Na verdade, acho que poderia ser uma grande canção para você. Sabe como sempre se preocupa em saber se sabe cantar ou não? Muito bem, com "Boots" não precisa de uma grande voz, só muita atitude.

– Atitude?

– Sim, você sabe, a atitude de uma garota má. Você pode parecer vulgar e sexy. Pode fumar cigarros e ter os homens aos seus pés. Então você também pode fazer "Bye Bye Love". Essa é sempre bonitinha.

Para a roupa que ia usar, procurei num catálogo Frederick's de Hollywood e encontrei um par de perneiras de verniz com zíper que transformava um par de sapatos pretos comuns em estupendos intimidadores de homens. Na loja S&M comprei um boné de ciclista e uma correia de couro para cães, bem como algemas, coleira e cinto. Como uma garota querendo ser rainha do baile de formatura, fiquei indecisa sobre qual dos três conjuntos devia usar. O top transparente? O vistoso de renda? Ou que tal o bustiê negro simples e clássico?

Arriscando-me a parecer piegas, sentia-me como a Gata Borralheira preparando-se para o baile. E como os pássaros e esquilos da Borralheira de Disney que a cobriam de grinaldas de flores e coisas assim, as pessoas que me desejavam sorte contribuíram com alguns toques.

Lorraine Battle, a companheira de viagem que me ajudava a mudar meus trajes em dois minutos todas as noites, me fez uma tatuagem temporária, um dragão no meu bíceps direito, um coração com uma adaga no ombro esquerdo. Em Atlanta, Tabitha King me deu um embrulho e, como uma irmã mais velha, disse que nenhuma dominatrix respeitável devia ser vista sem dois itens essenciais: uma gargantilha de corrente e seios de borracha com os mamilos eretos. A gerente de um bar de lésbicas onde tocamos pediu meu autógrafo e, como prova de sua apreciação, deu-me um relho meio puído que tinha visto muita ação num recente baile B&D. Todas as noites Barbara me arranjava cigarros, que eu fumava nas escadas escuras, para me ajudar a entrar no espírito politicamente incorreto.

Então os rapazes me deram apoio moral no palco. Roy Blount Jr. dobrou um joelho e, com ar malicioso, tentou acender meu cigarro com seu isqueiro Bic. Quando rosnei "Estão prontas, botas? Comecem a andar!", os outros membros da Remainders ficavam submissos e grasnavam. Dave Marsh era especialmente gentil. Quando eu começava a pisar nele, ele me pedia em vão para não apagar meu cigarro em seu peito; o cinzeiro do hotel estrategicamente colocado não era visível para a platéia. E todas as noites eles generosamente se ofereciam para tomar parte no meu número num *coup de grâce*.

– Não é justo – Stephen King resmungou certa noite depois do show. – Dave Barry foi chicoteado na boca duas noites seguidas! Quando será a minha vez?

O pessoal encarregado do nosso equipamento reforçava também minha confiança. Lembro especialmente o que aconteceu num vôo para Miami. Hoover, Mouse e Jim estavam na primeira classe, enquanto nós, os membros da banda, tínhamos sido relegados para a segunda. Hoover (aliás, Chris Rankin) devia estar paquerando escandalosamente uma aeromoça. Depois que levantamos vôo, ela abriu a cortina entre as duas classes e me deu uma Virgem Maria. "Cumprimentos do Sr. Rankin, que pede por favor, que você o chicoteie esta noite", disse com voz doce. "Se fosse você, eu o chicotearia de verdade, até ele sangrar."

Lembrando essa efusão de amizade, meus olhos enchem-se de lágrimas. Faz-me lembrar também que esqueci de dizer a eles onde aquele chicote estivera antes de ser dado a mim. Sou mesmo uma garota má.

Pouco antes de completar os quinze anos, me tornei uma menina má. Minhas incursões no campo da maldade começaram com alguns pecados de pequena monta. Comecei a ler livros proibidos, incluindo *O apanhador no campo de centeio*, que tive de comprar duas vezes, porque amigos cristãos da família o confiscaram. Quando um intrometido me apanhou lendo *Psychopathia Sexualis*, de Krafft-Ebing, disse para minha mãe que o conteúdo do livro iria corromper minha mente jovem e possivelmente me enlouquecer. Minha mãe, não querendo que eu enlouquecesse, chamou o ministro da igreja. O ministro, cujo filho tinha recusado meu convite para o baile de Maria Cebola, foi à nossa casa para me aconselhar. Ele disse:

– Se você puder ser paciente, se conservar sua virtude, um dia, se Deus quiser – aqui ele abriu os braços, imaginando a promessa celestial –, centenas de jovens farão fila no quarteirão, esperando para convidá-la para sair! – E eu me perguntei que tipo exatamente de idiota ele pensa que eu sou.

Corte para 1993, Washington, D.C. Estou com minha fantasia de dominatrix e, do lado de fora da boate, centenas de jovens fazem fila para me ver. Tudo bem, havia centenas de mulheres também, e não estavam ali para ver Stephen King. A questão é que as palavras do ministro eram agora realidade. Oh, se ele soubesse como.

Logo aquele pessoal compareceu todo à recepção do pré-show, e os membros da banda tiveram de ir ao bar para conhecer e cumprimentar os fãs que tinham comprado centenas de entradas. Para a recepção, nós, as Remainderetes, usamos perucas compradas por Tabby King, naquele dia, para nos dar nova aparência. Kathi usava uma peruca negra, longa, estilo Mortícia. A de Tad era afro, *à la* Diana Ross. A minha era loura e atrevida, do tipo Carol Channing. Então Kathi pôs os óculos escuros, trocou nossas identificações em plástico laminado e entrou na sala pouco iluminada.

Estávamos sentados nas banquetas do bar, tomando rum e tônica quando uma mulher se aproximou de Kathi e examinou seu crachá. Com uma exclamação abafada, ela levou a mão ao peito num gesto de voto de fidelidade.

– Amy Tan! Adorei *todos* os seus livros!

– Obrigada – Kathi rosnou, balançando os cubos de gelo no copo.

Nós queríamos que os olhos da mulher se ajustassem ao escuro e reconhecessem seu engano, mas ela sentou e continuou a me elogiar – ou melhor, a elogiar Kathi.

– Para dizer a verdade – continuou com arrebatamento –, seus livros são tão maravilhosos que me inspiraram a escrever minha história.

Kathi fez um gesto em minha direção.

– A propósito, conhece Kathi Goldmark? Ela também canta com a banda.

Com um oi descuidado para mim, a mulher voltou toda a atenção outra vez para Kathi.

– Meu manuscrito está no carro. Eu estava pensando se você poderia me dar alguns conselhos, você sabe, sobre como publicar o livro. Se quiser ler meu livro agora, posso apanhar...

Depois de alguns minutos levantei-me e falei para Kathi:

– Até logo, a gente se vê por aí.

Mais tarde fiquei sabendo que Kathi deu-lhe um bom conselho: como encontrar um grupo de escritores e um agente, e assim por diante, as mesmas sugestões que eu teria dado. Mas nós duas nos sentimos culpadas, sabendo que, quando o show começasse, a mulher perceberia imediatamente que a tínhamos enganado e ficaria zangada. Enquanto nos vestíamos no camarim, nos sentíamos como adolescentes que haviam levado uma brincadeira tola longe demais e não sabiam como reparar o malfeito. Eu pensava especificamente no livro *Carrie,* de Stephen King, e no quanto a juventude pode ser cruel.

No entanto, como Kathi observou, tinha agüentado ser ignorada, permanecendo sentada ao lado de outra pessoa muito procurada – exatamente como nas danças do colégio. *Não* que aquele engano social da mulher justificasse o que fizemos.

Se por acaso ela estiver me lendo, nós gostaríamos de dizer que sentimos muito, muito mesmo. Foi culpa de Tabby ter comprado aquelas perucas...

Até agora posso ouvir meus pais me censurando: "Está vendo? Divertir-se é mau. O mais importante é a família." E de certo modo descobri que estavam certos. Porque, basicamente, a melhor parte de ser uma Remainder foi que nos tornamos uma família. Nos divertíamos em família...

Nossa vida juntos incluía câimbras no pescoço quando dormíamos no ônibus. Acordar e ver como parecíamos abatidos sem café, sem maquiagem. Caçoar de Dave Barry, que parecia ter perpetuamente dezesseis anos. (Refiro-me à sua pele sem rugas, não ao seu comportamento imaturo.) Tomar o café-da manhã de 1,88 dólares nas paradas de caminhão, com queijo e bacon picados e cereal. Pôr comida na boca entreaberta de Ridley quando ele dormia. Tirar fotos disso. Jurar solenemente nunca revelar à

Nosso tour *com o Rock Bottom Remainders em Miami, 1993.*

mulher ou ao marido que ele ou ela voltara a fumar. Abrir nossos laptops e não escrever nem uma palavra. Dizer maliciosamente aos angustiados por terem passado do tempo de entregar seus livros, quantos romances, coleções, ensaios e roteiros de filmes tínhamos completado naquele ano. Comprar cartões-postais de roadkill e outros acessórios de caminhoneiros. Entrar na fila dos cinemas e notar quanta gente pensava que Stephen King parecia muito com Stephen King. Fazer Tabby dizer o nome, a gíria e as palavras literárias para *vagina*. Espalhar o boato de que Mouse tinha mudado seu nome legalmente para Mouse. Experimentar roupas com Barbara e garantir que ela realmente parecia vulgar e gasta. Ouvir Bob Daitz ao telefone convencendo donos de clubes noturnos a nos dar uma grande porcentagem do que ganhavam. Ler histórias do *Weekly World News* em voz alta, incluindo aquela sobre chineses ilegais fazendo um túnel no centro da Terra.

Entre os momentos mais memoráveis, conto os que envolviam imenso puro terror, de fazer o coração disparar. Nosso primeiro dia de ensaio, por exemplo. Também nosso segundo dia. Bem como o terceiro. Para não mencionar nosso primeiro show. Nosso segundo show. Todos os shows. O pior momento para mim foi quando aconteceu o que eu mais temia, esquecer a letra de "Boots"; uma omissão que todos os Remainders tiveram a bondade de garantir que disfarcei com graça absoluta.

Mas também houve momentos divertidos. Ir a uma discoteca em Atlanta e aprender os passos de dança de Tina Turner com Bob e Lorraine. Dançar *cheek to cheek* com Joel Selvin durante a checagem de som em Northampton. Jogar biscoitos de chocolate no rosto de Dave Barry. Ouvir todos cantando canções antigas às duas da manhã, no ônibus, especialmente aquele clássico de embalo, "Catch a Falling Star and Put It in Your Pocket". Posar com Kathi na cama de água de Al, em Nashville. Ver Tabby demonstrar uma massagem, seu método infalível para evitar a prisão de ventre durante a viagem.

E os momentos especiais que nos uniram para sempre como Remainders: nos reunir em volta de Tad quando ele confessou que estava um pouco deprimido porque tinha de fazer um exame médico muito sério no dia seguinte. Ouvir as lembranças de Steve sobre sua mãe solteira e o fato de ela saber, antes de morrer, que seu primeiro romance (*Carrie*) seria publicado. Comparecer à reunião elegante dos ex-alunos do colégio de Roy, em Nashville, e garantir-lhe, depois, que ele não tinha se tornado um grande chato. Receber antes de cada show um enorme arranjo floral com cartão personalizado de Matt Groening. Fechar os olhos e dar as mãos enquanto o primo de Ridley, Dodge, curador na Galeria Nacional, em Washington, nos conduzia a uma sala onde estava a obra-prima de Matisse. Percorrer o Memorial dos Veteranos do Vietnã com Tad, ex-correspondente de guerra, chorando enquanto nos afundávamos, cada vez mais, no vale da morte. Ouvir Dave Marsh falar sobre seu amor pela filha

Kristen. Abraçar Barbara quando ela pensou ter perdido uma jóia que eu havia emprestado. Abraçar Tad depois que ele telefonou para a mãe na UTI. Abraçar e ser abraçada por todos nos momentos de tristeza e de triunfo, porque abraçar nunca tinha sido uma coisa natural para mim, e agora é.

Quando me perguntam por que entrei para uma banda de rock, eu digo isto: eu queria me divertir. Sei que a resposta parece superficial, mas de que outro modo posso explicar essa necessidade irreprimível da minha infância? Devia confessar que queria gastar tempo e dinheiro? Estar com amigos que podiam me envergonhar e corromper? Acreditar mais uma vez que milagres podem acontecer?

Não, esta é a única resposta lógica: eu simplesmente queria me divertir. E finalmente aprendi como.

Banquete de chegada

Estes são trechos do meu diário escrito em 1990, durante uma viagem à China com minha mãe. Era nossa primeira viagem àquele país desde os eventos da praça Tiananmen, no ano anterior.

Nosso avião está ainda no solo, em San Francisco, mas já há sinais de que estamos em outro país. Uma mulher de meia-idade sentada atrás de minha mãe segura com força suas contas de meditação e reza em voz alta em chinês, pedindo para ninguém se sentar ao lado dela. As instruções em vídeo para prender os cintos são dadas em suave mandarim, mas não sincronizadas com a mulher da tela que abre e fecha uma fivela. Os passageiros na nossa frente conversam em voz alta, discutindo sobre o melhor modo de fazer com que um rádio portátil caiba no pequeno espaço debaixo de um dos bancos na frente deles.

– Quantas horas mais até Xangai? – um homem grita.

– Treze. – Quem responde é uma mulher duas fileiras adiante. – Talvez treze horas e meia, se não houver mais atrasos.

Estamos num vôo da Linha Aérea Chinesa, parte de um avião lotado com pessoas que logo estarão com a boca seca, pernas rígidas e prisão de ventre. Para a maioria dos passageiros, esta é uma viagem de volta para casa. Nós, por outro lado, fazemos parte do pequeno número de americanos que vai *visitar* a China.

Para ser mais precisa, nós vamos visitar a família: minhas duas irmãs, minha tia e meu tio, e pessoas ligadas a eles por laços de sangue ou por casamento, num total de mais ou menos cinqüenta pessoas. E não vamos ficar num hotel de turistas, mas no apartamento da tia Elsie, em Xangai, e no apartamento do meu tio e da minha tia, em Beijing. Concordamos com antecedência em não falar de política.

Robert Foothorap, o único não-chinês ao alcance dos ouvidos e da vista, veio como amigo da família, fotógrafo, encarregado da bagagem e, sem que ele saiba, solucionador de problemas americanos. Se as coisas ficarem desconfortáveis – a maior reclamação de minha mãe sobre a China é a sujeira –, o "estrangeiro" de repente sentirá necessidade de ir para um hotel, onde poderá tomar um banho quente americano.

Faltam ainda onze horas de viagem e minha pele já está começando a descascar. Minha mãe está tricotando uma calça branca para Melissa. Ela levanta o trabalho para que eu possa ver. O estilo é criação dela, com bainha que parece de renda. Em seu pensamento, sua neta de dois anos tem o tamanho de uma menina de seis. Robert está com o laptop aberto na mesinha, lendo o manual de instruções do seu simulador de vôo, a versão adulta de uma direção de carro pequeno. E agora o jantar é servido: uma mistura de cinza e marrom, pedaços de carne em cima de macarrão, brotos de bambu cortados em fatias e ervilhas empapadas decorando os lados.

– Acho que é uma versão ocidental da comida oriental – Robert diz para minha mãe.

Ela examina a comida.

– Isto idéia chinesa da comida americana – corrige. – Isto o que comi na China há muito tempo, quando vamos a um restaurante para comer comida estrangeira.

Depois dessa lembrança, resolve ignorar o jantar. Diz para mim, em inglês, que vai oferecer a comida ao homem sentado três cadeiras à sua frente. Penso em impedir que faça isso – explicando que ninguém ia querer restos –, mas é tarde demais. O homem três cadeiras adiante aceitou com alegria o oferecimento. E agora eles estão conversando animadamente em chinês.

Nossa família em Xangai aparentemente não recebeu nossa carta explicando que chegaríamos às oito horas da noite. Já são oito e meia, hora de Xangai, e eles se adiantam, dois ou três de cada vez, nos abraçando, chamando minha mãe de "mamãe" e de "vovó", e a mim de "titia" e "irmãzinha". Hongchong, meu cunhado, explica que estão esperando no aeroporto desde as quatro horas da tarde, todos os sete: ele e minha irmã, meu sobrinho e sua mulher, minha sobrinha, seu marido e filho.

– Que tragédia – digo em mandarim macarrônico. – Devem ter ficado ansiosos, esperando, imaginando onde estaríamos.

– Oyo! – exclama minha irmã Yuhang. – Vejam só, ela fala chinês. Na última vez em que esteve aqui, você era surda e muda. Agora pode falar!

– Só um pouco – digo. Três anos atrás, sabia dizer "Como vai?" Hoje posso falar sobre tragédias.

– Só um pouco? – ela balança a cabeça, incrédula. – Ei! – ela diz para os outros –, vejam como minha irmãzinha é inteligente. Agora ela sabe falar chinês.

Ela passa o braço pelo meu, o outro pelo de minha mãe. Começamos a sair do aeroporto. Meu sobrinho de vinte e cinco anos, Xiao-dong, apanha a bagagem de minha mãe. Ela grita imediatamente para ele: "Tenha cuidado, tenha cuidado! Não apanhe tão depressa." Xiao-dong dá um pulo para trás e pisca os olhos.

– Na última vez perdemos um rádio – minha mãe diz, referindo-se à nossa viagem de três anos antes, quando um walkman desapareceu em algum ponto entre o posto de controle de San Francisco e a alfândega de Xangai. Cinco minutos em Xangai e minha mãe já está no seu elemento. Fala rapidamente em xangainês, dispensando conselho e aprovação de suas filhas chinesas e da americana, do genro e dos netos. Ela é a rainha da festa, a quem todos devem obedecer sem questionar.

Empilhamos nossas seis malas cheias numa van, uma *membao che*, ou "caminhão de pão", porque parece um pão de forma. Dez de nós entramos na van, mais o motorista, um jovem que acena para nós e é apresentado como amigo de Xiao-dong. A van é cortesia da unidade de trabalho de alguém, mas não foi explicado de quem. As janelas estão abertas e, assim que partimos, nosso nariz é atacado por algo que parece o fedor quente de um chiqueiro em cima de um monte de lixo tóxico. Enquanto a van segue a caminho de Xangai, vejo que Robert finalmente acredita em alguma coisa descrita como típica da China: estilo livre na direção de um carro. Ele segura com força as costas do banco na sua frente, sorrindo e rilhando os dentes alternadamente quando a van evita por pouco uma desastrosa colisão com um ciclista, depois um homem empurrando um carrinho, depois três meninas andando, depois um enorme caminhão vindo em nossa direção, na nossa pista. Sou otimista. Se batermos, não terei de terminar o livro no qual estou trabalhando.

Passamos por altos prédios de escritórios, que brotam dos campos do passado, e chegamos a um bairro residencial. Ao longo das ruas escuras, vemos que essa parte de Xangai é ainda um centro de grande atividade às nove horas da noite. Ciclistas passam por nós, tocando as campainhas das bicicletas.

– O que é aquilo? Uma loja? – pergunto para Xiao-dong, apontando para uma tenda na calçada, iluminada por uma lâmpada nua.

– Hein? – Ele põe a mão em concha na orelha.

– O que é aquilo? – digo e aponto outra vez. Temos nos comunicado por carta em inglês, discutindo seu desejo de imigrar para o Canadá, onde mora meu irmão John.

Durante o ano anterior, o inglês escrito de Xiao-dong, embora ainda incerto, melhorou bastante. Bem como sua compreensão da vida num país ocidental, pelo menos assim eu espero. Numa das primeiras cartas ele me pediu para depositar 15 mil dólares em um banco, em seu nome, para pagar as aulas para estrangeiros de uma universidade que custavam 30 mil por ano. Achava que trabalhando e estudando poderia me pagar dentro de um ano. Respondo resumindo um curso intensivo de economia ocidental: quanto se pode esperar ganhar num emprego de meio período, quanto teria de reservar para os impostos, seguro-saúde, passagem de ônibus, aulas de inglês na ACM, um novo colchão, calça Levis nova, bem como as contribuições para aluguel, gás, eletricidade, comida e assim por diante. Eu disse que pagaria essas despesas enquanto ele estivesse na casa do meu irmão e de minha cunhada em Calgary. Mas depois disso teria de se virar sozinho.

"A liberdade individual vem com uma porção de responsabilidades", escrevi. "Se sua irmã quiser imigrar também mais tarde, você será responsável pela vinda dela. Falaremos sobre isso quando eu for à China." E agora estou na China.

– É uma loja?– aponto outra vez.

– Loja, loja – ele diz, procurando o significado da palavra. Então seu rosto se ilumina. – Ah! Loja! – ele ri, divertido. Sua mulher, Jiming, olha e ri também. É a primeira vez que eu a vejo sorrir. Ela deve ter uns vinte e dois anos, é muito bonitinha e ainda não me disse uma palavra.

– *Ge-ti hu* – ele diz suavemente. – Dizemos *ge-ti hu*, não loja. Pequenas coisas, sim, pode comprar.

– Como uma loja local? – pergunto. – Uma loja de bairro?

– Hein? – ele pergunta, pondo outra vez a mão em concha na orelha.

– O que se pode comprar ali? – digo, quase gritando, como se ele tivesse mesmo dificuldade de audição.

Ele dá de ombros.

– Titia – ele diz cautelosamente. – Você não vai lá.

– Por quê?

– Titia – ele repete. – Você não vai lá. – Jiming ri outra vez, divertida. Eu não entendo nada, nem o inglês, nem o significado das risadinhas, nem por que não devo ir lá.

Passamos por caminhões e ônibus com os faróis apagados.

– Por que não acendem os faróis? – pergunto para minha mãe. Ela pergunta para Yuhang.

– Para economizar bateria – minha irmã responde como se fosse a coisa mais razoável do mundo. Imagino se nossa van está também economizando bateria.

– O que você acha? – pergunto para Robert. – Esta é a China que você imaginava?

– Formidável – ele diz, sem tirar os olhos da estrada. – Simplesmente formidável.

Agora chegamos a uma área onde, nos informam, ficam os apartamentos-modelo dos trabalhadores. Ou apartamentos para trabalhadores-modelo? Seja uma ou outra a tradução, é aqui que encontramos grandes conjuntos de moradia por um pequeno pagamento mensal, provavelmente o equivalente a uns poucos dólares. Ficam na periferia de Xangai onde era o velho distrito chinês.

Vejo a cena de rua. As pequenas casas de um andar, com cobertura de telhas, nas ruazinhas que serpenteiam, desapareceram, mas pode-se ainda ver os restos de algumas, pilhas de tijolos que se transformaram em casas de brinquedo para as crianças. No lugar delas foram construídos prédios de apartamentos de concreto, modernos. Os de cinco anos têm cinco andares e roupa lavada, colorida, pendurada para secar, em todas as varandas. Os prédios de apartamentos mais novos parecem residências de luxo, com torres redondas no alto, semelhantes aos bares giratórios de alguns hotéis. Somos informados de que as torres na verdade não giram. Só Deus sabe por que os arquitetos acharam que era uma coisa interessante para pôr no alto de um prédio.

Nosso motorista entra na abertura estreita de uma cerca de ferro, seguindo em frente pelo que parece ser uma calçada, até chegarmos na frente de um dos mais de cem prédios pintados de verde desbotado.

Nós dez subimos um lance de escadas escuras cheias de bicicletas. Então Yuhang e Hongchong anunciam que chegamos. Apertam com grande cerimônia uma campainha que emite um guincho que parece a reação de um bebê sendo lavado com água fria. *Uááá!*

As fechaduras estalam, a porta se abre, a grade de ferro se inclina para fora e entramos num apartamento iluminado com luz fluorescente. Ahmei, empregada da tia Elsie há muito tempo, nos cumprimenta, perguntando sobre atrasos de aviões, verificando quem está exausto, dizendo onde deve ser posta a bagagem. A partir de agora, Robert e eu observamos, é tudo chinês ou nada. Uma onda de mãos nos leva a uma sala de estar. A sala contém um sofá de costas retas forrado com tecido industrial áspero, uma poltrona combinando, quatro banquetas, uma mesa de fórmica, uma pequena geladeira verde, um telefone e uma televisão coberta com um pano protetor.

Levam-me a uma banqueta e me dão um copo com chá. Vozes excitadas zumbem nos meus ouvidos e não entendo uma palavra. Balanço a cabeça afirmativamente e sorrio. É assim que vai ser quando eu ficar senil.

– Como devo chamá-la? – pergunto à minha mãe, indicando a empregada. Não tenho idade suficiente para usar seu primeiro nome.

– Chame de Aiyi – minha mãe diz. – Chame de tia para mostrar respeito.

– Muito obrigada, Aiyi – eu digo em mandarim, levantando meu copo de chá. Ela ri e grita uma saraivada de xangainês.

Yuhang estende o braço, convidando-nos a ver os quartos que vamos ocupar.

– O que acham? Bastante confortáveis? – Xiao-dong olha para mim. Parece interessado em saber como sua tia americana reage ao novo ambiente.

Minha mãe e eu olhamos outra vez em volta. Ela sorri e diz:

– Muito bom. Limpo – e sei que está sendo sincera. Vejo seu alívio.

– Mais confortável do que se ficassem na minha casa – concorda Yuhang. – Aqui podem ficar juntas. Tem água quente. É claro, eu virei todos os dias fazer companhia.

Para mim, qualquer coisa estaria bem, desde que não fosse um hotel. Mas este apartamento excede minhas expectativas. É muito limpo. Na verdade, quase anti-séptico, a luz fluorescente dando um tom azul-claro em tudo, incluindo nossos rostos. Robert parece não se sentir bem, mas deve ser o efeito da viagem de avião.

Tia Elsie, a antiga colega de escola de minha mãe que mora agora em Vancouver, comprou este apartamento para sua mãe, que já morreu. Agora, Elsie só vem à China uma vez por ano. Aiyi, que há vinte anos é empregada da família, mora aqui como zeladora, sobrevivendo com um salário de sessenta yuan por mês, cerca de dez dólares americanos.

O apartamento é na verdade composto de dois apartamentos, tendo sido retirada uma parede que os separava. Tem o total de quatro quartos e meio, e um corredor, onde empilhamos nossa bagagem.

À esquerda do corredor fica a cozinha, com cerca de 1,80m por 2,80m, com balcões e armários embutidos, uma pia com um aquecedor que deve ser aceso manualmente e um fogão portátil de gás propano, com dois bicos. Segundo os padrões chineses, ficamos sabendo, é um luxo.

Ao lado da cozinha fica um banheiro, outro luxo, porque não é partilhado com outros apartamentos e é equipado com água quente. A banheira dá exatamente para uma pessoa com os joelhos encostados no peito. E a água quente deve ser aquecida com antecedência, por meio do aquecedor no teto da cozinha. Um pequeno lavatório e um vaso com corrente para a descarga completam o mínimo necessário.

No outro lado do corredor fica um quarto com espaço para uma cama pequena e uma mesinha. É onde Aiyi vai dormir durante nossa visita. Ao lado desse quarto – o luxo supremo –, outro banheiro, também com água quente. Olhando para a banheira amarela, minha mãe imagina em voz alta por que ninguém ensina os chineses a construir banheiros melhores. Ela aponta pra o ladrilho rachado.

– Por que tão feio? – Yuhang sorri e olha para mim como quem diz: "Lá vamos nós outra vez."

O quarto de Robert é uma sala de estar transformada em quarto de dormir. Tem um sofá-cama, uma varanda de azulejos amarelos que dá para a rua larga. Calças cinzentas e camisas brancas estão dependuradas em varais sustentados por postes de bambu sobre a rua. As roupas lavadas balançam ao vento como bandeiras proletárias. Numa extremidade do quarto de Robert há uma longa arca embutida, e sobre ela uma foto da mãe de tia Elsie, uma mulher tristonha, pequenina, que devia ter mais de noventa anos quando morreu e era estranha. Minha mãe já me contou como a velha senhora era perita em jogar uma filha contra a outra. Ela mimava a tia Elsie, sua favorita, e desprezava a outra filha por motivos não muito claros. Aiyi diz que tomou conta da mulher até sua morte, e que ela morreu neste quarto, na cama que agora é de Robert.

– Perfeito – Robert diz, fazendo um sinal de o.k. Parece aliviado por ter um quarto só para ele, com privacidade para poder passar algum tempo longe das barulhentas mulheres chinesas.

O meu quarto e de minha mãe é o da tia Elsie. Tem cama de casal com cobertores perfeitamente dobrados nos pés. Aiyi diz que Elsie pagou um bom dinheiro pelo assoalho de tacos, pela cômoda, pelos guarda-roupas embutidos e pela pintura bege.

Voltamos à sala de estar. Aiyi preparou *wonton* para nós. É feito com um vegetal que não tem nome em inglês. Disseram que é trevo silvestre, embora não seja realmente silvestre, e talvez não seja realmente trevo. Seja o que for, tem gosto picante, com um leve aroma que me faz lembrar a cebolinha.

Aiyi fica contente vendo que Robert, o *nangko-ning*, ou estrangeiro, está inclinado sobre o prato de *wonton*, comendo avidamente. Minha mãe diz em inglês:

– Yuhang feliz, comendo bastante.

Ela sabe como gozar a vida. Ela diz para Yuhang, em xangainês, que ela engordou muito. Yuhang sorri e bate de leve com as mãos no rosto. Então, minha mãe me diz, em inglês, que o rosto de Yuhang parece um quadrado, como o do pai dela. Ela não gosta de lembrar do primeiro marido vendo o rosto da filha. Pobre Yuhang. Para mim ela tem um rosto franco, bondoso e generoso.

– Emagreça – ela ordena a Yuhang.

Yuhang sorri, feliz por ser criticada, como uma criança.

– Quantos anos você tem agora? – minha mãe pergunta.

Yuhang responde que tem cinqüenta e três.

– Emagreça – minha mãe diz –, cuidado com o colesterol. – A última palavra é dita em inglês. Yuhang inclina a cabeça, assentindo, sem perguntar o que é "colesterol".

– Perca peso – digo para Robert.

– Deixe disso – ele diz.

Aiyi serve outra porção do seu maravilhoso *wonton*, feito na hora. Yuhang me diz que ela e Aiyi cozinharão para nós todos os dias.

– Acha que vai agüentar a comida chinesa de manhã, no almoço e no jantar? – pergunto para Robert. Ele faz que sim com a cabeça. Ele parece estar num céu chinês.

E agora minha mãe está traduzindo a conversa em xangainês para Robert e para mim. O prédio de apartamentos, ela explica, é moderno. Foi construído pelo governo como exemplo de alto padrão de vida. Nós olhamos em volta, admirando a sala, balançando a cabeça apreciativamente.

– Quando foi construído? – Robert pergunta. – Na década de 1920 ou 1930? – Ele está sendo sincero.

– Não! – diz minha mãe. – É novo em folha! Sim, pode imaginar? – Ela sorri secretamente para ele.

Xiao-dong me pergunta em inglês capenga:

– Tia, logo você quer ver meu cavalo?

– Cavalo? – pergunto. As condições terão melhorado tanto que meu sobrinho pode agora jogar pólo nas horas vagas? Pergunto em mandarim: – Você tem um cavalo? – Acontece que ele queria dizer casa.* Ele acrescenta o som gutural xangainês ao seu inglês.

– Corrija – minha mãe me diz. – Como ele pode ir para o Canadá falando inglês desse jeito?

– *Howww-sss* – digo para ele.

– *Harrwww-sss* – diz para mim.

– *Bu-shr* har! – minha mãe lhe diz. – Não diga "har". How. How, how, how – como *hau, hau, hau* – Bom, bom, bom.

– How, how, how – Xiao-dong murmura.

Sei que minha mãe não está tentando intimidar Xiao-dong. Está apenas fazendo com o neto o que ninguém fez com ela: ensinando inglês correto para que não tenha de sofrer o que ela sofreu

---

* *Horse* = cavalo. *House* = casa. (N. da T.)

– ser mal entendida nos bancos, mal diagnosticada pelos médicos, ignorada pelos netos adolescentes. Serviço falho, tratamento deficiente, nenhum respeito – essa é a penalidade por não falar bem o inglês na América.

São cinco horas da manhã. Depois de meia hora de luta, desisti. Não posso mais dormir. Minha mãe e eu estamos enroladas em nossos cobertores, como duas múmias. Ainda está escuro, mas posso ver seus olhos abertos também.

– Já acordada? – pergunto.

– Como posso dormir? – resmunga.

Estamos ouvindo os gritos dos mascates na rua. Ciclistas tocam as campainhas a cada segundo. É como se estivéssemos no meio de um dia movimentado num mercado.

Quando nos levantamos, encontramos Aiyi num eficiente torvelinho de atividade. Aqueceu água na cozinha para lavar a banheira. Encheu as garrafas térmicas com água fervida para nosso café instantâneo. Disseram-me que o sistema de água de Xangai é um dos mais poluídos do mundo: hepatite e toxinas industriais saem diretamente das torneiras.

Aiyi está lavando a banheira, preparando-a para nossas frágeis peles americanas. Quando chega minha vez de tomar banho, leva dez minutos para encher a banheira com uns dois centímetros de água quente, misturada com um pouco de água fria. Não parece prudente esperar outra hora para encher a banheira. Por isso agacho nela e uso meu esfregão para me lavar.

Às seis horas da manhã, estamos prontos para ir ao mercado fazer compras para o café-da-manhã. Robert carrega três câmeras sobre sua jaqueta de fotógrafo. Minha mãe preferiu ficar no apartamento, para o caso de Yuhang chegar. Ela me dá uma nota de cinqüenta yuan, dizendo para que não deixe de pagar o que comprar. Aiyi, com um largo sorriso, espera por nós. Segura uma sacola de plástico e uma embalagem térmica. Quando estamos para sair, começa uma discussão em xangainês entre minha mãe e Aiyi. Minha mãe insiste que devemos pagar tudo. Aiyi garante que tomará nota das despesas e tem certeza de que será reembolsada. Pelo menos é o que parece que estão dizendo, a julgar pelos gestos, pelo dinheiro que é empurrado de uma para outra. Essas brigas são provas obrigatórias para o ritual da delicadeza.

Na rua o ar está fresco, mas não frio. O céu está cinza-azulado, como se a rua também fosse iluminada por luz fluorescente. Assim que atravessamos a rua – sem nenhum carro –, vemos as pessoas que passam de bicicleta virar para trás e olhar para nós. Não estamos na parte da cidade onde ficam os turistas. Tenho certeza de que nenhum ocidental jamais passou férias nessa parte de Xangai antes. Digo para Aiyi, em mandarim, que o tempo parece bom, não muito frio, nem muito quente, embora pareça que vai chover. Dei graças a Deus por meu livrinho de chinês coloquial e suas várias frases superficiais. Aiyi responde rapidamente em xangainês. Depois de mais algumas trocas de frases corteses como essa, volto-me para Robert.

– Aiyi só fala xangainês – informo. – Eu não falo xangainês. Estamos em apuros.

Mas na verdade não estamos. Aiyi, como meus parentes, gosta de uma linguagem de sinais e de expressões faciais, bem como entonações específicas que tornam claro como cristal o que quer dizer. "Por aqui. Por ali" e "Claro, podemos parar para tirar fotos, se for rápido."

Passamos pelo meio de um grande conjunto de apartamentos e chegamos a uma rua cheia de vendedores de vegetais. Robert começa a tirar fotos, pedindo permissão com as sobrancelhas. Os vendedores sorriem. Continuamos a andar e ele começa a atrair uma multidão, um amistoso grupo de pessoas que parecem perfeitamente à vontade posando ou simplesmente continuando a tratar dos seus negócios.

Na praça do mercado, olhamos admirados para a quantidade de vegetais empilhados em perfeita ordem. Eu pensei que aquela parte de Xangai fosse desinteressante. De certo modo é. As roupas de todos, menos das crianças pequenas, são de um monótono cinzento ou azul, tingidas no mesmo tanque. Mas as roupas são o acompanhamento perfeito das cores vivas do mercado matinal. Há nabos brancos com folhas verdes na ponta. Repolhos chartreuse-verde-e-brancos e pequenos baldes com enguias sangrentas.

Vemos um jovem com cabelo cor de areia pegar uma enguia negra que se contorce em sua mão. A boca da enguia está aberta, a língua move-se para a frente e para trás. Não consigo esconder meu sentimentalismo antropomórfico. A criatura parece estar pedindo socorro. E então – *zap!* – a cabeça é cortada com a faca curta. A boca da enguia continua a se abrir e a fechar, e o corpo se contorce enquanto o jovem abre com a faca as costas do animal, provocando arrepios nas minhas. Robert tira fotos. O balde é agora uma massa de enguias nadando no próprio sangue. Não posso evitar. Meus lábios se abrem enojados. E o jovem, percebendo que sou uma estrangeira sentimental, grita, e com um gesto manda que nós e Robert saiamos dali.

Então Aiyi aponta para as enguias e pergunta-me se vou querer para o jantar.

– Elas são gostosas, mas muito feias – digo.

Aiyi interpreta isso como entusiasmo de minha parte para comer enguias esta noite. Tentando pechinchar com o vendedor, ela descobre que ele aumentou os preços. Discutem um pouco, e ele rosna e aponta o polegar para mim. Aiyi desiste e, segurando o meu cotovelo, me leva para um dos compartimentos fechados do governo, onde os preços são fixos.

Aqui os vendedores têm cestos de *xiao loong bao*, os bolinhos pelos quais Xangai é famosa – delicados pedaços de carne temperada e vegetais enrolados numa fina massa de farinha de arroz. Aiyi, com um gesto, me manda ficar de lado, tentando me convencer a desaparecer do melhor modo possível, com todo mundo em volta olhando para mim, desde meu batom vermelho às minhas botas estilo caubói.

Tenho a impressão de que este lugar vende comida só para trabalhadores legítimos. Como sou uma intrusa, lembro a história de minha infância "A Pequena Galinha Vermelha". "E quem vai me ajudar a fazer este pão?", a pequena galinha vermelha pergunta aos animais, seus companheiros na comunidade. "Eu não", diz o porco. Eu sou o preguiçoso porco capitalista que nunca trabalhou e agora quer comer o pão.

Aiyi entra na fila, fingindo não me conhecer. No começo da fila há uma espécie de balcão bem mais alto do que os fregueses. Atrás dele, uma mulher distribui pequenos pedaços de papel. Pelo que consegui entender com nosso limitado meio de comunicação, Aiyi vai comprar as senhas para um *xiao loong bao*.

Os fregueses sentam-se em banquetas, inclinados sobre mesas redondas. Uma avó joga bolinhos na boca do neto. Trabalhadores comem pratos enormes de bolinhos. Quando acabam, ficam de pé e se afastam da mesa. Seus lugares são imediatamente tomados por outros, um dos quais põe os bolinhos de um cesto num prato usado e começa a comer com os pauzinhos. Minha mãe não aprovaria. Na opinião dela, esses hábitos imundos não são chineses, mas comunistas – compartilhar tudo, incluindo germes.

Numa janela, mulheres com bonés brancos redondos anotam nossos pedidos de bolinhos, e depois de cinco minutos nossos números são chamados e saímos com dois cestos. Aiyi vai para uma mesa, pega dois pauzinhos encostados num prato usado e com eles põe os bolinhos quentes na embalagem térmica. Feito isso, faz um sinal para que Robert e eu a sigamos, mas não muito de perto. Ainda há pechinchas a serem feitas, e ela não quer ninguém atrapalhando sua soberba arte de fazer compras.

Estamos na rua outra vez, só que agora no outro lado da praça do mercado. Aqui encontramos longas tendas cobertas com toldos, onde se pode comprar todo o tipo de comida para o café-da-manhã – uma versão frita de *xiao loong bao*, várias sopas de macarrão feitas com molho de carne, sopa de feijão e *da bing*, "grande pão". O cheiro e a aparência são maravilhosos. Fico faminta imediatamente e quero experimentar tudo.

São seis e meia da manhã e as tendas estão repletas de fregueses. As mesas ao ar livre estão lotadas, todos os bancos ocupados. Muita gente está na fila para o café-da-manhã e viram e olham para nós, este curioso grupo de uma senhora chinesa, baixinha, de sessenta anos, a mulher asiático-americana mais jovem, com roupa de lycra e o homem de cabelos brancos com equipamento fotográfico de milhares de dólares pendurado no pescoço. Lá fora as pessoas olham, mas também sorriem. Uma mulher vestida de pijama olha para minhas botas. Um jovem se aproxima de Robert e diz: "Olá."

– Americano – Robert diz, apontando para o próprio peito.

– *Meigwo-ren* – eu traduzo. – *Jyou jin-shan* – Velha Montanha de Ouro, o nome ainda usado na China para designar San Francisco. O homem pergunta se também sou americana. Faço que sim com a cabeça e acrescento que minha mãe é de Xangai. Ele inclina a cabeça assentindo e sorri.

Aiyi vai para a fila do *bing*. Fico atrás dela, observando a atividade. Um homem com o que aprendi a identificar como um chapéu de cozinheiro do governo enrola o *bing* em bolas de massa. Então corta cada um ao meio com um só movimento, bate em cada um com a palma da mão e o joga contra o lado de um tambor de óleo aceso com carvão. Usando apenas os dedos, ele tira o *bing* que já ficou marrom-dourado. Para que pinças ou luvas quando suas mãos são tão boas quanto se fossem cobertas de asbestos de tanto lidar com o fogo? Cada *bing* é jogado numa tábua, pincelado com uma fina camada de óleo, e então pulverizado com sementes de gergelim.

Depois de quatro ou cinco *bings* passarem por esse ritual, Aiyi é a primeira da fila. Eu a vejo pedir e pagar com pedaços de papel sujo do tamanho de um selo, fino como papel de seda. Os papéis são jogados numa vasilha de plástico, junto com outros selos coloridos. Parecem confetes. Não consigo entender esse sistema de pagamento, que pode ser destruído por uma rajada de vento.

Agora Aiyi volta para nós. Sucesso. Ela mostra as sacolas de plástico cheias de *da bings* quentinhos, de dar água na boca.

– Vamos para casa – diz.

Aiyi não toma o café-da-manhã conosco, a despeito da insistência de minha mãe. Assim somos só Robert, minha mãe e eu em volta da pequena mesa de fórmica, com os vizinhos do prédio ao lado apontando para nós. Nosso primeiro café-da-manhã na China: as maravilhosas guloseimas que Aiyi comprou no mercado, com mingau de arroz, amendoins roubados da companhia de aviação e Nescafé que compramos e creme que trouxemos do avião. Separamos meticulosamente porções de comida para Aiyi, incluindo os amendoins do avião.

Logo depois do café, Xiao-dong chega e saímos para o mercado outra vez, agora para comprar ingredientes para o almoço. Aiyi, Yuhang e minha mãe vão na frente, para as barracas de vegetais e os recipientes com peixe e enguias. Eu vou atrás com

Xiao-dong, apontando para as coisas no mercado. Ele diz os nomes em mandarim, e eu digo em inglês. Estou com minha câmera de vídeo no ombro, filmando a distância. Robert vem atrás, tirando fotos, acenando para irmos em frente, que ele nos alcançará depois. Ele está fazendo o melhor possível para não ser dominado por quatro mulheres chinesas de vontade forte. Veremos quanto tempo isso vai durar.

De volta à casa, as compras da manhã são desembrulhadas na cozinha. Compramos enguias, pequenos caranguejos azuis de água doce, ainda vivos, e todo tipo de vegetais. Os caranguejos, minha mãe me diz, custaram cento e sessenta e cinco *renmembi*. São onze, portanto quinze *renmembi* cada um, cerca de quatro dólares mais do que o chinês médio ganha num dia. Yuhang pagou os caranguejos, seu tributo à nossa mãe e a mim, sua irmãzinha. Não digo que não gosto de caranguejo.

– Olhe aqui – minha mãe me diz. – Dois paladares. Este é fêmea, este é macho. – Por alguma razão minha mãe escolheu essa oportunidade, numa cozinha pequena em Xangai, para me ensinar a cozinhar. Talvez seja em benefício de Yuhang também, a lição de culinária que a mãe teria dado à sua filha.

– Fêmea melhor – ela continua. Mostra os de traseiro redondo, enquanto os machos são chatos, portanto têm menos carne. – Pode comer toda a entranha suculenta.

Aiyi e Yuhang viram as pernas dos caranguejos para dentro e depois as amarram com barbante. Eles estão imóveis, vivos e esperando o banho de vapor.

– Os caranguejos – Yuhang diz – têm péssimo gênio. Muito feroz.

Imediatamente ouço explosões. Não posso evitar e penso em armas, soldados atirando. Vou para a sala de estar.

– O que é isso? – pergunto para Xiao-dong em chinês. Ele ergue os olhos de um livro da Time-Life que eu trouxe, ilustrado com fotos da China. Ele parece não ter ouvido nada.

– Esse barulho – digo. As explosões continuam.

– Ah! *Pian pao* – ele imita o gesto de acender alguma coisa no chão, esperando explodir. – Oh, bombinhas.

Sinto-me uma tola.

– Alguém se casou? – pergunto.

Ele se levanta e olha pela janela.

– Pode ser um casamento – diz em mandarim. – Mas provavelmente é para se congratular com alguém que finalmente se mudou para sua nova casa no bairro. Lembro-me de minha sobrinha dizer que a lista de espera para apartamentos individuais é muito longa, as pessoas têm de esperar dezessete anos.

Agora o almoço está pronto para ser servido. Aiyi traz os caranguejos fumegantes para a mesa. Traz também duas terrinas de molho; um molho escuro de soja, misturado com arroz, vinagre e gengibre. Os caranguejos estão ainda amarrados com barbante. A cor azul brilhante desbotou. Agora é cinzenta. Yuhang escolhe um bem gordo para minha mãe e outro também gordo para mim. Xiao-dong e Robert servem-se sozinhos.

– Oyo! Você tem sorte, ganhou uma fêmea – Yuhang me diz. – Veja. – Ela bate na parte inferior do caranguejo, a barriga redonda, e tira o barbante. Sinto-me como uma criança, com medo de comer o caranguejo, mas incapaz de dizer não, completamente à mercê de minha mãe e de Aiyi. Robert não tem nenhuma dúvida. Ele adora caranguejo.

Minha mãe demonstra como se abre o corpo. *Craque!* Sinto como se estivesse na aula de ciências da sexta série. Vejam os órgãos internos. Xiao-dong está chupando seu pequeno caranguejo. Yuhang tirou uma perna do seu e a usa como um instrumento de trinchar. Ela olha quando eu cutuco meu caranguejo.

– Coma esta parte primeiro – ensina. Olho para uma massa cor de laranja.

– O que é? – murmuro para minha mãe.

– Não pergunte. Você não quer saber. Coma. – Olho para a parte cor de laranja outra vez, certa de que deve ser o cérebro do caranguejo.

– Coma – comanda Yuhang. – É a melhor parte. Coma antes que estrague.

– Como vai estragar? – pergunto.

Ela estende a mão com a perna do caranguejo e pega a massa cor de laranja.

– Coma antes que esfrie.

Tinha prometido a mim mesma que minha atitude sobre morar na China seria "aconteça o que acontecer, aceite o que vier". Derramo uma boa quantidade de molho e ponho a coisa cor de laranja na boca. Tem uma textura cremosa e um leve gosto de peixe. Não gosto, mas ainda não vomitei.

– Coma isto. – Yuhang tira mais coisa cor de laranja. – Não desperdice nada. É bom demais.

Arranco uma perna e, obedientemente, começo a escavar e pôr na boca, e engolir, escavar...

– Não coma isso! – ouço minha mãe dizer.

Yuhang ergue os olhos para ver o que estou fazendo com meu caranguejo. Ela ri e depois me chama atenção.

– Oyo, não coma isso. – Aponta para uma coisa que, para mim, nada tem de diferente da massa alaranjada que, segundo elas, é uma delícia.

– Por quê? – pergunto. – Por que esta parte é diferente?

– Ahn! – ela exclama, talvez sem poder acreditar que tem uma irmã tão idiota. – *Da bien.* – Ela fecha a boca com um muxoxo.

Olho para meu caranguejo. *Da bien.* Penso na expressão americana usada para descrever pessoas burras. Merda no lugar do cérebro. É o que tenho na minha frente. A miniatura de um vaso sanitário.

Minha mãe tira o caranguejo das minhas mãos e remove rapidamente a parte que não deve ser comida.

– Coma. – Cava um pedaço de carne e me devolve o caranguejo.

Recomeço a comer devagar. Esta parte não é tão ruim. Mergulho a carne no molho de vinagre e como com concentração, feliz por ter chegado ao meio daquela tortura. Na verdade, esta parte é bem gostosa. Xiao-dong come com imenso prazer. Quase terminou o caranguejo e cutuca e suga todas as aberturas possíveis.

– Não coma isso! – ouço minha mãe dizer outra vez.

– Não coma o quê? – pergunto.

Ela aponta. Não compreendo para o que ela está apontando. "Isso" é um pedaço com seis lados que parece uma cartilagem macia.

– Se comer isso – ela explica – deixa o sangue frio.

– Como isso acontece?

– Não coma – ela repete.

– Mas por que deixa o sangue frio? O que significa?

– Ai! Não pergunte por quê. Basta eu dizer para não comer.

Yuhang balança a cabeça.

– Não coma. – Aponta para outra massa cinzenta. – E não coma esta parte. – Para mim parece igual ao resto. Estou confusa, uma refém obrigada a obedecer ao conselho e às opiniões dos mais velhos.

Penso nos pequenos caranguejos de casca macia, penso em comê-los nas duas semanas de minha vida na China. As pernas estão amarradas, o movimento, restrito. Podemos encontrar um paladar refinado, mas o momento em que o encontramos é breve, transitório. Se esperarmos demais, o sabor se perde e se torna comum. E dentro desses caranguejos está um tipo de conhecimento que não tenho: o que é bom, o que não é e por que e porque não devo perguntar e o que acontecerá se eu não ouvir.

Bem-vinda de volta à China.

Joy Luck e Hollywood

Isto foi escrito em resposta a perguntas ou a uma entrevista ao Los Angeles Times. *Sentei-me uma noite e mandei minhas respostas por e-mail. Uma versão foi usada para uma história, em 5 de setembro de 1993.*

Eu era uma pessoa sem probabilidade de me envolver com o cinema. Jamais tive entusiasmo por Hollywood ou pelas histórias dos tablóides sobre as estrelas – bem, talvez desse uma olhada uma vez ou outra em alguma coisa referente a Robert Redford. Mas, de modo geral, sempre preferi sonhar acordada com personagens inventadas por mim. Ao mesmo tempo, não tinha nada contra o cinema como forma de arte. Não estava arrancando os cabelos, jurando: "Tomo Deus por testemunha de que mostrarei ao mundo como os filmes devem ser feitos realmente!" Resumindo, não era nem fã nem inimiga.

Durante a última década, num esforço para controlar o modo como usava meu tempo, meu apetite pela televisão e por filmes chegou ao nível da anorexia. Passava todas as horas do meu dia lendo ou escrevendo. Até recentemente não tinha o hábito de ir ao cinema, embora, devido ao esquema de nove meses da promoção de um livro, às vezes visse os filmes como uma "diversão passageira", mas em telas anêmicas. Ocasionalmente alugava vídeos de antigos sucessos de bilheteria. Minha escolha levava em consideração os filmes a que meu marido também gostaria de assistir.

Em outras palavras, nada de filmes lacrimosos de amantes reencarnados e coisas assim.

Mas houve um período de minha vida, a infância, quando eu pensava que o cinema era o maior luxo. Uma vez por mês, meus pais nos davam cinqüenta centavos a cada um para ir à matinê com amigos – coisas como *The Angry Red Planet*, *A mosca*, *A volta ao mundo em 80 dias*, *Flower Drum Song*, mas não *O mundo de Suzie Wong* (muito adulto, segundo meus pais). Vi também *Operação cupido*, *101 dálmatas*, *O rapaz e o cão*, *O professor aloprado* – uma porção de filmes de Disney. Eu queria desenhar as histórias dos desenhos animados.

Na televisão, assistia mais aos velhos filmes; meu favorito era *O mágico de Oz*, que via fielmente todos os anos, em nossa televisão preto-e-branco, e que continua a me encantar, especialmente quando assisti na televisão em cores de uma família amiga. Identificava-me com Dorothy, uma menina que se achava mal compreendida e saiu à procura de uma noção de lar. Além disso, Dorothy tinha os sapatos mais sensacionais: sapatilhas vermelhas que podiam levá-la a qualquer lugar que seu coração desejasse. Mas Kansas? Se eu tivesse aquelas sapatilhas, ficaria em Oz e começaria vida nova como uma cantora de sucesso.

Sapatos tornaram-se um instrumento imaginativo para mim como escritora de ficção, especialmente se estivesse escrevendo sobre uma época fora da minha experiência de vida. Imaginava-me com os sapatos da minha personagem, olhava-os e começava a andar. Quando erguia os olhos, via o cenário à minha frente, digamos, a China nos anos 20. Notava tudo à minha volta. À esquerda, uma porta, a luz passando por ela. À direita, um grupo de pessoas me examinando com ar crítico. Mais perto, um caixão com uma mulher, que não mais via falsidade ou faltas nas outras pessoas.

Pensando nisso agora, talvez minha imaginação sempre funcionasse como uma câmera de cinema, pelo menos em termos de enquadramento visual. Como a câmera, faço cinco ou seis "*setups*", como hoje sei que são chamados aqueles ângulos que capturam cada cena de várias perspectivas da platéia. Porém, na literatura ficcional sou a platéia e a personagem, e nunca vejo a parte de trás de minha cabeça.

Além disso, ela, ao contrário do filme, me permite incluir as personagens que quero; não preciso de um agente para escolher o elenco. Posso escrever uma cena com milhares de anjos dançando no céu; não me preocupo com trajes, efeitos especiais, coreografia ou seguro de responsabilidade. Na ficção posso revisar *ad nauseam*, me desfazendo de inúmeras páginas de uma vez, bem como as locações dispendiosas que as acompanham. Posso inventar novas personagens, retirar outras. Não estou presa a um prazo de setenta e sete dias para escrever. Nenhum sindicato me multa se eu fizer minhas personagens trabalharem as cenas depois da meia-noite ou nos fins de semana. Eles também nunca mudam minhas falas ou improvisam com algo que julgam melhor.

Um escritor de ficção tem os pré-requisitos da solidão, liberdade artística e controle. Desfruta o luxo de entrar num *funk* por duas semanas e não escrever nada. Por que um escritor lúcido ia pensar em fazer um filme, em vez de escrever? É como passar de monge ou freira para conselheiro ou conselheira de acampamento para centenas de crianças-problema.

Tudo o que posso dizer é que fui a Hollywood por muitas das mesmas razões que levaram Dorothy até Oz. Conheci muita gente extremamente agradável. E todos tinham coração, cérebro e coragem.

Ninguém a avisou?

Em 1988, depois que *O clube da felicidade e da sorte* foi publicado, aceitei um convite para desenvolver um roteiro, na Comunidade de Escritores, em Squaw Valley, no norte da Califórnia.

Fui em parte porque era uma coisa muito especial entrar no programa, e também porque achei que podia aprender técnicas sobre desenvolvimento de personagens que beneficiariam meu trabalho de ficção.

Dez outros além de mim compareceram àquelas sessões para descobrir de onde vinham nossas melhores histórias. A resposta ficou sendo: das nossas piores experiências de vida. Colaboramos na adaptação de um conto, e foi quando descobri o quanto preferia trabalhar sozinha. Escrever com outras pessoas parecia uma façanha de coordenação não muito diferente das corridas com três pernas que eu disputava quando pequena. De quantos modos diferentes pode uma personagem entrar por uma porta? Pergunte aos roteiristas de cinema.

Nesse trabalho também ouvimos histórias de guerra. Um escritor de ficção, transformado em roteirista, estava ainda rilhando os dentes de remorso. Tinham usado seu livro, arruinado-o sem excitação, dando-lhe novo formato. Na hierarquia do poder e do respeito, eles o trataram como se o julgassem abaixo das bactérias. Até o expulsaram do set! Mais tarde, ainda passou pelo suplício de assistir ao filme com uma platéia que incluía seus amigos literários, que se contorciam com incômodos acessos de tosse.

– Você achou que o filme arruinou seu livro? – alguém perguntou.

– Não – ele disse. – Arruinou minha vida. – Porém, mais tarde, vim a saber que estava escrevendo outro roteiro. Por quê? Por que o vício?

Golpe após golpe

Se bem me lembro, aqui está a cronologia de *O clube da felicidade e da sorte* transformado em filme.

Outubro, 1987: Fui à China pela primeira vez.

Novembro, 1987: Vendi a proposta do livro para a Putnam.

Março, 1988: Conheci Janet Yang, uma executiva da MCA/Universal. Janet tinha lido as três histórias que minha agente Sandy Dijkstra vendera para a Putnam como base para um livro. Janet e eu nos encontramos num café ao ar livre, em North Beach, San Francisco, e ela me disse o quanto tinha gostado das histórias, como sentiu que estava lendo sobre ela mesma. Era tudo que queria dizer: era uma fã. Lembro-me de ter dito que seria difícil vender o livro para o cinema. Mas se houvesse interesse, depois de publicado livro, estaria pronta para ajudar.

Março, 1989: *O clube da felicidade e da sorte* é publicado. Depois de duas semanas, estava na lista dos campeões de vendas, para surpresa de todos, inclusive eu. Enquanto tentava me convencer de que era um sucesso temporário, minha agente literária começou a procurar a opinião dos produtores de filmes e de televisão. Sandy me aconselhou a encontrar um agente de cinema, e para isso colocou-me em contato com Sally Willcox, da Agência de Artistas Criativos, que representa vários escritores.

Durante uns poucos meses, entre as responsabilidades de promoção do meu livro, conheci mais ou menos uma dezena de produtores e executivos de estúdios. Depois desses encontros, recebi cinco ou seis ofertas para dar opção de venda dos direitos do livro. Não aceitei nenhuma, porque ainda não tinha certeza de que o livro poderia se transformar num filme. É claro que podia aceitar o dinheiro da opção e o filme jamais seria feito. Mas eu tinha uma preocupação: e se o filme fosse feito e fosse uma terrível representação de asiático-americanos? E se o filme mostrasse mulheres usando chapéus de *coolie* e vestidos justos com aberturas laterais até a coxa? E se tivessem unhas pontudas, com esmalte vermelho que usavam para arranhar namorados brancos traidores? (Não ria, Lou, meu marido viu essas imagens na televisão no mesmo dia em que recebi uma oferta de opção.)

Agosto, 1989: Conheci Wayne Wang. Depois de uma maravilhosa conversa sobre tudo, desde livros até a família, até asiáticos e asiático-americanos nas artes, tive a intuição de que Wayne era a pessoa certa para dirigir o filme – se houvesse um filme. Fiquei contente por conhecê-lo e achamos que poderíamos trabalhar juntos em alguma coisa, no futuro, independentemente do que acontecesse com o filme. Pensei que podia aprender com ele criativamente – sobre histórias, sobre a emoção de uma imagem.

Janeiro, 1990: Formação da equipe. Com Wayne, conheci o roteirista Ron Bass, no Hotel Bel-Air, em Los Angeles. Ron era a única pessoa que conheci capaz de transformar o livro num filme. Começou com uma análise específica de cada uma das famílias descritas. Eu tinha lido muitas críticas de *O clube da felicidade e da sorte*, mas sua visão das personagens como pessoas – e não como temas literários – me fez sentir que ele conhecia o livro melhor do que eu.

Wayne e eu mencionamos o problema de tantas histórias, tantas personagens e como todos achavam impossível fazer um filme coerente de todo o livro.

– Impossível? – Ron disse. – Por que impossível? Deixe-me dizer algumas das minhas idéias. – Pegou um bloco de notas com duas folhas de linhas gerais. – Primeiro, mantemos todas as personagens, todas as histórias. Segundo, fazemos o que todos da indústria do cinema dizem para não fazer: usamos uma porção de vozes em *off*. Terceiro, usamos um envoltório que nos permita contar as histórias em conjunto, sem nenhuma personagem principal.

O livro só poderia ter sucesso como filme, disse, se quebrássemos todas as regras. E durante uma hora e meia explicou, em detalhe, como as regras seriam quebradas.

Ron achava também que eu devia tomar parte na redação do roteiro. Não estava interessada. Queria deixar o livro nas mãos deles e continuar com meu trabalho de escritora de ficção. Mas então me atraiu com algo irresistível para um escritor.

– Acho que posso ajudá-la a encontrar a poesia da cena.

É preciso lembrar que Ron tinha sido advogado do mundo teatral. Sabia exatamente o que dizer para levar as pessoas para seu lado.

Concordamos, com um aperto de mãos, que nós três formaríamos uma equipe, e também procuraríamos frear nossos ímpetos criativos. Essas duas condições eram invioláveis, e sem elas eu não teria cedido à opção do livro. Do modo como via as coisas, tínhamos uma chance em um milhão de conseguir fazer o filme, mas, se acontecesse, seria um trabalho muito agradável.

Primavera, 1990: Colaboração. Oliver Stone concordou em ser nosso co-produtor executivo. Janet Yang, que era na época vice-presidente da produtora de Stone, Ixtlan, conseguiu uma reunião. Encontramo-nos no estúdio de editoração, em Santa Monica, onde ele trabalhava em *The Doors*. Ele disse que nos ajudaria a fazer *O clube da felicidade e da sorte*, dentro de seu acordo com a Carolco.

Outono, 1990: Problemas de contrato. Depois de seis meses de negociações, descobrimos que a Carolco não nos garantia o controle criativo que exigíamos. Nós a deixamos. Enquanto isso, Oliver e Janet continuaram a nos ajudar a procurar financiamento em outra parte. Concordaram em ser padrinho e madrinha, enquanto procurávamos os melhores recursos para fazer o filme.

Janeiro, 1991: Novo plano de ação. Depois que deixamos a Carolco, Ron acreditava que a única chance que tínhamos de conseguir controle criativo era desenvolvendo o roteiro "*on spec*". Ron, Wayne e eu passamos dias redigindo a história num formato de narrativa bem próximo a um roteiro de cinema.

Agosto-novembro, 1991: Grandes progressos. Ron e eu completamos o primeiro esboço do roteiro.

Março, 1992: Encontro com o presidente dos Estúdios Disney, Jeffrey Katzenberg, e com Kathryn Galan e Henry

Huang, da Disney and Hollywood Pictures (Galan era então vice-presidente da Hollywood Pictures, e Huang um diretor de criação da Hollywood Pictures). Katzenberg tinha lido o script, e depois de uma conversa informal fechamos um acordo com um aperto de mãos. Ele nos deu o que queríamos – controle criativo – e expressou seu grande respeito por Wayne como cineasta. Poderíamos fazer nosso filme como uma produção independente e teríamos o apoio da Holywood Pictures, dirigida por Ricardo Mestres.

Mais tarde, na revista *Premiere*, li sobre as "extravagâncias do controle" que imperavam na Disney. Naturalmente, me perguntei o que aconteceria com nossa associação.

Outubro, 1992: Começa a filmagem.

Fevereiro, 1993: Começa a filmagem na China.

Março, 1993: Fotografia principal completa.

Abril, 1993: Assisti aos primeiros cortes provisórios.

Uma reunião

Posso dizer com certeza que ninguém que conheci em Hollywood se parecia com minha idéia de um tipo todo-poderoso naquele universo, com a possível exceção de Oliver Stone, que parece exatamente Oliver Stone. Eu imaginava mulheres com muita maquiagem, homens bronzeados que fumavam charutos. A maioria do pessoal do cinema que conheci era surpreendentemente jovem e obsessivamente saudável, pelo menos comparado aos escritores que conheço. Bebia água, não Bourbon. Não fumava. Usava jeans, bonés de beisebol e sapatos de corrida. Dirigia Fords Broncos. É claro, e eu só percebi mais tarde, aquele *era* o tipo Hollywood.

Uma das características hollywoodianas que notei com grande prazer entre alguns produtores que conheci nos primeiros dias das conversas sobre a opção do livro era a facilidade com que mencionavam Bob, Jane, Steven e Francis, como se eu também estivesse na base dos primeiros nomes com Redford, Fonda, Spielberg e Coppola.

Outra surpresa. Nunca havia uma agenda organizada para as reuniões. As pessoas falavam em termos amplos, imprecisos. Eu pensei que fosse um código para outra coisa qualquer, estenografia para todo tipo de critérios. Mas agora que estou há algum tempo no negócio, compreendo que eles deixam a questão de precisão para os advogados.

Sempre fui tratada com respeito. Na verdade, com tanto respeito que me sentia uma fraude. Para minha grande surpresa, depois das histórias horríveis que ouvi, ninguém jamais me desencorajou a tomar parte no processo de filmagem. Queriam que me envolvesse o máximo possível. Disseram que eu seria uma produtora, ao lado de Wayne, Ron e, mais tarde, durante a pré-produção, Patrick Markey. Mas por que eu era uma produtora? Os motivos: tinha escolhido o diretor e o roteirista, tínhamos desenvolvido o script *on spec*, pedimos e conseguimos controle criativo. Assim, muitas vezes me sentia extremamente culpada, especialmente durante a produção, quando estava em casa escrevendo ficção, e não sentada (ou congelando) no set com todos os outros.

Ainda acho estranho ver meus créditos na tela como roteirista *e* produtora. Quando iniciei esse processo, não sabia o que significavam os termos "*spec*", "desenvolvimento", "voltar para trás", "luz verde", "*bond company*", "fotografia principal", "segunda unidade" – muito menos os créditos, que costumava ignorar no fim dos filmes que assistia: primeiro AD, *gaffer*, *best boy*, PA e assim por diante.

A única parte da realização de um filme que não gosto é a parte dos negócios. Tentei ficar fora deles o máximo que podia. A pessoa encarregada dessa parte era Patrick Markey, bendito seja seu coração. Achava que ele tinha a pior tarefa como produtor – falar com pessoas sobre dinheiro, contratos e coisas assim. Mas ele nunca se cansava e, incrivelmente, nunca perdia sua noção de diplomacia.

Seminário sobre como escrever um roteiro

No dia em que as bombas caíram sobre Bagdá, em 1999, Ron, Wayne e eu começamos a traçar nosso roteiro. Nossas reuniões eram intensas, extremamente organizadas, repletas de humor e respeito mútuo. Tínhamos algumas pequenas diferenças sobre estilo de trabalho. Ron gostava de se levantar às duas e meia da manhã e começar a escrever. Fazia apenas uma refeição por dia, o jantar. Wayne e eu éramos mais descansados, preferindo começar às oito horas ou oito e meia, e por algum motivo, pelo amor de Deus, precisávamos almoçar, o que muitas vezes fazíamos durante as reuniões. Ron trabalhava com blocos amarelos e uma caixa com cem lápis apontados. Eu trabalhava com um laptop e uma impressora portátil. Wayne pensava alto.

Discutíamos os elementos mais importantes do filme, os momentos de emoção, bem como nossa opinião sobre a voz em *off*, subtítulos, *flashbacks* e outras técnicas. Então começamos a delinear todo o filme, cena por cena. Ron tinha determinado o número de páginas para cada cena. Três para a festa de abertura, quatro e meia para a revelação da carta das meio-irmãs chinesas de June, no Parque Golden Gate. E assim por diante.

Não tinha muito com que contribuir naqueles primeiros dias, uma vez que mal reconhecia os termos trocados entre eles. Por isso me ofereci para ser a escriba-chefe, tomando notas em meu laptop. Ron e Wayne se preocupavam, dizendo que eu estava me subestimando, e eu disse que não tinha nenhum problema com auto-estima. Sabia quando calar a boca, até ter algo para dizer, mas, quando me entrosasse com o assunto, eles definitivamente iam saber. Por enquanto, me bastava ser uma aluna de roteirista, absorvendo tudo o que podia. Fazia muitas perguntas. Como esta cena faz a passagem com a seguinte? O que devemos sentir no fim desta cena?

No fim de três dias, tínhamos sessenta páginas de notas com espaço simples, uma forma narrativa do roteiro. Ofereci-me para fazer o primeiro rascunho. Ron então faria a revisão, e desse modo eu poderia aprender com meus erros. Então nos revisaríamos mutuamente, certificando-nos de que concordávamos com cada palavra, especialmente dos diálogos. O processo de colaboração veio a ser, para meu alívio, mais como uma corrida de revezamento do que uma corrida em três pernas. Encaixava-se perfeitamente no meu estilo – intensa discussão criativa para começar, depois continuar a escrever sozinha. Entre os rascunhos, Ron e eu nos encontrávamos com Wayne para ter sua opinião de como estava o roteiro. Era importante que nós três estivéssemos alinhados a cada passo. Falávamos ao telefone quase diariamente.

Nossa interação era tão completa que, quando vimos as primeiras provas do filme, mal podíamos lembrar quem tinha escrito o quê. Há uma linha que a platéia parece adorar, quando a personagem Rose diz para a mãe: "Gosto de ser trágica, Ma. Aprendi com você." Ron e eu tentamos determinar quem tinha escrito essa linha. Ele disse que fui eu. Eu digo que foi ele.

Não me lembro de nenhum desentendimento importante. Sem dúvida tínhamos "discussões", e quando não chegávamos a um consenso imediato, Ron e Wayne começavam a andar de um lado para outro, como o tradicional pai à espera do nascimento do filho. O projeto em si era sempre nossa primeira consideração, e cada um de nós estava disposto a encontrar uma solução que satisfizesse a todos.

Portanto, nossos "desacordos" eram assim: Ron dizia "Estou preocupado", ou Wayne dizia "Estou preocupado". Ou eu dizia

"Estou confusa". Discutíamos a dificuldade, separando o que era tanto importante quanto problemático. E desse modo lógico, resolvíamos os problemas, sem sacrificar o essencial.

Eu caracterizaria Ron, o ex-advogado, como nosso principal negociador em muitos casos. Se eu dizia algo como "Estou preocupada com esta linha, não me parece certa", ele respondia: "Diga exatamente o que a incomoda." Eu começava vagamente porque não sabia como especificar minha preocupação. "Não parece com o que a mãe chinesa diria." Ron continuava: "São as palavras, o pensamento ou a emoção?" Íamos para a frente e para trás, até salvar o bebê, jogar fora a água do banho e acrescentar uma bela toalha quente.

Aprendi a discutir

Durante todo o projeto, resolvíamos nossas diferenças do seguinte modo: desenvolvimento do roteiro, escolha do elenco, filmagem, corte. Embora partilhássemos igual controle criativo, cada um desempenhava um papel específico como árbitro. Em geral (mas não sempre), eu era o árbitro das questões de personagens, isto é, se uma cena parecia verdadeira ou não ao coração e à alma do que eu sentia sobre as personagens. A parte de Ron era a estrutura geral e a verdade emocional, isto é, a "condução" especial das cenas nos levava ao que pretendíamos? Cada momento emocional era realmente atingido ou fora resumido e parecia inventado na última hora? Compreendemos que Wayne tinha de ser o árbitro final de tudo, porque era, afinal de contas, o diretor, e precisava sentir que tudo estava como ele queria ver na tela.

Só uma vez não consegui o que queria. No fim de uma tarde estava extremamente fatigada e preocupada porque faltava muito ainda para termos o roteiro como queríamos. Ron e Wayne resolveram que precisávamos de uma nova cena, uma cena de sexo entre uma jovem nos anos 40 e o homem por quem ela estava apaixonada. Para mim, a idéia de uma cena de sexo era automaticamente bandeira vermelha para exploração e sensacionalismo gratuitos. Ron e Wayne garantiram a importância de mostrar quão completamente a personagem se perdia por aquele playboy. Fui contra, dizendo que queriam uma cena de sexo porque eram homens. Eles responderam que eu estava nervosa por ver uma cena de sexo com uma personagem que emocionalmente representava minha mãe.

Nossa conversa degenerou a partir daí.

– Como exatamente você vê essa cena de sexo acontecer? – perguntei.

– Eles estão no fundo do palco da boate – Ron disse.

– No palco? Em público?

– Não, não é muito tarde. E Ying Ying está de pé quando o homem começa a beijá-la ternamente, depois com mais paixão...

– Estão de pé?

– Certo, de pé. E então aquele homem mau começa a fazer amor brutalmente com ela...

– *De pé?*

– Certo.

– Compreendo... Ele faz amor pela frente ou por trás? Tenho de saber essas coisas, porque faz diferença na classificação do filme.

– Pela frente, é claro.

Depois de acrescentar alguns detalhes relativos à silhueta e à voz em *off*, Wayne disse:

– Tudo bem, nós concordamos, então vamos escrever a cena.

Eu me levantei e disse:

– Se vocês dois querem fazer essa cena, vocês escrevem. De quanto tempo precisam para fazer sexo? Cinco minutos? Ótimo, vou sair agora para o cigarro pós-coital. – E quando saí e fechei a porta, ouvi os dois rindo às gargalhadas. Seja como for, foi o melhor momento que tive por não escrever uma coisa. E agora que a cena está na tela, gosto muito dela.

A questão asiática

Desde o começo eu tinha uma boa dose de cinismo sobre as possibilidades de se transformar um livro sobre asiático-americanos em filme. Sabia que não ia ter estrelas de grande nome, nenhuma personagem masculina principal, nenhuma perseguição de automóvel ou trens colidindo. Tentei imaginar o que um filme faria para distorcer a história em algo comercial e feita de encomenda para as massas. Transformar o livro numa história interracial? Um diálogo passava por minha cabeça no qual um produtor poderoso nos dizia: "Adorei o livro, adorei o roteiro. Só mudaria uma coisa: façam com que a mãe e a filha sejam russas."

Felizmente não aconteceu nada sequer parecido com isso. Ou pelo menos nunca ninguém fez essa sugestão. Mas acho que compreendemos as dúvidas sobre esse filme sem precisar falar nelas. Como um filme sobre oito mulheres não-caucasianas seria recebido em Peoria, ou especialmente nos subúrbios de Los Angeles, onde havia focos de grupos organizados.

Descobri que havia um bom número de diretores asiático-americanos em atividade. A maioria estava fazendo filmes independentes exibidos em pequenas casas de arte, quando eram exibidos. Não podiam obter financiamento para fazer nada comercial. E sabíamos que, se um estúdio investisse dinheiro num filme asiático-americano e não recuperasse através da bilheteria, isso podia significar sentença de morte para outros filmes do gênero. Assim, eu sabia que Hollywood podia considerar *O clube da felicidade e da sorte* como um campo experimental.

É um peso terrível, especialmente quando se está tentando criar a própria visão e não necessariamente penitenciar-se por erros do passado, ou estabelecer um registro real da história da China, ou demolir barreiras culturais, acabar com todos os estereótipos para sempre. Se tivéssemos resolvido fazer essas coisas, estaríamos olhando por sobre o ombro o tempo todo, fugindo assustados, e não poderíamos fazer um filme pessoal e íntimo que tinha mais a ver com emoções universais do que problemas culturais específicos. Certamente, o contexto do filme é asiático-americano. Mas o subtexto, ou o coração do livro, trata de emoções que nós todos temos.

Nosso pensamento permanente era este: se pudermos fazer um filme que pareça honesto e verdadeiro, um filme sobre pessoas reais que por acaso são asiático-americanas, teremos mais probabilidade de fazer um filme que as pessoas vão querer assistir, que vai comovê-las, sobre o qual falarão com os amigos, desse modo dando asas ao filme. Pensávamos em trazer receitas suficientes para mudar a opinião de Hollywood sobre filmes asiático-americanos não serem sucesso. Talvez, apenas talvez, muitas suposições negativas sobre filmes asiático-americanos na grande tela venham a ser repensadas.

A reação dos grupos de teste ao filme me encorajou. Evidentemente a reação predominante recai sobre os aspectos universais do filme: o coração do relacionamento mãe-filha. Isso parece despertar nas pessoas o sentimento de que os asiático-americanos não são tão diferentes, não tão inescrutáveis, nem tão misteriosos. Um jovem louro num grupo de teste comentou: "Eu nunca tive irmãs, mas, depois de ver esse filme, sinto como se tivesse quatro."

Sei que algumas pessoas vão procurar questões politicamente corretas. "Por que ela casou com um caucasiano?" "Por que não há mais papéis masculinos de modelo positivo?" "Por que não há mais coisas relacionadas com o choque das culturas chinesa e americana?" Sei, pelas reações aos meus livros de ficção, que quem acredita que a *raison d'être* de qualquer história com um ângulo étnico é dar uma lição de cultura. Considero essa atitude restritiva como se um artista asiático-americano só pudesse criar algo especificamente relacionado à questão cultural, e não um trabalho sobre a natureza humana que mostra isso por meio de asiático-americanos.

Compreendo também por que essa atitude prevalece. São poucos os artistas asiático-americanos ouvidos ou vistos pela maioria. Desse modo, as pessoas acreditam naturalmente que os que aparecem têm a responsabilidade de abordar o problema.

Estou curiosa para ver a reação dos críticos ao filme. Com o livro a tendência geral foi comparar meu trabalho com os de outros autores asiático-americanos. Uma crítica no *New York Times* comparou o livro a *Shogun* e *The Good Earth,* e a *Spring Moon* e *The Woman Warrior,* de Bette Bao Lord – em outras palavras, qualquer livro que trate da Ásia em geral. Nosso filme será comparado a *Flower Drum Song, O último imperador, Karatê Kid, O mundo de Suzie Wong, Madame Butterfly* – simplesmente na base de face e raça? Será algum dia comparado com outras histórias em geral, sobre mulheres, digamos, como *Laços de ternura, Steel Magnolias, Tomates verdes fritos*?

A verdade sobre a Disney

Obviamente, eu ficaria numa posição difícil se tivesse de discutir meu trabalho com o pessoal da Disney, e teria detestado. Felizmente, esse não foi o caso. A Disney disse que teríamos controle criativo, e foi o que tivemos. Certamente nos deram notas sobre o primeiro corte. Mas Ricardo Mestres e Jeffrey Katzenberg aparentemente fizeram o impossível para nos garantir que as notas eram apenas sugestões. Nós teríamos a última palavra.

Aceitamos algumas das sugestões, é claro, mas nunca houve nenhuma pressão para que as aceitássemos. Poderíamos resumir esta parte? Examinamos a parte. Certamente. A cena seria melhor se a mãe atacasse a filha furiosa também? Vamos tentar e ver.

Desde o começo, pareciam dispostos a nos apoiar e muito entusiasmados. Fomos incluídos nos planos de marketing e distribuição, bem como nos de publicidade, e em detalhes como a produção do *trailer*. Por "incluídos" quero dizer que o pessoal da Disney freqüentemente me telefonava, não só para Wayne, Ron ou Patrick. Fui também convidada para várias reuniões de negócios, e declinei o convite da maioria delas.

O orçamento era um problema. Certamente teria sido ótimo ter 20 milhões como muitos filmes comuns, em vez de 10,6 milhões, que tiveram uma parte usada pelos atos de Deus e o sindicato. Por exemplo, a seca de sete anos na Califórnia resolveu fazer um intervalo exatamente quando começamos a filmagem. Chovia quase todos os dias. E então fomos para a China e quase congelamos na chuva. Numa cena do roteiro, uma família deixava sua casa no meio de uma seca. Sob uma tempestade, risquei "seca" no roteiro e escrevi "enchente". Grande parte do elenco e da equipe de filmagem ficou doente, mas tínhamos de continuar filmando. Não podíamos parar, especialmente depois do tempo que perdemos quando alguns camponeses no local da filmagem entraram em greve. Desordens nas ruas? Mais tarde fiquei sabendo que é o padrão de todas as filmagens na China.

Para resumir, a Disney foi um estúdio formidável para se trabalhar. Todos eram ótimos, apoiando-nos e nos dando liberdade de criação; eram cautelosos com o dinheiro. No fim conseguimos algum extra, mas nenhum carro esporte como bônus. Afinal, aquilo era negócio. E o pessoal da Disney acreditava piamente no filme quando outros tinham dúvidas.

Sr. Wang, estou pronta para meu close-up

Tinha lido histórias sobre escritores que foram proibidos de ir ao set durante a filmagem dos seus livros. Guardas de segurança estavam sempre atentos a eles. Os escritores deviam vender sua "propriedade", trocar um aperto de mãos, mas desinfetá-las quando chegavam em casa e esquecer o negócio todo, até o filme ser exibido, quando então podiam dizer que era uma abominação.

Lembrei-me disso quando fui chamada para outra reunião, sobre horários ou música. Nunca pensei que me envolveria tanto com a produção. Onde estava a famosa relutância em incluir o escritor?

Logo estávamos escolhendo o elenco, e eu recebia fitas gravadas das entrevistas. Ouvi dizer que entre os que esperavam para ser entrevistados havia membros do verdadeiro Joy Luck Club e suas amigas, tias e tios que conhecia desde a infância. Pedi para

Com o elenco de O clube da felicidade e da sorte *(primeira fila acima); os membros verdadeiros no Joy Luck Club (segunda fila).*

não ser incluída em nenhuma decisão sobre a escolha do elenco. Não sabia coisa alguma sobre a arte de representar e, o mais importante, pensei, precisava poder dizer sinceramente aos que não fossem escolhidos que não tinha nada a ver com aquilo. Já imaginaram ter de dizer a uma das tias do Joy Luck que ela não conseguiu o papel? Felizmente algumas delas foram escolhidas como extras, com mais de alguns breves segundos na tela perto de um vaso de planta, que foi exatamente ao que meu marido foi reduzido. Minha sobrinha de quatro anos, Melissa, recebeu uma parte falada como filha de Rose (Rosalind Chao). A tia Jayne e o tio Tuck eram convidados do jantar em que o namorado de Waverly derrama molho de soja no prato favorito de Lindo. Melhor de tudo, minha mãe e seu namorado, um homem elegante, de oitenta e seis anos, chamado T. C. Lee, receberam papéis substanciais como extras na cena da festa, mostrada no começo e no fim do filme. T. C. desempenha com exatidão o papel de um convidado narcolético no jantar de caranguejo. Isso teve alguma coisa a ver com nepotismo? Claro que não. (Absolutamente!)

Devo mencionar que eu também consegui um papel de extra – ou melhor, dois. Num deles tive de me vestir de acordo com a moda dos anos 40, com um penteado *à la* Betty Grable. Estou horrível e pedi ao editor para cortar a cena. Meu outro papel ficou no filme. Na cena de abertura, Ron e eu entramos numa festa com suas duas filhas, Sasha e Jennifer. Ron está falando num celular, me pedindo desculpas pelo atraso, depois insisto com ele para telefonar para seu advogado mais tarde. Nada disso estava no roteiro, é claro. Vejo agora como os extras podem se entusiasmar com seus pequenos papéis e tentar roubar a cena.

Depois de ver tomada após tomada de uma certa cena, nunca mais posso assisti-la sem uma forte dor de estômago. Na cena, uma personagem chamada Harold (representado por Michael Paul Chan) está tomando sorvete diretamente da lata. No filme, ele come em cena após cena. Então Wayne pediu que a cena fosse repetida. Michael Paul toma o sorvete outra vez. Depois de seis repetições, tinha certeza de que ele ia explodir.

Agora tenho enorme respeito pelo trabalho dos atores. E tenho grande respeito pelo modo como Wayne os trata – sempre gentilmente, mas com persistência, procurando obter seu melhor desempenho. Naquela cena do sorvete, a mulher de Harold, Lena (desempenhada por Lauren Tom), fica zangada, depois esbraveja emocionalmente com medo e confusão. Achei cada tomada perfeita, mas Wayne sempre encontrava algum elemento no desempenho – uma insegurança ou o tropeço numa palavra – e insistia para que essa vulnerabilidade fosse mantida. Faziam outra tomada que saía melhor ainda.

Tudo quieto no set

O dia em que pela primeira vez vi os sets, fomos de carro a Richmond, onde uma antiga fábrica de doces e um armazém tinham sido convertidos em algo que combinava com Hollywood. Entrei e lá estava tudo que minha imaginação criara – os interiores de casas em San Francisco e na China construídos por Don Burt, designer de produção.

Com que facilidade havia escrito os detalhes, comparado ao que aparentemente fora preciso para reproduzi-los. Na ficção, podemos usar alguns toques de decoração de interior – o plástico nos móveis, a foto emoldurada de um ancestral falecido –, mas o designer da produção tem de pôr tudo, incluindo as impressões digitais perto do interruptor. Senti-me culpada vendo o trabalho feito nos sets, como se eu não tivesse descrito os detalhes com o mesmo cuidado e devoção.

Don me procurou para saber dos objetos do contra-regra. Wayne tinha pedido para incluir tantas fotos da minha família quanto possível. Desse modo, meu pai e meu irmão mais velho, mortos há muito tempo, podiam participar também do filme. Wayne me disse para procurar entre minhas jóias um colar que constava do roteiro: um pingente verde de jade, que a mãe de June lhe dá, dizendo que não é da melhor qualidade, mas que ela é.

Nos Estados Unidos, eu ia ao set umas duas vezes por semana no começo e depois quase todos os dias durante as duas últimas semanas. Foi quando Wayne avisou que ia precisar que Ron e eu fizéssemos rápidas mudanças no roteiro, o que na verdade tivemos de fazer diariamente. Para ficar no prazo, Wayne estava filmando seis ou sete páginas do roteiro por dia – o que, na minha opinião, era bastante.

Em março de 1993, fui à China por minha conta e assisti a quase toda a filmagem lá. Se Wayne me pedia para fazer mudanças no roteiro, eu brincava que ele tinha de me dar uma ficha para o café-da-manhã.

Filmar na China representava problemas não previstos. Primeiro o frio. Eu estivera em Guilin antes, quando estava quente e úmido. O tempo lá é descrito como "perpétua primavera". Bem, dessa vez, aquilo era primavera em Minnesota. Eu usava várias camadas de roupa e ainda assim congelava até os ossos. Certa vez, tremia tanto que tinha certeza de que ia apanhar hipotermia se não saísse do vento. Então fui me sentar numa van. Wayne e o resto do elenco continuaram a filmar. Eu teria ficado lá fora se ele realmente precisasse de mim, mas achei que não precisava morrer só para provar minha dedicação.

Então houve o funeral que não havia sido incluído no cálculo do prazo de filmagem. Quando devíamos filmar refugiados de uma invasão do exército japonês, as pessoas que moravam no local do set realizavam os funerais de uma mulher que, segundo diziam, tinha cem anos quando morreu. Era pouca sorte ou falta de educação – provavelmente as duas coisas – terem permitido a entrada de uma equipe de filmagem em seu povoado naquele dia. A procissão era longa. Obviamente a cerimônia levaria horas. Um caixão estava sendo carregado e um galo vivo dançava em cima dele, supostamente para afastar os maus espíritos, como diretores de cinema, elenco e equipe de manutenção. Mas atrasar a filmagem nem que fosse por um dia nos custaria setenta mil dólares, dinheiro que nosso orçamento mal permitia que fosse gasto. Conversamos com a família, foi feita uma generosa doação em honra da mulher morta, e de repente os deuses sorriram para nós. A equipe de filmagem foi aceita, e o povo do lugar ficou feliz com o dinheiro. A velha mulher, ouvimos dizer, tinha trazido sorte para seus camaradas.

No segundo povoado, fomos informados que o pagamento do equivalente a cinco mil dólares para filmar no local não fora transferido do intermediário para os cofres da pequena cidade, mas tinha ido parar em Hong Kong, em outras mãos. O chefe do povoado exigia o pagamento. O que podíamos fazer?

Concordamos em pagar a quantia original de cinco mil dólares. Não, disse o líder, não dólares americanos, mas *renmenbi*, o dinheiro local, que os estrangeiros estavam proibidos de possuir. Tentamos discutir, dizendo que os dólares americanos eram tão bons quanto os *renmenbi* (na verdade melhores, pois cinco mil dólares equivaliam a quarenta mil *renmenbi*). Chegamos a insinuar que no mercado negro esses mesmos dólares podiam valer o dobro do câmbio comum. Não adiantou, nada de dólares, disseram.

Um habitante do povoado então levantou a questão da quantia propriamente dita. O povoado não queria que disséssemos o quanto valia nosso dia de filmagem, queriam avaliar por morador. Um queria uma galinha e vinte *renmenbi* (cerca de 2,50 dólares). Outro, um papel no filme e cinqüenta *renmenbi*. Um homem afirmou que o caminho no seu terreno estava sendo mais usado do que os dos outros, por isso devia receber o suficiente para comprar mais fardos de feno para secar a lama. Wayne disse que não podia fazer trezentos negócios diferentes.

Uma mulher idosa ergueu a machadinha que usava para cortar galhos para o fogo. Então outras machadinhas se ergueram, bem como bengalas. Os gritos soavam e ouvi um tom claramente ameaçador que indicava perigo. No começo daquela semana soubemos que aquele povoado tinha assistido a cinco execuções no ano anterior – duas por estupro, uma por roubo, duas por assassinato. Ficamos chocados. A pena de morte ali era usada com freqüência e rapidamente. Então consideramos que o número das execuções sugeria que aquele lugar era mais violento do que a maioria. Observamos o número de pessoas com defeitos de nascença que olhavam para nós, especialmente cegueira de um olho, em dezenas deles, bebês e velhos, o que indicava endogamia. Lembrei de alguém ter mencionado que aquele povoado podia ter adotado o canibalismo durante os anos difíceis da Revolução Cultural. Isso realmente aconteceu, mas, se foi naquele povoado, era apenas especulação. Mesmo assim resolvemos que não devíamos testar os limites da paciência daquela gente.

– Vamos sair daqui – aconselhei a Wayne. A equipe levou o essencial para filmar cenas durante o vôo. Acontece que encontramos um depósito de lixo. No topo havia uma passagem ladeada de árvores com as montanhas ao fundo. Era perfeito. Primitivo, mas épico. Ali filmamos uma fila de pessoas caminhando sem rumo, Suyuan pedindo socorro, agarrada aos dois filhos pequenos.

Quando voltamos ao povoado, surpresa, o caso tinha sido resolvido. Os moradores nos apresentaram uma lista detalhada das suas exigências, um total de pouco mais de cinco mil *renmenbi*. Um oitavo do que tínhamos oferecido em dólares. Alguém diplomaticamente chamou a atenção para o erro, mas fosse por orgulho ou pela profunda suspeita contra os dólares americanos, insistiram na menor quantia. Entre os chineses da nossa equipe, conseguimos juntar o suficiente para pagar. Todos ficaram felizes e a filmagem começou.

No último povoado recomeçamos a Segunda Guerra Mundial. O local era um pasto imenso, com colinas no fundo que pareciam peixes antigos, gigantescos, com a cauda enfiada na terra. Uma longa estrada de terra dividia o vale ao meio. Mil extras estavam a postos, alguns com trajes dos anos 40, segurando suas mais valiosas possessões: um saco de arroz, uma mala, dois filhos pequenos. O resto vestia uniformes do Kuomintang, o exército nacionalista, derrotado pelos japoneses em Kweilin (Guilin). Alguns tinham a cabeça envolta por ataduras. Outros, com falta de pernas ou braços, andavam com muletas. Um jipe incendiado estava de cabeça para baixo na estrada. Alguns moradores locais assistiam à filmagem, bem como membros do Exército do Povo, que serviam de seguranças.

Chegou a comida para milhares de pessoas em caixas fornecidas pelo Hotel Sheraton, de Guilin. Um cardápio especial segundo os padrões locais, que custaria, em média, o salário de uma semana. Quando terminou o almoço, sobraram algumas caixas e alguém da equipe americana indicou aos que assistiam à filmagem que podiam ficar com elas. Imediatamente os extras começaram a gritar. Eles queriam as sobras, estavam trabalhando e ficariam com as caixas excedentes. Logo começou uma briga, pessoas eram empurradas e o Kuomintang lutava contra o Exército do Povo. Felizmente não houve nenhum acidente grave. Recomeçou a filmagem, com nossos extras mais andrajosos do que antes, falando em método de atuar.

Meses depois, durante o teste de audiência, os comentários mais curiosos que ouvi foram sobre as cenas filmadas na China. Para mim, aquelas cenas eram excepcionalmente boas, tanto que desafiavam a credibilidade. Uma mulher do grupo de pesquisa disse: "Todas as cenas são maravilhosas, até chegarmos à China. Vocês deviam retirá-las. Dá para ver que são falsas." Virei para Wayne. "Está vendo? Nós não precisávamos sofrer na China."

Chorei até não ter mais lágrimas

Aprendi que fazer filmes é uma experiência emocionalmente exaustiva. Fiquei comovida com o realismo dos sets, os toques autênticos e com as revelações que me fizeram em particular, tanto as estrelas quanto os extras, sobre por que estar nesse filme significava tanto para eles.

Durante a filmagem, nos Estados Unidos, comecei a assistir diariamente ao vídeo do dia anterior, que recebia em casa, levado por um mensageiro, e então chorava até não ter mais lágrimas. Para mim parecia incrível que as cenas tivessem adquirido a qualidade de um verdadeiro filme. Aconteceu uma estranha transformação, como se a vida naqueles rolos de filme fosse mais verdadeira do que a vida real. Mas esse é o papel dos filmes.

Nos estágios principais, Ron e eu trabalhávamos com Wayne e a editora, Maysie Hoy, para os cortes. Era um processo fascinante, mas tedioso, uma questão de decidir sobre milissegundos. Nosso filme estava ficando muito longo, e para chegar aos cinemas cada um daqueles cortes era essencial. Cortando meticulosamente, milissegundos podiam chegar a minutos, e no fim pareceria que nada fora cortado. Acabei achando que Maysie era uma santa.

Em meados de abril, vi o resultado dos primeiros cortes. Devia anotar as áreas problemáticas e coisas assim. Mas estava hipnotizada demais para fazer algo que não fosse assistir como um membro comum da platéia. Eu ria, eu chorava. A segunda vez em que assisti, disse para Wayne:

– Quero que você se lembre deste dia. Vamos ter várias reações diferentes mais tarde, mas quero lembrar que, neste dia, você, Ron e eu estávamos orgulhosos do que fizemos. Realizamos nossa visão.

Ron insistiu para que eu comparecesse aos testes de pré-estréia, e, vendo a reação do público, sentiria os pontos "altos" – ou "baixos" – da minha vida. Felizmente foram "altos". Porém, fiquei surpresa quando o público ria de cenas que nunca julguei engraçadas. Achei que eram risos irônicos que lembravam alguma humilhação do passado.

Agora já vi o filme umas vinte vezes, e não me envergonho de dizer que chorei todas as vezes.

Quando estiverem lendo isto, já terei visto o filme com minha mãe e minha meia-irmã, que acaba de emigrar da China. Ela é uma das filhas que minha mãe deixou para trás quando veio para os Estados Unidos. Portanto, isso será minha versão da vida imitando a arte. Estou nervosa, antecipando o que minha mãe vai pensar. Temo que fique arrasada com as cenas de sua vida, especialmente a que mostra o suicídio de sua mãe.*

Espero que o público fique comovido com o filme, que se identifique com as emoções e se sinta mudado no fim e mais próximo a outras pessoas. É o que gosto de conseguir com um livro, uma conexão com o mundo.

Quanto às críticas, já imaginei todas as coisas ruins que podem ser ditas. Desse modo, qualquer coisa boa me deixará feliz. Sei que o sucesso depende de boas críticas e do boca a boca. Porém, chegamos ao ponto em que todo o possível já foi feito e o resto está fora de controle. Certamente espero que o filme seja um sucesso de bilheteria, mais por Wayne e Ron, bem como pelo elenco e pela equipe, cuja dedicação me fez sentir que não se tra-

* Contrastando com o resto da platéia, minha mãe não derramou uma lágrima. Conforme já disse, seu comentário sobre o filme foi que ele era "muito bom. Na vida real, tudo muito mais triste. Portanto, isto já é muito melhor".

tava de mais um trabalho para eles. E certamente espero que a Disney ache mais do que justificado correr o risco de filmá-lo. Entretanto, pelos meus cálculos, o filme já é um sucesso. Fizemos o que queríamos fazer. Não é perfeito, mas estamos felizes. E eu estarei na fila, pronta para pagar os sete dólares para assistir.

Enquanto isso, tenho toda uma coleção de amuletos da sorte que garantem a presença dos deuses chineses no cinema.

Aprendi minha lição

Em vários momentos da filmagem, jurei nunca mais fazer um filme. Toma muito tempo. Há muitos altos e baixos. Muita negociação, muitas reuniões. Aprendi a ter sangue-frio e fiquei calejada com as dificuldades inerentes à filmagem.

No entanto, contra todas as minhas expectativas, gosto de fundir idéias em uma visão. Gosto de ver essa visão tomar vida com outras pessoas que sabem exatamente o que é preciso para chegar lá.

Meu amor pela ficção continua o mesmo. É o meu primeiro amor. Mas, sim, farei outro filme com Ron e Wayne. Provavelmente será o meu segundo livro, *A mulher do deus da cozinha*. Já começamos a separar as cenas com contagem de páginas e texto narrativo. Começamos um dia depois de ver o primeiro corte de *O clube da felicidade e da sorte*.*

* Embora tivéssemos um contrato para *A mulher do deus da cozinha*, finalmente decidi voltar ao trabalho mais sólido de escrever ficção. Ron, Wayne e eu uma vez ou outra falamos sobre fazer um roteiro original. Quando as peças se encaixarem com tanta sorte quanto a do nosso primeiro filme, vou saber que é a coisa certa e irresistível a fazer.

VENTOS FORTES, FORTES INFLUÊNCIAS

Eu tinha seis anos quando minha mãe começou a me ensinar a arte da força invisível. Era uma estratégia para vencer discussões, conseguir o respeito dos outros e, finalmente, embora nenhuma de nós duas soubesse, vencer no xadrez.

O clube da felicidade e da sorte

O que ela queria dizer

Em 1988 recebi um contrato para escrever um livro intitulado *O clube da felicidade e da sorte*. Eu havia completado três histórias e ainda faltavam treze, muitas das quais deviam se passar na China, durante a Segunda Guerra Mundial.

Alguns meses antes havia delineado rapidamente as idéias dessas histórias, numa proposta comprada por minha editora. Achava que não devia me desviar do plano, e agora preocupava-me com as partes sobre a guerra, um assunto sobre o qual não tinha conhecimento suficiente para escrever a respeito. Estava na hora de um sério trabalho de pesquisa.

Telefonei para minha mãe.

– Oi, mamãe, como eram as coisas durante a guerra?

Minha mãe pensou por um momento, tentando lembrar sua vida na China.

– Guerra? Oh, não fui afetada.

Imaginei, por essa resposta, que, vivendo na China livre, suas experiências com a Segunda Guerra deviam ser iguais às minhas com o Vietnã, vistas a distância. Bem, alguns pais têm histórias interessantes para contar. Minha mãe não tinha.

Assim, só mais tarde fiquei sabendo o que realmente significava a sua resposta. Ela falava do seu primeiro casamento com um piloto, cujo nome nunca pronunciava, chamando-o sempre de "aquele homem mau". Então contou-me que alguém tinha patrocinado a viagem daquele homem mau aos Estados Unidos, como um ex-herói do Kuomintang.

– Ah! Ele não era nenhum herói – minha mãe exclamou. – Foi expulso da força aérea por imoralidade. – E começou a me contar os detalhes de sua vida na China: as bombas caindo, todos fugindo e pilotos amigos que apareciam para jantar numa semana e estavam mortos na semana seguinte.

Eu a interrompi:

– Espere um pouco, pensei que você tivesse dito que não foi afetada pela guerra.

– Não fui – insistiu. – Eu não morri.

A resposta me fez compreender, mais uma vez, que nós estávamos, às vezes, separadas por oceanos em nossa visão do mundo. Quando eu estava crescendo, também não "fui afetada". Não tinha idéia de que a China estivera envolvida na Segunda Guerra Mundial – muito menos que a guerra na China tinha começado em 1937. E nos primeiros dez anos de minha vida, ignorava o primeiro casamento de minha mãe. Ela guardou segredo, não contando para meus irmãos, para mim, para seus amigos mais íntimos. Quando finalmente me contou, não fiz nenhuma pergunta. Em parte porque não queria pensar que tivesse, no passado, amado um homem que não fosse meu pai. E quando fiquei mais velha, também não perguntei nada sobre sua vida na China. Por que relembrar as dores do passado? É claro, as perguntas continuavam ali. Perguntei a mim mesma, imaginei, supus quais poderiam ter sido as respostas.

Quando comecei a escrever meu segundo livro, lembrei-me dessa conversa sobre seu casamento com um homem que desprezava. Resolvi escrever sobre uma mulher e seus remorsos secretos e usei minhas suposições americanas para fazer a história: que o primeiro casamento, embora tendo terminado em ódio, certamente devia ter nascido do amor. Se não, por que ficara com ele durante doze anos?

Foi o que comecei a escrever. Felizmente, quando escrevo começo a ver os erros das minhas suposições. Minha personagem se rebelou contra a ficção imposta por mim.

– Não – protestou. – Não era amor. Era esperança, esperança para mim mesma. – Ela se recusou a aceitar o enredo do livro e minha história empacou num beco sem saída.

Então recomecei. Perguntei a mim mesma sobre esperança. Como a esperança muda, se transforma e continua de acordo com circunstâncias estranhas à vida? E quanto às circunstâncias propriamente ditas: acreditamos que são simplesmente uma questão de destino? Ou as vemos sob o conceito chinês de sorte, o conceito cristão da vontade de Deus, o conceito americano de escolha? E dependendo daquilo em que acreditamos, como podemos encontrar equilíbrio em nossas vidas? O que aceitamos? O que sentimos que deve ser mudado?

Finalmente escrevi um livro no qual a mãe faz essas perguntas enquanto conta para a filha os segredos de seu passado. Como a história se passa durante a guerra, antes de eu ter nascido, tive de fazer muita pesquisa. Li textos eruditos e versos revisionistas dos vários papéis do Kuomintang, dos comunistas, dos japoneses e dos americanos. Li relatos do tempo de guerra em periódicos populares – cada um com uma perspectiva diferente. E, é claro, precisei de um relato pessoal dos anos de guerra para dar veracidade aos detalhes mundanos de minha história. Quanto tempo se levava para ir de Xangai a Yangchow? Qual era o dote típico da noiva de uma família próspera? Para as respostas a essas perguntas, procurei minha mãe, que me deu mais do que eu tinha pedido. Só a questão do dote suscitou umas três horas de recordações – não somente sobre presentes de casamento, mas sobre fofocas de família e as boas maneiras de Xangai, sobre gangsteres que apareceram no seu casamento, sobre a inocência – sua burrice! – casando com um homem que mal conhecia.

Minha mãe fotografada por meu pai. Tientsin, China, 1945.

Sei que os leitores vão perguntar: Quanto desta história é verdade? Com *O clube da felicidade e da sorte*, encontrei leitores que achavam que tudo no livro é verdade, que minha ficção é uma simples questão de ditado e memória indelével. Minha mãe reclamou negando vezes sem conta que fosse uma ou todas as mães do meu primeiro livro. "É tudo ficção", disse aos amigos. "Nada disso é verdade. Minha filha tem uma imaginação incrível."

Quando estava escrevendo meu segundo livro, fez questão de me dar alguns conselhos maternos.

– Desta vez – disse –, conte *minha* verdadeira história.

E com sua *permissão* – na verdade sua exigência –, como podia recusar? Como podia resistir? Afinal, a mais rica fonte da minha ficção vem da vida como eu a compreendo – suas contradições, suas perguntas sem resposta, suas viradas inesperadas.

Assim, na verdade, alguns eventos do *A mulher do deus da cozinha* são baseados na vida de minha mãe: seu casamento com aquele "homem mau", a morte dos seus filhos, seu encontro fortuito com meu pai. Porém, pedindo desculpas, confesso que mudei sua história. Inventei personagens que nunca existiram em sua vida: tia Du, Helen, Jiaguo, tia Velha e tia Nova, Amendoim, Bela Betty, Bao-Bao. Levei-a a lugares que não existem: a um mosteiro com plantação de chá em Hangchow, a um povoado no topo de uma montanha chamado Sopro do Céu, a uma loja de fabricantes de tesouras em Kunming, a um baile americano ao qual, na vida real, ela resolveu não ir. Com esses detalhes imaginários, posso honestamente dizer que a história é ficção, não verdade.

Entretanto, está tão perto da verdade quanto posso imaginar. É a história de minha mãe em seus momentos mais importantes para mim: sua paixão, sua vontade, sua esperança, a inocência que ela realmente jamais perdeu. É a razão de minha mãe ter dito "Eu não fui afetada", porque posso finalmente compreender o que queria dizer realmente.

Confissões

Pensamentos de minha mãe retornam como as marés de inverno, revelando os destroços de uma antiga praia. Quase sempre focaliza os anos de 1967, 1968, os anos da morte de meu irmão mais velho e de meu pai.

Foi também em 1968 que ela levou meu irmão mais moço (Didi) e eu para o outro lado do Atlântico, para a Suíça, um lugar tão absurdamente diferente que ela compreendeu que teria de parar de se lamentar se quisesse sobreviver. Naquele ano, ela lembra, minha mãe estava muito, muito triste. Lembro também. Tinha dezesseis anos então, e me lembro de uma noite, muito tarde, quando minha mãe e eu discutíamos no chalé, aquela caixinha de emoções onde morávamos.

Ela me empurrou para o pequeno quarto que compartilhávamos e, dando tapas na minha cabeça, me fez recuar para um canto, ao lado da janela que dava para o lago, os Alpes, o belo mundo lá fora. Minha mãe estava furiosa porque eu tinha arranjado um namorado. Gritava que ele era viciado em drogas, um homem mau que ia me usar para fazer sexo e me jogar fora como lixo.

– Pare de se encontrar com ele! – ordenou.

Balancei a cabeça. Quanto mais me batia, mais implacável eu ficava, e isso por sua vez aumentava o ultraje que ela sentia.

– Você não amava seu pai ou Peter! Quando eles morrem, você nem fica triste.

Com o rosto virado para a janela, continuei imóvel. O que ela sabe sobre tristeza?

Ela começou a soluçar e a bater no peito.

– Prefiro me matar a ver você destruir sua vida!

Suicídio. Quantas vezes havia ameaçado cometer suicídio?

– Queria que você tivesse morrido! Não Peter ou seu pai.

Ela acabava de confirmar o que eu sempre suspeitei. Voou para cima de mim com os punhos fechados.

Então, talvez horrorizada com o que tinha dito, correu para fora do quarto. Graças a Deus tinha acabado. Eu queria poder fumar um cigarro. De repente, voltou. Bateu a porta com força, trancou com a chave. Vi o brilho de um cutelo de açougueiro antes de ela me empurrar para a parede e quase encostar a lâmina em meu pescoço. Seus olhos, como os de um animal, brilhavam, fixos na caça. Com voz alterada, disse:

– Primeiro mato você. Depois Didi e a mim, toda nossa família destruída! – sorriu, arquejante. – Por que você não chora? – Chegou a lâmina mais perto e senti sua respiração apressada.

Estaria blefando? E daí se me matasse? Quem ia se importar? Enquanto ela falava incoerentemente, uma voz dentro de mim choramingava: "Isto é tão triste, tão triste."

Por dez minutos, quinze, mais, me apeguei a esses dois pensamentos – não importava se eu morresse, que seria eternamente triste se eu morresse –, até que de repente senti um estalo, depois uma lufada de esperança no vácuo e estava chorando, fazendo minha confissão com voz entrecortada:

– Quero viver. Quero viver.

Por vinte e cinco anos esqueci aquele dia, e quando a lembrança veio à superfície, inesperadamente, num seminário de escritores onde cada um lembrava os piores momentos de sua vida, tremendo, perguntei a mim mesma: "Pretendia mesmo me matar? Se eu não tivesse implorado, teria usado o cutelo e acabaria com minha vida?"

Eu queria perguntar à minha mãe. Mas só consegui fazer isso muito tempo depois, quando minha mãe começou a esquecer as coisas e fiquei sabendo que tinha Alzheimer. Sabia que se não fizesse certas perguntas agora, jamais saberia as respostas.

Então perguntei.

– Zangada? Bati em você? – ela disse e riu. – Não, não, *não*. Você sempre boa menina, nunca precisou apanhar, nem uma vez.

Era maravilhoso ouvi-la dizer o que nunca fora verdade, mas eu agora seria para sempre a boa menina.

Incrivelmente bela

Certa vez perguntei à minha mãe se eu era bonita segundo os padrões chineses. Devia ter uns vinte anos, e não me achava atraente segundo os padrões de estética americana, baseados em Marilyn Monroe, a modelo perfeita da deusa do sexo.

Lembro que minha mãe examinou atentamente meu rosto antes de responder.

– Para pessoa chinesa, você não é bonita. Você é feia.

Não consegui esconder meu desapontamento.

– Por que você quer ser bonita? – minha mãe me censurou. – Bonita pode ser má sorte, não simplesmente bom. – Ela devia saber disso. Ela tinha nascido com uma beleza natural. Quando tinha quatro anos, as pessoas diziam que nunca tinham visto uma menina tão bonita. – Todo mundo me mimava, os criados, minha avó, minhas tias, porque eu era incrivelmente bela.

Quando chegou à adolescência parecia uma estrela de cinema: rosto em forma de pêra, nariz redondo, mas não muito largo; olhos amendoados grandes com pálpebras duplas; o sorriso com dentes pequenos e perfeitos. Sua pele não tinha "manchas ou pintas", e ela sempre me dizia, mesmo quando já tinha setenta ou oitenta anos:

– Sinta. Ainda macia e lisa.

Aos dezenove anos, casou. Era inocente, ela diz, e seu marido era um homem mau. Na véspera do casamento ele estava com outra mulher. Mais tarde levava as namoradas para casa, para humilhar minha mãe, para provar que seu orgulho e sua beleza não valiam nada. Quando ela fugiu com o homem que viria a ser meu pai, o marido a mandou prender. Os tablóides de Xangai cobriram o julgamento durante meses, e todas as jovens da cidade admiravam suas fotos nas primeiras páginas.

Uma foto minha, aos doze anos, com meu gato Fufu.

– Choravam por mim – disse. – Elas não me conhecem, mas me acham muito bonita para ter aquela vida.

A beleza tinha arruinado a mãe dela também. Um homem rico viu minha avó pouco tempo depois dela enviuvar, passeando na margem do lago.

– Ela era requintada como uma fada – minha mãe informou. – O homem obrigou a viúva a ser sua concubina, desse modo condenando-a a uma vida de desgraça. Depois de dar à luz o filho do homem rico, minha avó se matou, engolindo ópio cru.

Embora minha mãe abominasse minha beleza adolescente, às vezes ela lamentava minha falta de beleza.

– É uma pena que você tenha os pés do seu pai – dizia. Perguntava a si mesma por que eu não herdara nenhum dos traços perfeitos do rosto dela, e dizia que minhas narinas e meus lábios eram muito grossos e minha pele muito escura. Quando tinha dezenove anos, depois de um acidente de carro que deformou meu nariz e minha boca, ela disse que sentia não poder pagar a cirurgia plástica para consertar aquilo, bem como a minha orelha esquerda. A essa altura eu não me importava mais em satisfazer os padrões de beleza de minha mãe, tinha um namorado que me amava.

Nos últimos anos de vida, quando já sofria de Alzheimer, minha mãe nunca esqueceu que era bonita. Eu sempre a fazia rir satisfeita, dizendo o quanto era bela e como eu gostaria de ter aquela beleza. Ela murmurava então que algumas das outras mulheres na clínica tinham inveja da sua beleza. Mas quando perdeu a capacidade de raciocinar e de lembrar, ela também passou a achar que meu rosto tinha mudado.

– Você se parece comigo – disse. Chorei quando minha mãe disse isso. O tempo e a idade tinham permitido maior aproximação entre nós. Agora tínhamos as mesmas rugas formadas pelos mesmos meio-sorrisos cautelosos. Tínhamos a mesma perda de gordura acima dos olhos inocentes, o mesmo queixo franzido escondendo o que realmente sentíamos. Meu espírito tinha se modelado pelo rosto de minha mãe.

Desde que minha mãe morreu, me olho mais no espelho do que quando tinha doze anos. De que modo meu rosto está mudando? Se beleza representa má sorte por que a desejo? Por que quero ter razão para ser vaidosa? Por que quero tanto me parecer com minha mãe?

As palavras mais odiosas

As palavras mais odiosas que eu jamais disse para outro ser humano foram para minha mãe. Tinha dezesseis anos então. Elas nasceram da tempestade no meu peito e deixei-as cair numa fúria de granizo:

– Odeio você. Queria que estivesse morta...

Esperei que ela entrasse em colapso, atingida pelo que eu acabava de dizer. Ela estava ainda de pé, empertigada, o queixo levantado, os lábios distendidos num sorriso insano.

– Tudo bem, talvez eu morra também – replicou, fungando. – Assim não serei mais sua mãe! – Tivemos muitas trocas de palavras como essa. Às vezes ela tentava se matar de verdade, correndo para a rua, encostando uma faca no pescoço. Também sofria tempestades no peito. E o que apontava para mim era rápido e mortal como um relâmpago.

Durante dias depois de nossas discussões, ela não falava comigo. Atormentava-me, agia como se não sentisse nada por mim. Eu estava perdida para ela. Por causa disso, eu perdia, uma após a outra, todas as batalhas. Quando ela me criticava, me humilhava na frente dos outros, me proibia de fazer uma coisa ou outra, sem sequer tentar ouvir por que devia ser o contrário, jurei a mim mesma que jamais esqueceria essas injustiças. Eu as guardaria, endureceria meu coração, me faria tão impenetrável quanto ela.

Lembro-me disso agora porque estou recordando também outra ocasião de poucos anos atrás. Eu tinha quarenta e sete anos, era uma pessoa diferente, tinha me tornado uma escritora de ficção, uma pessoa que usa a memória e a imaginação. Na verdade, estava escrevendo a história de uma jovem e sua mãe quando o telefone tocou.

Era minha mãe, e isso me surpreendeu. Alguém a teria ajudado a fazer a ligação? Já agora, sua mente desaparecia levada pelo mal de Alzheimer. No começo esqueceu de trancar a porta. Depois esqueceu onde morava. Não conhecia as pessoas e não sabia o que significavam para ela. Ultimamente não podia mais lembrar de grande parte de suas preocupações e sofrimentos.

– Amy-ah – ela disse, e começou a falar depressa, em chinês: – Há alguma coisa errada com minha mente. Acho que estou ficando louca.

Prendi a respiração. Geralmente mal podia falar mais de duas palavras de cada vez.

– Não se preocupe – comecei a dizer.

– É verdade – continuou. – Sinto que não posso lembrar muitas coisas. Não consigo lembrar o que fiz ontem. Não lembro do que aconteceu há muito tempo, do que eu fiz para você... – falava como se estivesse se afogando e tivesse subido à superfície com a força de vontade de viver, só para ver o quanto já tinha se afastado da praia.

E falava freneticamente:

– Sei que fiz alguma coisa para magoar você.

– Não, não fez – neguei. – Não se preocupe.

– Fiz coisas terríveis. Mas agora não posso lembrar o quê... E eu só quero dizer para você... Espero que você possa esquecer, como eu esqueci.

Tentei rir para que ela não notasse minha voz embargada.

– Realmente não tem com que se preocupar.

– Tudo bem. Só queria que você soubesse.

Depois que desligamos, chorei, feliz e triste. Eu era outra vez aquela menina de dezesseis anos, mas a tempestade em meu peito tinha ido embora.

Minha mãe morreu seis meses depois. Tinha me legado suas palavras mais benéficas, tão abertas e eternas quanto um céu claro e azul. Juntas descobrimos em nossos corações o que devemos recordar, o que podemos esquecer.

Meu caso de amor com Vladimir Nabokov

Depois de cinco anos ouvindo a pergunta em público "Qual é seu livro preferido de todos os tempos?", devem imaginar que eu tivesse uma resposta definitiva. Mas, para mim, ter de escolher o melhor livro evoca visões terríveis do colégio, quando esperava ser escolhida como amiga de alguém. Porque minha família se mudava quase todos os anos, os livros eram meu consolo e eu queria abraçar todos eles.

Certamente *Jane Eyre* está entre os melhores. Seu ambiente triste e frio combina com meu interior emocional. Identifiquei-me com a alienação de Jane, suas escassas esperanças. Além disso, adorei sua coragem. Estava confinada pelas circunstâncias, mas mesmo assim era sutilmente rebelde e espiritualmente subversiva. Com *Jane Eyre* adquiri uma preferência literária pela atmosfera gótica e a escura ressonância emocional.

Quero dizer também que o dicionário, um dicionário completo, é o melhor. Leio listas de palavras como se fossem histórias. No interior das suas pequenas diferenças vejo possibilidades. Como muitos escritores, sou passional quando se trata de palavras. Até hoje, adoro ler dicionários, incluindo léxicos de línguas mortas. Adoro o som e a forma das palavras, o modo como certas consoantes se fundem e evocam imagens paralelas: *glow, glisten, glimmer, glen,* e mais *flabby, flap, flop, flotsam, flatter, flatulence.* A origem das palavras me fascina, como nasceram, como foram usadas pela primeira vez. Dentro de suas histórias há mais histórias. O dicionário é minha Scheherazade. Além disso, ele pode soletrar Scheherazade.

Há também *Love Medicine*, de Louise Erdrich, e *Annie John*, de Jamaica Kincaid. Li e reli esses dois livros muitas vezes, e sempre me inspiram a pensar na qualidade narrativa que amo nas histórias. *Love Medicine* foi o livro que me levou a procurar minha voz. Influenciou minhas primeiras tentativas de escrever ficção.

Finalmente, temos o teste Litmus obrigatório da literatura. Muitas vezes me perguntam: se estivesse numa ilha deserta, qual livro, além de *Como sair de uma ilha deserta*, eu queria ter? Para diversão infindável e enigmas literários, escolheria *Lolita*, de Vladimir Nabokov. Muitas vezes releio passagens desse livro, saboreio a linguagem e sinto a "satisfação estética" que Nabokov chamava de seu esforço literário. Sou apaixonada por sua fantasia, seu humor, a prodigalidade de alusões e rituais ocultos, bem como pelo ritmo perfeito da paródia e da prosódia, a tendência do estilo. A frase entre parênteses "piquenique, relâmpago" é uma das mais trágicas, maravilhosas e cômicas imagens de toda a literatura. É uma maravilha em miniatura. Para mim, ler *Lolita* significa um tórrido caso de amor com a língua inglesa, e quase todos os escritores que conheço têm se maravilhado com sua prosa.

Então há o bônus da edição anotada por Alfred Appel Jr. que inclui um brilhante epílogo do próprio Nabokov. As anotações, quase tão longas quanto o livro, são uma lembrança brilhante da alegria pura de escrever, da sua interação com a vida. Frases em francês, jogos de palavras e poemas, referências à geografia e a lepidópteros, bem como às rodovias escrupulosamente citadas, muitas vezes com notas do próprio Nabokov. Esta edição é semelhante a DVD, com bônus de caminhos e retiradas de material, muitas vezes com a explicação do diretor de como a cena da batida não foi real. Nisso vemos a deliberação absoluta com que os detalhes foram escolhidos. Há uma razão para tudo, para os nomes, por exemplo. Por que Humbert Humbert e não Hugo, Harold ou Horácio? Por que Dolores, Lo, Lolita. Por que Quilty? Como escritor, você pensa: "Que estilo! Que inteligência! Como tenho sido descuidado com minhas escolhas."

Meu fascínio por Nabokov é também pessoal. Em 1968, a sorte ou o destino levou minha família à pitoresca Montreux, na Suíça, onde Nabokov viveu de 1959 até sua morte, em 1977. Embora não possa afirmar com certeza que o conheci, lembro o hotel onde morava, o Montreux Palace, uma estrutura majestosa ao lado do lago Genebra, em cujo espelho das águas era possível ver o reflexo perfeito dos Alpes na margem oposta. Meus amigos e eu muitas vezes passávamos pelo hotel, filando cigarros uns dos outros. E uma vez que Montreux era uma pequena cidade turística em 1968, posso dizer, sem exagerar, que provavelmente meu caminho e o de Nabokov tenham se cruzado.

Posso imaginar. Lá estou, com meu vestido de flores amarelas e cor-de-rosa, meu cabelo até a cintura solto ao vento, enquanto corro para o encontro secreto com meu namorado Franz, que espera por mim num café no encantador vilarejo alpino de Les Avants. A uns cinco passos do chalé da minha família está o ponto final do funicular, um carro com cremalheiras que sobe a centenas de metros para Les Avants, que é também um campo de caça para muitos amantes dos lepidópteros, incluindo Nabokov. Num dos bancos do funicular está um homem velho – aos dezesseis anos é difícil definir a palavra "velho", mas calculo que deve ter pelo menos sessenta anos. Usa óculos de lentes grandes, paletó de *tweed* e fortes sapatos marrons. Numa das mãos tem uma rede de apanhar borboletas e, no colo, um bloco de desenho. Não olha para mim, não diz uma palavra.

Quando o carro começa a se mover, ligo meu toca-fitas, presente do meu namorado. O som suave de "Jumping Jack Flash", dos Stones, combina com o cenário. Bruscamente o homem se inclina para mim e diz apenas uma palavra, "*Mademoiselle*". Seus olhos de cobra se fixam nos meus e fico hipnotizada de medo. Aperto outro botão e a música pára. Durante os cinco minutos seguintes, somos dois estranhos, subindo em silêncio para o mesmo paraíso verde, mas há quilômetros de distância um do outro em nossos pensamentos. No meu caso, penso que o homem na minha frente me dá arrepios.

Jamais teria me ocorrido que aquele velho rabugento podia ser Vladimir Nabokov. Aos dezesseis anos, tudo o que sabia sobre Nabokov era que, como Henry Miller e D. H. Lawrence, tinha escrito um livro sobre sexo e nele incluía um pervertido. O fato de o livro ter sido banido era suficiente para que eu o considerasse uma leitura obrigatória.

Mas vinte anos se passaram antes que lesse *Lolita*. E agora é tão grande minha admiração por Nabokov que me arrependo de não o ter conhecido quando nós dois morávamos no pequeno vilarejo. Tenho procurado lembrar as ocasiões em que podíamos ter ocupado o mesmo espaço, aquela vez no funicular, por exemplo. Eu não devia ter tocado aquela música horrível. Devia ter dito alguma coisa inteligente. É possível que eu nunca tenha tido chance? Afinal, a cena no funicular foi apenas uma criação ilusória. Eu a inventei.

Minha editora, Faith Sale, disse que, por eu não ter conhecido Nabokov, tinha me livrado de ficar marcada para a vida toda. Ela estudava na Cornell quando Nabokov lecionava lá, e lembrava que as palavras dele eram tão brutais, seus modos tão arrogantes, que podia reduzir alunos pretensiosos a idiotas lamurientos, se arrastando de quatro. Era pior ainda com críticos e acadêmicos. Era um darwinista literário que classificaria os críticos entre os fungos, os esporos e o bolor. Li um livro que trazia em grande parte suas respostas aos críticos, e as páginas ardem lentamente quando as viramos. Acho que ele não era generoso ou compassivo com a maioria das pessoas que zumbem pela vida, como eu faço muitas vezes. Era, na verdade, do tipo que descreve piscinas públicas repletas de gente como placas de Petri.

Mas essas informações sobre a maldade de Nabokov não diminuem minha admiração por ele. Ao contrário. Qual o escritor que, recebendo críticas adversas, não aproveitaria a oportunidade para jogar no rosto de um crítico maldoso uma simbólica torta de creme? Digo isso ainda que por princípio não leia críticas dos meus livros, boas, ruins ou mais ou menos. Não acho prudente pôr meu amor-próprio nas mãos de estranhos.

Porém, uma vez ou outra, um amigo bem-intencionado põe uma crítica desfavorável debaixo do meu nariz, proclamando em voz alta: "Embora ele trabalhe para o maior e mais influente jornal do mundo, peço licença para discordar. Não acho que seja *tão* horrível assim." Quando ouço coisas como essa, fico reduzida ao nível emocional de uma pária de seis anos, suportando zombarias no colégio por levar comida chinesa na lancheira. As palavras ficam ininteligíveis como mijo de gato em meu travesseiro. *Não* consigo dormir, procurando meios de não pensar nelas. Durante horas, focalizo pensamentos do tipo Zen – mente certa, atitude certa, união com o próprio eu –, mas à medida que a noite passa, bonecos de vodu me vêm à mente usados contra um namorado infiel; o feitiço – juro por Deus – o deixou impotente por dois anos inteiros. Sim, sou a favor da vingança de Nabokov.

Vingança à parte, sonho em escrever minhas anotações um dia, como as da edição de Appel de *Lolita*. O livro inclui, entre outras coisas, os nomes dos motéis em que Nabokov e sua mulher se hospedaram durante uma expedição de caça às borboletas. Adoto uma abordagem semelhante. Consideremos as numerosas vezes que menciono comida nos meus livros. Ao contrário do que é sugerido na análise das *Cliffsnotes*, não é minha intenção escrever sobre bolinhos ou tortas de peixe ou de arroz como símbolos de abundância. Estão ali pelo simples motivo de fome e pragmatismo. Do modo como vejo as coisas, pedi camarões, peixe de água salgada e bolinhos de sementes de sésamo num restaurante, e no dia seguinte escrevi sobre esses pratos. A conta do jantar ficou isenta de imposto, tenho sido considerada uma pesquisa necessária.

Meu marido, o advogado conservador de impostos, muitas vezes discute comigo sobre meu método de escrever e depois apagar. Bandeira vermelha ou não, digo-lhe que esse método me ajuda a decidir como melhor extrair elementos ficcionais da vida cotidiana. Por exemplo, adornos étnicos que comprei se transformam em "detalhes autênticos", lugares fascinantes que visitei se tornam "montagens"; safáris e aulas de esqui são "ação". Quando surgem dificuldades, com deslizamento de lama e pernas quebradas, são transformadas em "enredo", e o modo como as manejo é chamado "personagem". Delineio a fórmula para edificação do amor do meu marido pelos números:

> Detalhes autênticos + locais + ação + enredo+ personagem = romance americano
> Romance americano = trabalho
> Trabalho = isenção de impostos (somente renda americana, de acordo com a cláusula de *itemização* do romance americano).

Meu marido não se impressiona tanto quanto eu com Nabokov ou com as minhas fórmulas. Ele rejeita as deduções.

Mesmo assim, Nabokov permanece em minha mente como modelo. Quando me perguntam qual é meu livro favorito de todos os tempos, lembro-me daquela garota no funicular, um velho homem com a rede de caçar borboletas, sentado à frente.

Embora pareça mergulhado em doce divagação, o interrompo gentilmente para dizer: "A propósito, adoro seus livros." Ele sorri e me agradece.

É tudo ficção, prazer estético. E agora que escrevi, posso lembrar disso como uma querida memória da verdade.

SORTE, CHANCE E UMA VIDA ENCANTADA

Então Amendoim encontrou uma cartomante que a agradou, uma mulher gorda, com um largo sorriso que prometia saber tudo – amor, casamento, riqueza. Uma tabuleta na frente da tenda afirmava que possuía as mais promissoras varetas da fortuna, conhecia todos os números da sorte, todas as combinações para um casamento feliz, os melhores dias para tomar decisões de negócios, remédios para transformar a má sorte numa fantástica boa sorte. Tudo garantido.

A mulher do deus da cozinha

Decoração inferior

Não sou exageradamente supersticiosa. Mas também não me arrisco desnecessariamente.

Por que se arriscar a desagradar os deuses (ou Deus, Buda e as musas) quando um simples borrifo de encantos de boa sorte e alguns sinais de respeito podem fazer o Céu sorrir para a Terra? (Por falar na elevada perspectiva dos santos, minha mãe me disse que eu devia pendurar minhas flâmulas escritas em chinês de cabeça *para baixo*; desse modo os que estão lá em cima podem ler mais facilmente. Nada aborrece mais os deuses do que ter de virar suas sagradas cabeças para ler o pedido de um simples mortal suspenso quilômetros abaixo deles.)

Se você entrar na minha casa, provavelmente não verá os indícios óbvios de que ponho minha vida nas mãos da intervenção divina ou, para dizer assim, nas mãos de um decorador de interiores. A primeira impressão, espero, é de uma casa aconchegante, despretensiosa e inteligente, destinada a acomodar as bolas de pêlo de um gato. Mas se você ficar para o chá, talvez comece a notar o que meu marido chama de "amontoado" ou, às vezes, de "lixo da Amy".

São os meus amuletos da sorte, a maioria sob a forma de dragões, peixes, espelhos em lugares estratégicos e, que o céu me perdoe, cristais da Nova Era. (Quanto ao desvio cultural destes últimos, não há nada de místico em sua inclusão. Acontece que concordo com o que minha sobrinha Melissa me disse certa vez – que aquece o coração ver o Sr. Sol brincando com o Sr. Espelho.)

No hall de entrada, no topo da escada, fica uma cadeira de pau-rosa, um pouco do capricho chinês pelo estilo gótico nos anos 20. O arco do espaldar e os braços são entalhados com figuras de dragões, com os olhos penetrantes de marfim, embutidos, guardando sua dona, eu, outro dragão. Ao lado da cadeira há uma gaiola de pássaros, de bambu. Dentro dela apenas uma turquesa da sorte e moedas chinesas de cobre. Enquanto isso, os pássaros (de plástico, feitos em Taiwan), fora da gaiola, piam avisos sempre que a gaiola ou o dinheiro são perturbados. Num suporte entalhado, no lado oposto, está um vaso de porcelana dentro do qual posso entrar se quiser. Se você olhar dentro do vaso, verá pintado um peixe dourado com cabeça de leão nadando, que, acoplado a um sistema de alarme eletrônico, é excelente para afastar os maus espíritos e os ladrões. Acima do vaso há um espelho emoldurado por um entalhe do século XIX de um dragão.

Uma palavra sobre espelhos. Supostamente podem afastar a má sorte ou atrair a boa. Não tenho certeza de quais leis da física se aplicam. Tudo o que sei é que tive um vizinho que martelava a noite inteira, fazendo meu marido e eu subirmos pelas paredes. Depois que apontamos um espelho curvo na direção dele, houve *total silêncio*. Na minha casa atual, o espelho do dragão está voltado diretamente para um bom vizinho que nos cedeu vagas em sua garagem. Não temos garagem, mas geralmente tenho a sorte de encontrar vaga em frente a minha porta.

Minha sala de trabalho é onde usei a maior parte da minha habilidade de decoradora. Campainhas, flâmulas com dizeres de boa sorte e peixes de madeira se espalham pela sala – bem como uma piranha empalhada, contra distrações do meu trabalho.

E a localização da minha sala de trabalho é especialmente auspiciosa, de acordo com os princípios chineses do *feng shui* ("vento e água"). As três grandes janelas dão para os telhados vizinhos e para o norte, na direção da água e das montanhas. Em termos dos princípios imobiliários de San Francisco, isso significa que tenho uma vista privilegiada da floresta de eucaliptos, da ponte Golden Gate, da baía de San Francisco, da ilha Angel, de Marin Headlands e Tiburon. Mas é aí que os deuses chineses entram em conflito com as musas literárias. As musas decretaram que eu devia instalar uma persiana cobrindo a vista, para melhor me concentrar na tela do computador e não nos veleiros, nos pombos namorando e nos técnicos da TV a cabo que andam nos telhados.

Por falar em tela do computador, há alguns anos, quando escrevia meu primeiro livro, preguei com adesivo uma mensagem na parte superior da minha tela que dizia: "Chame seu anjo da guarda." Era para lembrar das minhas fontes de inspiração. Certo dia minha mãe viu a mensagem e começou a conversar com meu computador, pensando que era ali que sua mãe, que ela considerava minha musa, morava agora em magnífico esplendor. Bem, para o caso de um espírito de cem anos ser mesmo a minha musa, adicionei três bambus com pinceladas caligráficas na parte inferior do monitor, bem como matracas do Tibete.

Meu melhor e preferido amuleto está num canto do meu escritório. É uma belíssima estátua chinesa de porcelana pintada, com mais ou menos trinta centímetros de altura. Eu cresci vendo estátuas em restaurantes e lojas chinesas. Na maior parte ficam em pequenos templos onde recebem ofertas de chá e laranjas. Os lojistas geralmente escolhem um deus, ou uma deusa, que corresponda ao tipo de boa sorte que querem ver entrar por sua porta, digamos o deus do dinheiro para um movimento constante da caixa registradora ou o deus da guerra para negócios agressivos.

Escolhi uma deusa anônima quando escrevia meu segundo livro, ainda sem título. Achei que não seria educado pedir coisas vulgares, como boas críticas, ou constar das listas dos mais vendidos. E, de qualquer modo, se fosse um pouco parecida com

A inspiração para decoração vem dos meus ancestrais...

minha mãe, minha deusa nunca ouvira falar no *New York Times*. No fim, pedi somente que me fosse dado escrever o melhor livro possível e que, não importando o que acontecesse, eu não me arrependeria nem ficaria triste. Chamei minha estátua de Senhora sem Arrependimento e intitulei o último capítulo do livro em sua honra. Dei ao livro o título *A mulher do deus da cozinha*, como ela era conhecida como a mulher traída de um marido infiel. Ofereci-lhe minigarrafas de Jack Daniels dos aviões.

Será que essas coisas funcionam realmente? Tudo o que sei é que tenho tido uma sorte incrível nestes últimos anos. O que pode me faltar em termos de noção de estilo é mais do que compensado por dar a mim mesma a noção de boa sorte.

E se minha sorte chinesa acabar, não é problema. Tenho os talismãs padrões americanos também: seguro e advogados.

Sala com uma vista, cozinha nova e fantasmas

Nossa casa em San Francisco, com três lances de escadas de disparar o coração, tem alguns toques poucos comuns: um mirante com vista para a Ponte Golden Gate, paredes grossas cheias de crina de cavalo e um sótão reformado que, até recentemente, era ocupado – não posso ser sutil – por um fantasma.

Vejam bem, não era um fantasma comum. Sim, ouvíamos os efeitos sonoros sinistros: passos correndo escada acima e escada abaixo, portas batendo, objetos caindo no chão. Mas o que fazia de nosso visitante um ser especial era seu gosto pela música espiritual. Gostava da música de *Jeopardy!*, que infelizmente é o tipo de melodia que não se pode tirar da cabeça quando se tenta escrever um livro sobre a China no começo do século.

Na primeira vez em que nós ouvimos o fantasma, estávamos jantando na cozinha. Uma música mal assobiada soou vinda da parte de trás. Perguntei a Lou: "Foi você quem fez isso?" E Lou, que não acredita no sobrenatural, respondeu: "Não... Não foi você?"

Na segunda vez em que ouvimos, verificamos nossos trabalhos dentários. Nossos hóspedes perguntaram nervosamente sobre os sons que ouviram durante a noite. Os pintores reclamaram que a tinta mudava de cor nas paredes. E uma vez, às três horas da manhã, nossa televisão ligou sozinha, com o volume alto, sintonizada num programa no qual um pastor gritava dizendo que devíamos dar nossas almas para Jesus e nosso dinheiro para um telefone 0800. Eu fiz o que qualquer dona-de-casa respeitável faria. Procurei nas Páginas Amarelas e encontrei um engenheiro estrutural que era também um curandeiro psíquico de casas. De um modo ou de outro, queríamos ir ao fundo da questão. E fosse o que fosse, seria material interessante para um livro.

No dia de caça ao fantasma, convidei alguns amigos para servir de testemunhas. Quem declinaria de uma oportunidade dessas, mesmo que não acreditasse em fenômenos sobrenaturais?

Nosso caçador de fantasmas, George, era um chinês de meia-idade com um ar sensato e um rosto bondoso. Ninguém diria que aquela era sua profissão. Bateu em nossas paredes e pulou no assoalho para testar o rangido.

– Bastante sólido – disse. – Vocês têm uma bela casa.

Então começou a expulsão do espírito andando pela casa. Primeiro na sala de estar.

– Definitivamente feminino – afirmou. – Ela morou aqui no passado... tenho essa sensação. É muito forte. Muitos momentos felizes aqui com a família. Vocês recentemente fizeram alguma coisa para mudar o ambiente?

– Nós pintamos. – Indiquei as paredes em vermelho chinês.

George assentiu balançando a cabeça.

– Ela está me dizendo: "Veja o que eles fizeram com minha bela cozinha."

Fiquei um pouco ofendida com a crítica do "nosso fantasma". Passamos para o quarto de hóspedes.

– Oh, ela gosta muito deste quarto – George disse. – Era seu quarto de dormir. – Nossos pobres hóspedes! Subimos para o sótão, que agora tinha uma mesa de bilhar. George ficou imóvel usando suas antenas. – Ela passa a maior parte do tempo aqui – Lou e eu assentimos. Ele apontou para os beirais. – Esconde-se ali – assentimos outra vez em silêncio. Os passos e os barulhos geralmente vinham dali.

George disse que precisávamos realizar uma cerimônia num quarto quieto e escuro. Descemos para a sala de jantar com os painéis sombrios de madeira nas paredes e nos armários. Fechei a cortina pesada e a porta de vidro de correr.

Um sino foi tocado e nós todos demos as mãos dizendo "Om", com longas exalações de ar. Depois de fazer isso sete vezes, a sala estava quente com o nervosismo de todos. George ergueu uma vasilha cantante tibetana e passou uma vareta em volta da borda, até a vasilha cantar com um som que ressoou em nossos corpos. Lembrei-me da trilha sonora de filmes B, nos quais espaçonaves tremulantes podem ser vistas dependuradas em cordas muito finas.

As preces começaram. "Sentimos ter de dizer que não está mais neste mundo. Isso pode ser um choque para você, mas, por favor, saiba que outra dimensão a aguarda. Não é bom continuar presa na Terra por mais tempo. Pedimos que vá para Deus e para os que a amam..."

A vasilha cantante continuou a cantar. Nós continuamos a esperar, sem saber aonde aquele ritual chegaria. O fantasma ia se revelar? Ia chiar como água fria jogada no fogo e derreter como a feiticeira de *O mágico de Oz*?

De repente a vasilha cantou uma quinta nota mais alta e mais suave, e a temperatura na sala caiu uns dez graus. George parou de rezar.

– Ela se foi. Podem sentir? – Fizemos que sim com a cabeça. Nós pagamos George, e ele garantiu que não teríamos mais problemas, pelo menos não com aquele espírito.

Será que acredito realmente em fantasmas? Vocês acham que nossa casa estava mesmo assombrada? Quanto a isso, fico em silêncio. Bem como o nosso fantasma.

Retirada para a realidade

Meu marido e eu por acaso encontramos um prado escondido na margem do rio Truck quando a luz de agosto esmaecia num anoitecer alpino. Foi o momento maravilhoso em que avistamos uma trilha que chegava a uma pequena casa de madeira vermelha, de livro de histórias. Ao crepúsculo, a cena tinha a aura onírica da imaginação da infância, a casa de João e Maria, de Cachinhos Dourados e os Três Ursos.

Na varanda da frente cabiam somente duas cadeiras, e para um interlúdio romântico. Dali podíamos admirar a chegada do crepúsculo, as estrelas, uma lua que começava a aparecer. Podíamos sentar em silêncio, contentes, numa noite como aquela, vendo a sombra da floresta como uma tela fina cinza-esverdeada, sentindo o ar frio, ouvindo o canto dos mosquitos, seguindo os morcegos que pairavam no ar e mergulhavam. Então, cedo demais, como se o prado fosse um palco aberto, a cortina da noite desceu, transformando toda aquela beleza numa vaga lembrança.

Respiramos fundo, com inveja de quem morava ali. Um refúgio magnífico em sua simplicidade. O que Walden era para Thoreau, imaginei, Tahoe podia ser para Tan. Estar ali fez-me desejar fazer poesia.

– Só a três quilômetros de Squaw – Lou comentou. – Nada mal para guardar seu equipamento de esqui.

Acontece que a pequena casa estava à venda. O dono tinha mudado há seis meses e o imóvel estava alugado. Quando um corretor nos levou para ver, ficamos sabendo que a casa era habitada por animais, isto é três espécimes de *jockus extremus*, subespécie patrulha de esqui, sub-subespécie de prado alpino. A prova estava no ar: cerveja velha e suor carregado, roupas não lavadas e sacos de dormir mofados, um chuveiro embolorado e dois vasos muito sujos. No centro da cozinha era a ode ao estilo de vida atlético: cereais de várias espécies, burritos comidos pela metade. Entrei num quarto cheio de equipamento esportivo para as quatro estações – botas de caminhada e sandálias para rio, suportes de metal para escalar montanhas e remos, cordas de rappel e botinas, mapas topográficos e revistas indecentes, sungas, sutiãs e – contei – uma, duas, *três* camisinhas usadas.

Uma seria nojento, duas impressionante, mas três era definitivamente exagero, por assim dizer. Nós sabíamos o que os gonzos estavam fazendo. Bela tentativa, caras, mas sou escritora. Tenho imaginação. Vejo a sujeira, o ardil, o esforço grosseiro para manter este lugar como um Clube de Patrulha de Esqui e não estou me impressionando nem um pouco. Arranjem outro lugar para alugar, meninos.

Dois meses depois, o negócio resolvido, Dave, o dono, teve a bondade de ir até a cabana para nos dar alguns conselhos sobre a diferença de morar em um lugar afastado.

– Vocês não podem chamar um táxi quando a avalanche bloqueia as estradas – aconselhou. – Conheci um homem que costumava sair sozinho na neve alta. Na primavera, o limpa-neve o colheu como se fosse uma petúnia. – Lou e eu trocamos olhares pacientes. Aquele cara pensava que éramos idiotas. Na verdade, éramos mochileiros experientes, bons esquiadores. Acampávamos na neve, sobrevivíamos a tempestades com relâmpagos, espantávamos uma dúzia de ursos de uma vez. Ele continuou: – Estão vendo aquela árvore? Não parece, mas está morta. Pode-se ver pelo líquen. Acho melhor derrubá-la antes que caia nos seus tanques de propano. Aquela árvore quebra seu tanque – bum! Vocês e a cabana vão parar em Harrah's, na praia do sul.

– Nós não vamos arriscar – Lou respondeu, com uma piscadela para mim.

Dave continuou:

– Agora, tem outra coisa. Grande problema. *Grande*. Esquilos.

– Esquilos – repetimos.

– Esquilos de manto dourado – afirmou. – Coisinhas pequenas, bonitinhas como o Tico e Teco dos desenhos animados. Mas deixem que diga, são perigosos. Diabo, são bonitinhos como escorpiões. Nunca dê comida a eles. Invadirão a cabana, deixando-os loucos. – Balançamos a cabeça assentindo, obedientemente. Imaginei se viver no bosque tantos anos teria deixado Dave rabugento. Era como começava a me sentir por morar na cidade – uma cínica, a extensão humana de um telefone sempre à espera, ansiosa para empurrar a vida para longe, em lugar de abraçá-la. Por isso precisava ficar em Tahoe. Queria me sentir outra vez agradecida por ser parte do mundo. Gratidão leva à generosidade de espírito, e era isso que minha alma exigia para que eu pudesse escrever.

Não tinha idéia, então, de que os membros da patrulha de esqui já tinham executado sua vingança. Não apenas tinham alimentado os esquilos. Deviam lhe ter oferecido refeições matutinas regadas a champanhe, piqueniques com churrasco e bufês à meia-noite.

Chamamos o primeiro esquilo de Fred. Ele dançava em volta de nós quando estávamos trabalhando, rodopiando e cabriolando graciosamente como Fred Astaire. Nossa filosofia era "viva e deixe viver", isto é, até Fred subir pela minha perna quando eu aplicava tinta de sequóia em duas estantes de livros. A criatura grudou na minha calça e gritou como quem diz: "Que diabo, me dê comida!" Gritei e praguejei, tentando me livrar dele, e Lou correu para mim no momento exato em que Fred saltou para um pincel que estava em cima de uma lata de tinta vermelha. O pincel estremeceu por dois segundos, e então mergulhou com esquilo e tudo. Fred, agora vermelho, saltou para fora da lata e deixou um rastro vermelho até a árvore mais próxima.

No outono, os esquilos se jogavam contra nossa porta, as unhas presas na tela, tentando entrar. Eu estava escrevendo quase com perfeita concentração, num ponto importante da história, uma epifania, quando uma bola com a rapidez do relâmpago grudou na tela da janela, olhando maldosamente para mim. Além de escrever e refletir, eu podia me unir completamente à natureza, apanhando bolinhas negras de excremento ou enfiando bolas de lã de aço (que parecem travesseiros de meditação) nos buracos feitos pelos esquilos nos painéis de pinho das paredes.

No inverno nós freqüentemente íamos esquiar em Tahoe. Depois de um dia difícil na pista de neve, voltávamos para nossa aconchegante cabana, acendíamos o fogão à lenha, vestíamos nossas roupas de flanela e começávamos um curso de estudo doméstico, "Os hábitos curiosos da família *sciuridae*". Pessoas ignorantes dirão que esquilos engordam comendo bolotas durante o outono, depois hibernam durante todo o inverno. Puro mito. Na realidade, procuram alimento durante os sete dias da semana, cinqüenta semanas por ano. E esqueçam as bolotas. Eles preferem pipoca branca com manteiga, *bagels*, bacon servido em armadilhas apanha-e-solta (compramos duas), bem como um ocasional sabonete ou um tapete *kilim* antigo.

Depois de se fartar, os esquilos não dormem, sequer cochilam. Organizam aulas de *swing* debaixo das árvores ao ritmo de rock de uma unidade ultra-sônica de controle de pragas (compramos três). Dançam e pulam em horas adiantadas da noite, fazendo tanto barulho que minha mãe certa vez pensou que um "grande esquilo" fosse um galho de árvore de cinqüenta quilos caindo em nosso telhado.

Observações semelhantes levaram-nos a supor que esquilos são provavelmente os verdadeiros responsáveis por histórias de atividades de *poltergeists*. Na próxima vez em que você vir uma vela ou um vidro de especiarias voando, note se não há uma pequena criatura rindo em algum lugar, a poucos metros de distância. Assim como lâmpadas que piscam podem ter seus fios roídos por minúsculos dentinhos, verifique. Parentes distantes da operária abelha e do castor, os esquilos estão sempre trabalhando, incansáveis, à procura de qualquer espaço mínimo entre a parede e os habitantes da casa que cresceram ouvindo histórias de ratos que roem os narizes de bebês adormecidos.

Chegou a primavera e, quando a neve derreteu, contratamos um cortador de árvores para derrubar o pinheiro morto que Dave falara. Quinze metros de madeira caíram, a terra tremeu e o tronco rachou, revelando uma massa cor-de-rosa como algodão-doce velho. O cortador de árvores olhou em volta e anunciou gravemente: "Aí está seu material isolante. Os esquilos transformaram a árvore num prédio de apartamentos para o inverno."

Há anos tivemos nosso primeiro encontro com Fred. Fizemos as pazes com os esquilos, isto é, aprendemos a aceitar seus hábitos, assim como eles se ajustaram aos nossos. Não nos importamos com o tapete rasgado, nem com o sapato de esqui roído. Isso nos convém. É o verdadeiro Tahoe, vida selvagem ao ar livre, uma verdadeira espécie de aventura. Quando me refugio na cabana, gosto de mergulhar no mundo com o espírito de um escritor como Jack London. Lobos uivando ou esquilos gritando – com um pouco de imaginação, são praticamente a mesma coisa.

Este ano, acredito ter alcançado um novo nível de harmonia. Livrei-me da raiva, da frustração, das armadilhas prende-e-solta. Passei a pensar nos esquilos como inspiração para um livro, na verdade uma história como *O iluminado* e *Misery,* de Stephen King, ou o filme de Alfred Hitchcock *Os pássaros,* só que mais assustador.

A história começa numa cabana na margem de um rio. Nela mora uma escritora quieta e amável. Mas ela é expulsa por um bando de violentos desordeiros da patrulha de esqui que compram a casa. Certo dia a escritora volta com uma sacola de *muffins* e, à meia-noite, os espalha em volta da cabana. Quanto ao resto, vocês têm de esperar. Preciso fazer mais pesquisas.

Os *muffins* estão quase prontos para sair do forno.

Meu cabelo, meu rosto, minhas unhas

Geralmente sinto-me constrangida quando escrevo de improviso, mas às vezes as situações que descrevo exigem a imediação de um formato não editado. Este e-mail foi escrito para amigos que sabiam que eu e Lou estávamos em Tahoe, em resposta às suas perguntas de "Vocês estão bem?".

Primeiro, estamos bem, de volta a San Francisco. A cabana, entretanto, é outra questão. Não sabemos como vai ficar, dado o que deixamos. No dia 1º de janeiro, vimos o rio Truck começar a subir. Normalmente o rio corre cerca de dois metros e meio abaixo da nossa ponte. Quase sempre, no inverno, pode-se patinar no gelo. Na quarta-feira a água estava apenas alguns centímetros da ponte cheia de troncos e entulho. A estrada para Tahoe e para Tahoe City estava fechada por causa da enchente, e como estávamos aquecidos e confortáveis na cabana, resolvemos simplesmente esperar. Mas para cobrir nossas bases, levamos o carro para o outro lado da ponte. Desse modo, se a ponte fosse levada pela água, poderíamos ir a pé, na neve, seguindo a margem do rio, para o outro lado, até o River Ranch, na estrada Alpine Meadows, depois chegar até o carro. Pelo menos foi o que pensamos...

Para aborrecimento de Lou, durante o jantar liguei meu computador para conversar com pessoas do canal do tempo. Descrevi nossa situação, exagerando o perigo:

– O rio pode subir e levar nossa ponte – digitei.

– Precisam ser resgatados? – alguém digitou.

– Não – respondi.

Na quinta-feira, antes do amanhecer, nós ouvimos um estrondo, diferente do barulho da chuva forte (que caía sem parar há cinco dias). Para mim pareceu que o rio subira tanto que ia passar por cima da cabana. Jan, nossa hóspede, dormia a sono solto lá embaixo. Lou e eu nos levantamos, abrimos a porta e olhamos para fora.

– Vento – ele sugeriu.

E eu disse:

– Então por que as árvores não estão sendo sacudidas?

Às oito horas da manhã, John Leavitt, de uma cabana vizinha, nos disse que toda a área estava devastada. O ronco que tínhamos ouvido à noite era um deslizamento de terra que estava apenas a uns quinze metros da nossa cabana. O deslizamento que começou no alto da montanha carregou dezenas de árvores enormes, pedras do tamanho de carros e jogou o pântano dentro do rio. O rio estava marrom de lama e cheio de árvores com trinta metros de altura. Nossa estrada de cascalho, com uma só pista, estava agora cortada ao meio por quedas-d'água e regatos. Ao longo da estrada havia cabos de força derrubados. E perto da ponte, um grande deslizamento tinha aberto um vale do tamanho de um campo de futebol na montanha, derrubando árvores a sua passagem como pedras de dominó, revirando a terra de modo que parecesse um trabalho malfeito pelos deuses, usando um rotor para arar a terra. Alguns troncos caídos destruíram a parte de trás de uma das cabanas. Material de cozinha se espalhara pela lama. O gás vazava do tanque de propano partido. Outra cabana teve o telhado furado pela ponta aguda de uma árvore, que havia sido lançada para o ar pelo deslizamento. Regatos passavam pelo meio de algumas cabanas. Felizmente, a nossa e a de John eram as únicas ocupadas e estavam intactas, embora sem telefone, eletricidade e água. Nossa cabana tinha ainda calor fornecido pelo tanque de propano e, se fosse preciso, um fogão à lenha.

A ponte estava completamente submersa, até a amurada tinha desaparecido. Encostada nela estava outra ponte da parte mais alta do rio, bem como vários troncos. Tínhamos agora uma represa de castores. E se nossa ponte fosse levada, arrastaria todo aquele entulho e os troncos rio abaixo, ignorando a curva e indo parar provavelmente no bar e no salão de jantar do River Ranch.

Resolvemos que tínhamos de sair antes que outro deslizamento cortasse o caminho para o rio, passando por nossas cabanas. Lou e John decidiram atravessar o deslizamento atrás da nossa cabana, para tentar chegar ao River Ranch e conseguir alguma ajuda. Mas Lou ficou preso, coberto até o peito pela lama que tinha a consistência de areia movediça. E John, que tem mais de sessenta anos, estava exausto e achava que não tinha forças para ajudar Lou. A montanha começou a deslizar outra vez, derrubando mais árvores e pedras. Finalmente Lou e John se livraram da lama e voltaram para a cabana, pálidos e exaustos, dizendo que era impossível passar.

Então foram para a ponte. Outra vez Lou ficou preso na lama e, quando conseguiu sair, foi até o rio e viu dois policiais no outro lado da ponte. Usaram um megafone para se fazer escutar. De repente, um gritou "Saia do maldito caminho", e Lou ouviu o ronco inconfundível de outro deslizamento. Saltou para dentro do rio, o que deixou os policiais apreensivos até ele chegar à margem.

Então Lou e John voltaram e disseram para mim e para Nancy, a mulher de John, que tinha se juntado a nós com seus dois cachorros e um gato, que realmente estávamos presos ali. Nossa única saída era o rio. Houve alguma conversa idiota de inflar nossos barcos baratos de verão e sair remando. Mas nós todos fomos contra essa idéia. Por volta de uma hora da tarde, dois policiais com roupas de mergulho chegaram até nós. Há uma hora e meia lutavam para nos tirar dali. Sugeriram nos levar para o outro lado do deslizamento, depois, amarrados com cordas, tentaríamos passar pela ponte. Lou disse que não achava que poderíamos atravessar o deslizamento, especialmente com quatro cães e um gato. Os policiais inspecionaram rio acima e rio abaixo e, por meio do walkie-talkie conseguiram uma equipe de resgate com uma balsa Zodiac. Teríamos de esperar uma hora e meia enquanto tudo era preparado. Então Jan preparou o café-da-manhã para os policiais, o almoço e o jantar, uma vez que eles não comiam há dois dias.

Às três horas estávamos prontos. Eles nos ensinaram como nadar na correnteza se caíssemos na água. Os cães estavam em sacolas, nossos computadores, nas mochilas.

Nancy e eu fomos as primeiras escolhidas para ficar na margem do rio. Colocamos capacetes e coletes salva-vidas, seguramos os cães e agarramos uma corda para atravessar a rampa escorregadia. Lá embaixo estava a balsa Zodiac e dois policiais com roupa de mergulho. O rio parecia menos turbulento e, por incrível que pareça, a parte na frente da nossa cabana era, como afirmaram os policiais, a parte mais calma do rio, o lugar perfeito para ficar. Continuava a chover, os cães e o gato estavam quietos. Nós partimos.

O resto da nossa jornada foi um agradável e calmo passeio de barco. Na outra margem, quatro policiais com roupas de mergulho nos esperavam, dentro do rio, prontos para nos ajudar. Assim que cheguei à praia, um homem pôs um microfone de TV na minha frente: "Como se sente sendo resgatada?" E eu perdi a única oportunidade da minha vida de dizer: "Meu cabelo, meu rosto, minhas unhas... devo estar horrível." Para os que não são fãs de Tallulah Bankhead, isso foi o que ela disse em *Lifeboat* quando foi finalmente resgatada depois de uma experiência terrível. O repórter e o cameraman não sabiam, é claro, que eu era uma escritora. Mas nos disseram que fazíamos parte das melhores cenas de resgate naquele dia, com os cães e o gato, o rio furioso e os deslizamentos de terra, além dos policiais gorduchos com as roupas de mergulho. Não podiam ter escolhido um cenário melhor para o noticiário da noite.

Os policiais fizeram mais três viagens para apanhar John, Jan, Lou e os dois que tinham nos encontrado. Quando os outros pisaram na terra seca, o repórter da TV estava ali, fazendo as mesmas perguntas. Na ponte descobrimos que nosso trailer tinha sido jogado como uma caixa de papelão, mas nossos carros estavam intactos. A água do rio passava por cima da ponte e da ciclovia. Como turistas em Niágara, posamos felizes para as fotos de John, a devastação agora atrás de nós, literal e figurativamente.

Mais tarde, naquela noite, a cobertura do nosso resgate pela TV foi transmitida várias vezes pelas associadas à CBS, e também na manhã seguinte pela NPR, ou melhor, as duas deram cobertura ao "dramático resgate da escritora Amy Tan", levando Lou, que por duas vezes desafiara a morte, a observar que se tivéssemos morrido as manchetes diriam: "Amy Tan e quatro mortos por deslizamento." Esta manhã os telefonemas foram de amigos. Eles ouviram dizer que tive de deixar meu computador (não deixei) com meu novo livro (só parte dele). O editor de livros do *LA Times* ouviu dizer que tive de ser içada por um helicóptero (as balsas têm letras semelhantes) e perguntou se ia escrever sobre aquilo.

Agora vocês sabem como a ficção é "construída".

Os fantasmas da minha imaginação

Quem é a musa?

Tenho respondido a essa pergunta de vários modos. Às vezes dou a resposta prática: a musa é realmente o processo pessoal pelo qual você sintetiza sua vida com o trabalho que tem na sua frente. É memória mais imaginação, subtraída por falsos começos e multiplicada por uma fração dos tons do trabalho árduo que você aplica à confusão.

Outras vezes digo que a musa é minha mãe, a mulher que deu tanto o meu DNA quanto certas idéias sobre o mundo. Ou presto homenagem à minha avó e digo que foi ela quem me inspirou a encontrar minha voz porque perdeu a dela de forma tão violenta.

Mas há outra musa sobre a qual acho difícil falar. Não posso dizer quem, ou o que ela é, mas posso dizer o que ela me faz sentir. Essa musa aparece em meu trabalho quando sinto uma mudança sutil, um empurrão para seguir em frente, e tudo se abre para mim, a escrita se liberta, a linguagem é rica, os recursos, abundantes. Idéias aparecem e, para ser franca, algumas delas me surpreendem. É como se o universo fosse meu amigo e estivesse me ajudando a escrever, sua mão sobre a minha.

Para mim, esse "transe" espiritual e mental seria motivo suficiente para escrever. E embora o tenha experimentado com todos os livros que escrevi, nunca fui capaz de decifrar seu padrão para repeti-lo quantas vezes quisesse. Seja o que for, fico grata quando aparece, temendo que isso nunca mais aconteça.

Para ilustrar, deixe-me levá-los a uma jornada que traça o começo de uma história, até sua epifania, seu fim. A história é *Os cem sentidos secretos,* que tem muito a ver com fantasmas, em parte porque muitas vezes me parecia que escritores fantasmas baixavam para me ajudar a escrever. Digo isso com certo temor, porque sei que muita gente considera a existência de fantasmas uma tolice ou uma blasfêmia. A cética que há em mim pode erguer as sobrancelhas e encontrar explicações racionais e mundanas para quase tudo meio místico que ocorreu quando estava escrevendo o livro. Porém, a verdade é que acho essas respostas completamente sem vida, enquanto o que senti ao escrever deixava-me uma sensação maravilhosa de alegria e gratidão, elementos de que preciso em abundância. Desse modo, com o espírito de Henry James, vamos superar a descrença e contar como minha vida cruzou com a ficção e criou esta história de fantasmas.

Comecemos com a noção de lugar. A base do meu local fictício para *Os cem sentidos secretos* é um vilarejo na China, que encontrei por acaso quando colaborava na versão para o cinema do meu livro *O clube da felicidade e da sorte.* Tínhamos filmado em Guilin, uma cidade famosa por suas magníficas montanhas, cavernas e vias fluviais. Certo dia, um motorista, o ator Russell Wong, meu amigo fotógrafo Robert e eu fomos de carro ao sul. Não tínhamos destino certo, e o impulso e o gosto pela aventura foram nossos guias.

Assim por acaso, ou talvez não, acabamos no meio de lugar nenhum, nesse caso um vilarejo de cenário antigo, com casas de pedra. Não havia estradas pavimentadas, nem eletricidade, nem encanamento, a não ser a água que corria nas ravinas e nas valas de irrigação e era levada ao vilarejo por bombas manuais. Os cerca de duzentos moradores falavam um dialeto próprio e só as crianças falavam mandarim, a língua obrigatoriamente ensinada na escola.

Uma mulher de uns sessenta anos pediu para ser fotografada com nossa Polaroid. Embora ela visse o próprio rosto diariamente no espelho partido, pendurado na parede do seu quarto mal iluminado, nunca tinha se visto em uma foto. Foi o que disse. Esperou com entusiasmo enquanto a foto era revelada, mas o rosto sorridente desapareceu sob as rugas quando murmurou o que podia ser o equivalente emocional de "Essa sou eu? Pareço tão velha. Vejam meu pobre rosto enrugado".

O nome do vilarejo, que ouvi das crianças, era Bei Sa Po. Os habitantes pareciam saudáveis, sem os defeitos de nascença que tínhamos visto em outros povoados, onde deformidades faciais apareciam entre irmãos, primos, jovens tias e tios, a expressão fleumática, sugerindo que há muitas gerações vinham sofrendo as conseqüências da endogamia. Em contraste, essas crianças eram saudáveis e cheias de energia. Um grupo tinha construído um pequeno castelo de lama, cercado por fossos complicados, passagens, torres e esconderijos subterrâneos. Cada criança tinha seu grupo de soldados, grandes grilos negros, conduzidos para a batalha, presos por barbantes.

Russell, Robert e eu atravessamos o lugarejo e subimos as colinas que o cercavam. Do alto, podíamos ver o vale, os regatos e os pequenos lagos, que refletiam as montanhas, o conjunto de casas de pedra e caminhos que circundavam irregularmente barreiras naturais de grupos de árvores e as curvas do regato.

No topo de uma colina, um muro de pedra com três metros de altura acompanhava a cordilheira como uma espécie de defesa contra invasores. Porém, por que alguém ia querer invadir o pequeno vilarejo? Passando por uma arcada, encontramos outro vale verdejante, cruzado por muros de pedras. Vimos apenas duas pessoas trabalhando no vasto campo. Continuamos a andar e chegamos a outro grupo de montanhas, e outra pequena cordilheira protegida por um alto muro de pedra. Passamos por outra arcada para ver o vale no outro lado.

A atmosfera mudou imediatamente. Agora a sensação era de perigo. À nossa frente vimos ruínas de pedra e encostas cheias de cavernas. O céu parecia mais escuro, e realmente nuvens pesadas apareceram, embora não as tivéssemos notado nos outros dois vales. A terra parecia nunca ter sido cultivada, o terreno era desigual como uma cama desarrumada e pedras cobertas de musgo erguiam-se do solo. Uma cabana de pedras desmoronada no centro do vale parecia abandonada há centenas de anos. Era um lugar selvagem.

Russell e Robert queriam descer e tirar fotos. Mas pedi-lhes para não fazer isso porque eu tinha a nítida sensação de que invadíramos um reino proibido e que alguma coisa terrível acontecera exatamente no lugar onde estávamos. Minhas palavras provocaram um efeito inibidor. Lembrei-lhes uma reportagem recente. Um casal de turistas fora morto por bandidos numa área remota da China. Voltamos e, vinte minutos depois, estávamos outra vez em Bei Sa Po exatamente quando começou a chover. Quando nosso carro seguia pela estrada de terra, rumo a Guilin, crianças da escola na beira da estrada gritavam em inglês: "Olá, adeus! Um-dois-três, A-B-C!"

A caminho de Guilin, pensei que tinha de usar aquele local em meu próximo livro. Mais ou menos um ano depois, quando realmente apareceu como o vilarejo fictício de *Os cem sentidos secretos*, tomei emprestados os eventos daquele dia, tendo como narrador um meio chinês, como o ator Russell Wong, e um fotógrafo, como meu amigo Robert.

Algum tempo depois, eu fazia uma boa refeição com a família no Restaurante Hakka, em San Francisco, e decidi em voz alta que os habitantes do vilarejo deviam pertencer ao grupo étnico dos Hakka, pois assim eu podia, é claro, deduzir o imposto da conta do restaurante como material de pesquisa. Mas, então, minha irmã Lijun disse do outro lado da mesa: "Os Hakka não vivem nessa parte da China." Ela tinha morado em Guilin durante dez anos, e tinha certeza de que nenhum Hakka vivia no interior. Eram pescadores, não fazendeiros. (Lembrem esse detalhe: nenhum Hakka habita o interior e certamente não as montanhas remotas ao sul de Guilin.)

Deixei de lado esse conflito entre fato e ficção e fui heliesquiar durante uma semana nas geleiras do Canadá. Na última hora do último dos sete dias, não de propósito, dei uma impressionante cambalhota tríplice. Meus esquis não se soltaram, mas a parte superior da minha tíbia sim. Quebrou e foi parar debaixo da rótula, rompendo os nervos, de modo que felizmente não senti muita dor e nem sabia que tinha fraturado gravemente o osso. Num piscar de olhos o helicóptero me levou de volta à hospedaria, e como 99% de todos os heliesquiadores parecem ser médicos esportivos ou de outras especialidades em férias, fui cercada por um grupo dos melhores da profissão.

Um deles era Eric, anestesista, que rotineiramente realizava um milhão de metros verticais de heliesqui todos os anos. Ficamos amigos. Nos três meses seguintes, nós estivemos em Squaw Valley e no sul da Califórnia, e muitas vezes trocávamos histórias de horror sobre acidentes de esqui e avalanches. Eric tinha visto a queda de um helicóptero cujas vítimas atendeu. Quatro delas morreram. Tinha visto avalanches e descreveu o som, o estalo seco quando a grossa camada de gelo e neve se separa da parte superior, o estrondo quando os pedaços soltos começam a descer, e então a batida ao atingir a velocidade de uma pista de patinação no gelo, inclinado para o lado em queda livre.

Muitas vezes imaginei como seria uma avalanche, comentei com Eric. Um amigo nosso, Steve, viu uma, durante um passeio para o qual fomos convidados, mas não pudemos ir. Eric parecia com Steve em várias coisas. O apelido de Steve era "Jock Doc",* porque era primeiro desportista e depois médico. Onde havia perigo, lá estava ele. Gostava de mergulhar entre tubarões e fazia windsurf nas ondas imensas de Maui. E embora atendesse sempre as vítimas de horríveis acidentes, curiosamente Steve tinha medo da morte. Num dia quente de primavera, quando esquiava numa área proibida com a mulher, com quem estava casado há nove meses, e que assistia lá de cima, provocou uma avalanche. Tinha na mochila um sinalizador para o caso de um desastre desse tipo. O sinalizador não foi ligado.

Steve tinha feito tudo certo, outro amigo me contou. Tentou nadar acompanhando a avalanche, erguendo o corpo na massa de gelo flutuante, usando o estilo de nado borboleta para chegar ao topo. Quando era jogado para baixo, tentava proteger o rosto com as mãos, afastando a neve do nariz, fazendo isso um segundo antes que a neve congelasse tomando a consistência de concreto, imobilizando-o.

Os médicos que chegaram ao local do acidente conheciam a personalidade de Jock Doc. Preso pela avalanche, Steve era um amigo e eles sabiam que tinha o preparo aeróbico de um corredor da maratona. Ele tinha feito o bolsão de ar – sabiam disso porque o encontraram com as mãos cruzadas, como numa prece, na frente do rosto. A maioria das pessoas, disseram os médicos, teria durado dez ou quinze minutos no máximo. Jock Doc, pelos cálculos, resistira pelo menos quarenta e cinco minutos.

Eu disse a Eric que, durante todos aqueles anos, depois que Steve se foi, eu não podia deixar de imaginar o que ele esperou, para quem rezou, no que acreditou naqueles quarenta e cinco minutos.

* "Médico atleta." (N. da T.)

Eric admitiu que tinha medo não tanto da dor da espada da morte quanto do livro de razão da vida. Em sua mente, o total das suas experiências não tinha mudado em nada o mundo. Ele era um anestesista que trabalhava para cirurgiões plásticos em casos de cirurgia eletiva onde o dinheiro vinha daqueles que possuíam renda suficiente para comprar um rosto melhor. Ia fazer quarenta anos e via a si mesmo como mais uma jangada de borracha flutuando na calmaria. Quando morresse, outra jangada de borracha o substituiria. Perguntei o que era preciso para provar que sua vida tinha algum significado – uma descoberta médica, trabalho de caridade, filhos? Não é muito tarde, disse. Você pode ainda resolver fazer as coisas de modo diferente. Eric sublinhou a falsa simplicidade de minhas palavras. "Não é tão simples", disse.

Pensei no desconforto espiritual de Eric, um mal-estar comum que atormenta muitos, uma vez ou outra, o desejo de ser especial, o medo de não ser. Já tive a sensação de que o que faço é completamente sem sentido no grande contexto da humanidade e da sua dor e sofrimento. E como freqüentemente incluo no que escrevo o que sinto no momento, resolvi atribuir à narradora da minha história, Olivia, o mesmo mal-estar. Mais adiante na história, escrevi uma cena na qual uma avalanche mata a nêmesis imaginária de Olivia, uma personagem a quem dei o sobrenome do meu amigo Steve. Quanto ao modo pelo qual escolhi o primeiro nome dessa personagem, é outra história, outro caminho a percorrer.

Chegou o verão e, em julho, fui, com minha perna cirurgicamente consertada, para Yaddo, um refúgio de escritores ao norte de Nova York. Depois de duas semanas, tirei um fim de semana para visitar minha editora, Faith Sale, em sua casa de campo em Cold Spring, não muito distante de onde eu estava. Examinando suas estantes de livros, encontrei seu Livro do Ano de Cornell, e resolvi procurar a foto de Nabokov, um dos meus escritores favoritos. Faith tinha dito que ele lecionava em Cornell quando ela estudava lá. Abri o livro na mesa da cozinha, onde Faith fazia as palavras cruzadas do *Times* de domingo. Enquanto via as fotos de rapazes e moças com penteados dos anos 50, uma delas fez meu coração parar. Era a foto de uma jovem com um olhar firme, um misto de desafio e medo.

– Meu Deus, esta parece assombrada – comentei –, como se tivesse visto todas as tragédias do mundo.

– Quem? – Faith perguntou.

Li o nome em voz alta e Faith disse emocionada:

– Ilse era minha melhor amiga na faculdade.

Naquela tarde fiquei sabendo que ela era brilhante e intensa, engraçada e séria ao mesmo tempo. Ilse nasceu na Polônia e, aos cinco anos, o pai a jogou nos braços de amigos, antes que o trem a levasse, com o resto da família, para Auschwitz. Ilse foi morar com uma família católica. Tinha de esconder o fato de falar iídiche enquanto rezava para Jesus na cruz. Depois da guerra, foi mandada para os Estados Unidos. Logo depois de se formar na Cornell, em 1958, hospedou-se num hotel, assinou o registro declarando que morava numa rua chamada Tod – a palavra alemã para "morte" – e se matou.

Fiquei tão impressionada com a história de Ilse que disse para Faith que ia revisar o capítulo que estava escrevendo. Queria adicionar essa história. Por coincidência, eu dera à minha personagem o nome de Elza, que se parece muito com Ilse. Sugeri mudar para Ilse.

– Mantenha Elza – minha editora disse. Elza era o nome de Ilse em polonês, antes de mudar para algo que achava menos judeu.

Quando voltei a Yaddo, tudo parecia inundado de referências ao Holocausto. A música do CD que um escritor me emprestou era uma sinfonia composta por um judeu-polonês que a tinha dedicado aos sobreviventes de Auschwitz. Um dia recebi um embrulho de frutas secas de uma amiga judia. Ela disse que estava indo à Polônia para visitar a cidadezinha onde muitos dos seus parentes tinham sido mortos. Duas noites depois, conheci um compositor que estava escrevendo uma ópera sobre o ativista gay de San Francisco Harvey Milk, e me falou sobre o progresso do libreto.

– Os produtores – disse – acham que o libretista e eu estamos enfatizando demais o fato de Harvey ser filho de sobreviventes do Holocausto.

Quando voltei de Yaddo, fui jantar com amigos na casa de uma poeta. Fiquei sabendo que ela também lecionava literatura do Holocausto e, como minha editora e Elza/Ilse, tinha se formado na Cornell no mesmo ano.

Detalhes como esses e muitos outros apareciam com a persistência de uma caprichada campanha de relações públicas dirigida por fantasmas de judeus. Com esse tipo de pressão, como não reservar alguns trechos imaginários do livro aos meus amigos imaginários?

Descobri que esses elos entre o acaso e a ficção têm um significado, são um código e uma cenoura numa vareta para me fazer seguir em frente. Ocorreu-me que devia incluir tributos a outras pessoas, vivas e mortas, como um meio de agradecer por serem parte da minha vida. Fiquei tão empolgada que até acrescentei os nomes dos meus primeiros animais de estimação, minhas tartarugas, Slowpoke e Fastpoke. Elas morreram pelas mãos do meu irmãozinho quando ele tinha três anos e eu quis ver como eram as tartarugas sem o casaco.

Mais tarde, quando trabalhava no trecho dedicado a Elza, vi que ainda não tinha agradecido ao meu amigo Eric por sua contribuição, isto é, suas descrições de avalanches, sua conversa sobre o mal-estar da meia-idade. Abri o arquivo do computador na página de agradecimentos e acrescentei seu nome. Uma semana depois, recebi um telefonema do irmão de Eric com a notícia devastadora de que na manhã de 22 de março, quando ia esquiar em Mammoth, seu avião particular enfrentou uma tempestade e caiu no lado da montanha. Alguns dias depois, quando me preparava para escrever minha contribuição ao seu panegírico, lembrei-me da página de agradecimentos. Quando tinha acrescentado o nome de Eric? Abri o arquivo e vi a data: 22 de março. Era também o aniversário de Pete – nosso melhor amigo e companheiro, meu e de Lou, no apartamento, assassinado em 1976 – e a data da publicação do meu primeiro livro, em 1989 (quando contei isso para meu grupo de escritores, um deles disse: "Sabe o que significa isso, não sabe? Que é perigoso ser seu amigo.")

Para não parecer que meu método de escrever depende inteiramente da morte de amigos e bichos de estimação, quero declarar que faço também pesquisa erudita. O método exato consiste em tirar um texto erudito da minha estante, deixá-lo cair aberto, depois examinar as páginas que estão voltadas para cima. Usei essa técnica para escolher um período da história chinesa para acomodar minha personagem da vida passada imaginária de Olívia. A escolha foi feita num dia em que eu estava sentada, desanimada, à minha mesa. Estava atolada, incapaz de continuar tentando imaginar quais os detalhes para meu vilarejo fictício baseado naquele que tinha encontrado por acaso durante a filmagem na China. Eu queria manter o local, mas precisava de um período histórico e detalhes que fizessem sentido naquela região. Tinha de decidir quem era aquele povo, qual sua origem étnica e, desse modo, o que as pessoas faziam, e quem eram, as várias minúcias e coisas pequenas, mas incomuns, adicionadas para que uma história pareça real.

Tenho vários livros chineses de história na estante ao lado da minha mesa. O que escolhi era bonito e grosso, *The Search for Modern China*,* de Jonathan Spence. A página em que meu

---

* *À procura da China moderna*. (N. da T.)

polegar entrou relatava a Rebelião Taiping. Eu li: a rebelião Taiping começou na montanha Thistle, ao sul de Guilin. Ora, ora, ora. Era muito conveniente – o mesmo local do meu vilarejo fictício.

Continuei a ler. A Rebelião Taiping foi liderada por um homem que acreditava ser o segundo filho de Deus, irmão mais novo de Jesus. Interessante – um chinês cristão, como meu pai. Esse homem, Hong, era um Hakka, o primeiro a conseguir o apoio dos Hakkas que viviam na montanha Thistle. Hakkas! Minha irmã não tinha dito que nenhum Hakka vivia no interior? Que extraordinária coincidência – exatamente os detalhes que eu queria, e correspondiam à localização da minha história.

Agora que meu vilarejo fictício era sem dúvida habitado por Hakkas, precisava dar-lhe um nome adequado. Lembrei-me da paisagem do terceiro vale, o que era cheio de cavernas. Imaginei o vento assobiando naquelas cavernas à noite, como o canto de fantasmas. Minha imaginação mórbida, nascida de uma infância de terrores, criou a hipótese de que as cavernas eram o portão para a morte. Com essa imagem na mente, tirei de minha estante um dicionário de inglês *pinyin* – tipo de livro usado por quem não sabe chinês, como infelizmente é o meu caso. Tinha de confiar no método habitual de apontar e olhar. O primeiro verbete que meu dedo apontou foi *changmian*. Li a definição: "Sono prolongado, descanso eterno, um eufemismo para morte." Acima disso havia um verbete separado para *chang*, que significa "cantando". Então procurei *mian*. Isso pode significar tanto "infindável" quanto "sedoso". Eu tinha exatamente o sentido duplo que procurava para *changmian*, que, dependendo de como é pronunciado, pode significar "canto interminável" ou "morte".

Consegui muito mais com a pesquisa erudita. Certa vez estava com um problema para localizar a informação sobre formações calcárias e sobre um termo da física conhecido por efeito Bernoulli.

Certa noite, sentei-me ao lado de um estranho, num jantar improvisado, e perguntei no que trabalhava. Ele disse que era professor de geologia, tinha escrito sobre o cascalho calcário e sabia como o efeito Bernoulli podia ser aplicado à erosão eólica.

Outra vez, quando precisava saber mais sobre a possibilidade de encontrar vilarejos antigos situados em cavernas, recebi um telefonema convidando-me para um jantar ao qual compareceriam cerca de trinta arqueólogos, em honra do mais importante arqueólogo da China, o homem que ajudou a escavar O Homem de Pequim. (Esse jantar mais tarde inspirou cenas do meu livro *A filha do restaurador de ossos.*)

Em outra ocasião, eu escrevia sobre uma intrigante imagem que surgiu em minha mente sem razão aparente: um vale escuro com centenas de pináculos, rochas empilhadas em ponta e em ângulos oblíquos, desafiando as leis da gravidade. A imagem era sedutora, mas eu não podia justificar sua presença. O que significava? Por que minha personagem aparecia em cena? Escrevi em círculos até uma amiga me visitar e sugerir um passeio com os cães. Uma hora depois estávamos num trecho de praia que eu não conhecia. Nós passamos por baixo de um píer e, quando saímos do outro lado, vi um homem asiático de cabelos compridos empilhando rochas, criando os mesmos pináculos que eu acabara de descrever, dezenas deles, cada um com um metro e oitenta ou dois metros de altura. Incrédula, corri para o construtor daquelas pilhas de rochas e perguntei como elas não caíam. O homem replicou: "Eu não sei. Acho que em tudo há um ponto de equilíbrio. A questão é encontrá-lo." Percebi imediatamente que esse era o significado da cena, por isso a imagem era necessária para a história.

Como com as referências ao Holocausto, essas coincidências aconteciam, no começo uma vez por dia, depois várias vezes. As coincidências eram estranhamente exatas. Como seria possível não notar? Era como se, escrevendo ficção, eu tivesse aberto minha mente para um reino de todas as possibilidades. Agora o inconsciente coletivo fornecia pesquisa, contatos, conexões, imagens e significados. Eu sabia que outros escritores – James Merrill e William Butler – acreditavam que escrever era influenciado por fontes etéreas, místicas e espirituais, no sentido de que o espírito estava envolvido. Yeats acreditava que os espíritos forneciam uma grande quantidade de imagens do outro lado do rio Styx.

Talvez tenha notado essas "coincidências" porque essa é a natureza obsessiva de escrever. *Cria* fronteiras, alinha os detalhes numa história, uma moldura, garantindo que todas as partes se relacionem com o todo. Concluí que escrever histórias é um distúrbio da mente. A história se torna uma lente distorcida, com uma perspectiva incontrolável. E o que parece ser coincidência são simplesmente fragmentos que navegam na força da consciência. Essa foi a lógica que usei para descartar o que era estranho demais para ser verdade, como o resultado de um foco distorcido de coincidências.

E o que faltava ainda na minha história era exatamente isto: foco. Até ali eu tinha uma coleção variada de anedotas, pesquisa histórica e tributos a amigos e à família. Como comumente dizem nos seminários de escritores, a história ainda não estava *bem explorada*. A maior parte do que eu sentia era pressão. Eu estava atrasada seis meses em relação ao prazo final de entrega, aquele que era um ano além do prometido, que por sua vez era um ano depois da data proposta de entrega. Estávamos no começo de maio e, como meu livro devia ser lançado em outubro, meu prazo final, agora definitivo, era julho. Segundo minha estimativa, eu estava pelo menos a cem páginas e seis meses do fim, sem contar as revisões. Em outras palavras, o que eu provavelmente daria à minha editora era uma má notícia e não um livro. Antes que pudesse fazer isso, entretanto, recebi um telefonema com notícias piores que as minhas.

Faith acabava de ser diagnosticada como portadora de um caso raro de câncer, considerado impossível de tratar, incurável, com prognóstico de poucos meses, de acordo com a literatura que encontrei. Com voz trêmula, minha editora, minha amiga querida e crítica dos meus hábitos alimentares, observou elegantemente que esperava viver até o fim do verão, época dos vegetais. Para mim, suas palavras tinham tanto sentido quanto se tivesse afirmado que dois planetas acabavam de colidir. Era ridículo, a coisa mais idiota que já ouvira, tão impossível quanto... bem, digamos, acabar meu livro no prazo.

Uma idéia impetuosa passou por minha mente. Iria a Nova York para estar com minha editora, tomar conta dela. Outra parte de mim imediatamente discordou. Eu tinha um livro para escrever. Ela contava com isso também. Além disso, ela morava em Nova York, e isso significaria deixar meu marido e minha casa. Eu teria de morar sozinha, uma coisa que nunca fiz, em parte porque tenho um medo enorme de crimes, tendo enfrentado certa vez uma arma, e em outra quase fui estuprada e tive de identificar o corpo do meu amigo assassinado. Imagine morar sozinha na cidade de Nova York, a capital mundial do terror, num apartamento, dormir sozinha, sonhar com assassinato e violência, enquanto ladrões, estupradores e assassinos tentavam forçar minha porta.

Faith ficou feliz quando soube que eu iria a Nova York no verão. Estranheza cria estranheza e planos se realizam um depois do outro. Havia um apartamento disponível. Havia uma passagem de avião que eu tinha de usar antes de expirar sua validade. Cada vez que pensava em ir a Nova York, objetos dados como perdidos reapareciam, o telefone tocava e era alguém de Nova York. Duas semanas depois de receber a notícia da doença de Faith, eu estava embarcando num avião para a cidade de Nova York com uma frasqueira em uma das mãos e um cachorrinho na outra. Fui por motivos que não sabia explicar então, e ainda não sei agora. Parecia que eu não tinha escolha. Os fantasmas da minha ficção e da minha vida – minha avó, meu pai, meu irmão, Pete, Jock Doc, Eric, Elza e seus parentes judeus, os Hakkas da montanha Thistle – tinham apertado todos os botões para garantir que eu não tinha nada melhor a fazer do que ir a Nova York e terminar meu livro enquanto fazia companhia a Faith. E embora as ironias e coincidências ocorressem em grande quantidade enquanto escrevia meu livro, agora elas jorravam como um cano de água quebrado no Bronx.

Durante os dois meses seguintes em Nova York, minha lógica normal foi aprumada, meus sentidos, intensificados. Durante o dia eu ia ao médico com Faith. Comprávamos os vegetais mais frescos da estação. Discutíamos sobre os benefícios e conveniência de tratamentos alternativos. À noite eu entrava num closet escuro, uma espécie de escritório improvisado, e usava uma mesa de jogo de cartas como mesa de trabalho. Com meu cachorrinho aos pés, fazia as mesmas perguntas de quando era criança: Por que as coisas acontecem? Como as coisas acontecem?

Pensava na sorte, no destino. Como a narradora do meu livro ainda não terminado, eu não sabia no que acreditar, e desse modo não sabia o que esperar. E durante esse fluxo de imaginação e de trabalho, encontrei o coração da minha história. A não ser por um dia e uma noite, nos quais não lembro de ter escrito, terminei *Os cem sentidos secretos* em julho.

Foi um milagre acabar o livro. Fiquei animada. Mas outros milagres não aconteceram. Não ainda. Minha amiga, minha editora, continuava com câncer. A cada dia atravessava um abismo terrível, o abismo sem fundo de não saber o que esperar ou no que acreditar. Tentei imaginar o que ela via, mas não tinha a mesma perspectiva. Eu não estava à beira do precipício. Assim, tudo o que eu podia fazer era lembrar.

Lembrei as vezes em minha vida em que procurei acreditar que meu pai e meu irmão não iam morrer. Lembrei-me de quando queria desesperadamente ver meus amigos que partiram cedo demais. E lembrei também como não queria esperar demais, sabendo que aquelas esperanças podiam se transformar numa dor quase insuportável. E embora não esperasse, a dor foi insuportável do mesmo modo, um vazio tão completamente sem sentido que me fazia pensar que nossa existência não terminava com o último suspiro e a última batida do coração. Essa mesma esperança, agora, me fazia lembrar tudo que tinha acontecido quando estava escrevendo *Os cem sentidos secretos*: como as histórias inventadas se tornavam realidade, como a pesquisa de que precisava caiu em meu colo, como as ironias e as coincidências se acumularam, se revezando, obrigando-me a pensar e considerar que tudo que acontece não é nem um grande plano, nem uma coincidência. É um louco acolchoado de amor, costurado, rasgado, consertado várias vezes, e com força suficiente para proteger a nós todos.

Os fantasmas dos amigos e dos parentes vinham ser minhas musas. Fantasmas não serão meras ilusões dos momentos da dor da perda? Sei agora que essas perguntas não têm sentido e que a resposta é absoluta. O que são fantasmas, senão a esperança de que o amor continua além dos nossos sentidos? Se fantasmas são uma ilusão, deixe-me ser iludida. Deixem-me acreditar no amor sem limites, na beleza das contradições, no milagre que é uma parte comum da vida.

UMA ESCOLHA DE PALAVRAS

Ela queria escrever um livro no estilo de Jane Austen, um livro sobre os bons modos da classe alta, um livro que nada tinha a ver com sua vida. Anos atrás, sonhara em escrever histórias como um meio de fuga. Podia revisar sua vida e se transformar em outra pessoa. Podia estar em outro lugar. Em sua imaginação podia mudar tudo: ela mesma, sua mãe, seu passado. Mas a idéia de revisitar sua vida também a assustava, como se apenas com a imaginação estivesse condenando o que não gostava em si mesma e nos outros. Escrever o que queria era a mais perigosa forma de criação ilusória dos fatos.

A filha do restaurador de ossos

O que a biblioteca significa para mim

Escrevi esse artigo quando tinha oito anos para um concurso patrocinado pela Comunidade de Cidadãos da Biblioteca Santa Rosa (Califórnia). Recebi como prêmio um rádio e meu artigo foi publicado pelo Press Democrat, *de Santa Rosa.*

Meu nome é Amy Tan, tenho oito anos e estou na terceira série da Escola Matanzas. É uma escola nova e tudo é agradável e bonito. Gosto da escola porque as muitas coisas que aprendo parecem acender uma luz no pequeno quarto de minha mente. Posso ver uma porção de coisas que nunca tinha visto antes. Agora já posso ler sozinha muitos livros interessantes. Meu pai me leva à biblioteca de duas em duas semanas, e eu retiro cinco ou seis livros de uma vez. Esses livros parecem abrir muitas janelas no meu pequeno quarto. Posso ver muitas coisas maravilhosas lá fora. Sempre espero ansiosamente por minhas visitas à biblioteca.

Certa vez meu pai não me levou à biblioteca por um mês inteiro. Ele disse que a biblioteca estava fechada porque o prédio é muito velho. Senti como sentiria a falta de um amigo. Parece que faz muito tempo que meu pai me levou outra vez à biblioteca, um pouco antes do Natal. Agora ela está no segundo andar, em cima de umas lojas. Eu gostaria de ter uma boa e bonita biblioteca na minha escola. Depositei dezoito centavos na caixa e assinei meu nome para entrar para a Biblioteca dos Cidadãos de Santa Rosa.

Aos oito anos (na frente), sendo congratulada por meu ensaio "O que a biblioteca significa para mim". Santa Rosa, Califórnia, 1960.

Língua materna

Em 1989 fui convidada para falar numa conferência intitulada "A situação da língua inglesa". Quando fiquei sabendo que estaria na companhia de famosos acadêmicos e escritores, escrevi este pedido de desculpas na noite anterior. Wendy Lesser, da Three Penny Review, *mais tarde me pediu para publicá-lo e depois foi incluído nos Melhores Ensaios Americanos de 1991.*

Não sou versada em literatura inglesa. Não posso dar muito mais do que opiniões pessoais sobre a língua inglesa e suas variações neste país e em outros.

Sou uma escritora. E, por essa definição, alguém que sempre amou a linguagem. Sou fascinada pela linguagem da vida de todos os dias. Passo grande parte do meu tempo pensando no poder da linguagem – em como pode evocar emoção, uma imagem visual, uma idéia complexa ou uma simples verdade. A linguagem é a ferramenta de meu trabalho. E uso todas – todas as línguas inglesas com as quais cresci.

Recentemente me dei conta dos diferentes tipos de inglês que uso. Eu ia falar para um grande grupo de pessoas a mesma palestra que já dera a outros grupos. Era sobre minha profissão, minha vida e meu livro *O clube da felicidade e da sorte*, e ia muito bem, até me lembrar de uma diferença importante que fazia com que a palestra parecesse ter algo de errado. Minha mãe estava na sala. E era talvez a primeira vez em que ela me ouvia fazer uma longa palestra, usando o inglês que nunca usei em casa. Eu dizia coisas como "a interseção da memória e da imaginação" e "há um aspecto da minha ficção que diz respeito a isto e a isto" – um discurso cuidadosamente ornamentado com frases gramaticais, pesado, como de repente me pareceu, com formas nominais, verbos no passado perfeito, frases no condicional, enfim, formas de inglês padrão que tinha aprendido na escola e nos livros, formas do inglês que eu não usava com minha mãe.

Na semana passada, quando andava na rua com ela, outra vez percebi o inglês que eu estava usando, o inglês que uso com ela. Falávamos sobre o preço de móveis novos e usados, e me ouvi dizendo isto: "Não gaste dinheiro dessa maneira." Meu marido estava conosco e não notou nenhuma diferença em meu inglês. Então compreendi por quê. Porque nos mais de vinte anos que estamos casados, muitas vezes uso esse tipo de inglês com ele, e ele também usa comigo. Tornou-se nossa linguagem íntima, um tipo diferente de inglês relacionado à conversa de família, à linguagem com a qual cresci.

Para que tenham uma idéia de como é essa linguagem, citarei o que minha mãe falou durante uma conversa que gravei em vídeo e transcrevi. Ela contava a história de um gângster político em Xangai que tinha o mesmo sobrenome da sua família, Du, e quando era jovem queria ser adotado por sua família rica, comparada com a dele. Mais tarde o gângster tornou-se mais poderoso, muito mais rico do que a família de minha mãe, e apareceu no seu casamento para cumprimentá-la. Aqui está uma parte do que ela falou:

– Du Yusong tendo negócio como barraca de frutas. Do tipo de rua. Ele é Du como Du Zong – mas não povo da ilha de Tsuming. O povo local chama *putong*. O rio no lado este, ele pertence àquele lado do povo local. O homem quer pedir ao pai se Du Zong pegar ele como se fosse da família. O pai de Du Zong não o desprezava, mas não levava ele a sério, até aquele homem grande entrou para a Máfia. Agora pessoa importante, muito difícil convidar ele. No modo chinês, ele foi só para mostrar respeito, não fica para o jantar. Respeito por fazer grande comemoração, ele aparece. A maldade dá muito respeito. Costume chinês. Vida social chinesa desse modo. Se muito importante, não precisa ficar muito tempo. Ele foi ao meu casamento. Eu não vi, só ouvi. Eu fui para o lado do rapaz, eles têm jantar da ACM. Idade chinesa, eu tinha dezenove anos.

É preciso dizer que o expressivo domínio do inglês por minha mãe não expressa o quanto ela entende. Ela lê a *Forbes*, ouve a *Wall Street Week*, conversa diariamente com seu corretor da Bolsa, lê com facilidade os livros de Shirley MacLaine – todo tipo de coisas que eu nem posso começar a compreender. Porém, alguns dos meus amigos dizem que compreendem 50% do que minha mãe diz. Alguns dizem que compreendem 89%. Outros ainda dizem que não compreendem coisa alguma, como se estivesse falando chinês puro. Mas, para mim, o inglês de minha mãe é perfeitamente claro, perfeitamente natural. É a língua de minha mãe. Sua linguagem, como a ouço, é vívida, direta, cheia de observações e de imaginação. Foi a linguagem que me ajudou a moldar o modo de ver as coisas, de expressar as coisas, entender o sentido do mundo.

Ultimamente tenho pensado mais no tipo de inglês que minha mãe fala. Como outros, eu o descrevi como inglês "quebrado" ou "fraturado". Mas estremeço quando digo isso. Sempre me incomodou o fato de não poder descrevê-lo de outro modo, como se estivesse avariado e precisasse de conserto, como se não tivesse integridade e inteireza. Ouvi outros termos usados, como "inglês limitado", por exemplo. Mas me parecem também inapropriados, como se tudo fosse limitado, incluindo a percepção das outras pessoas.

Sei que isso é um fato, porque, quando estava crescendo, o inglês "limitado" de minha mãe limitava minha percepção sobre ela. Tinha vergonha do modo como falava. Pensava que seu inglês refletia a qualidade do que queria dizer. Isto é, porque se ela se expressava imperfeitamente, seus pensamentos deviam ser imperfeitos. E tinha muitas evidências empíricas: o fato de as pessoas nas lojas de departamentos, nos bancos e nos restaurantes não a levarem a sério, não a servirem bem, fingindo não entender ou até mesmo agindo como se não a escutassem.

Minha mãe há muito percebeu também as suas limitações no inglês. Quando eu era adolescente, costumava me mandar telefonar para as pessoas e fingir que era ela. Da mesma forma, eu era obrigada a pedir informações ou até mesmo reclamar e gritar com as pessoas que tinham sido grosseiras com ela. Certa vez foi um telefonema para seu corretor da Bolsa em Nova York. Ela queria o cheque do seu pequeno portfólio, e aconteceu que íamos a Nova York na semana seguinte, nossa primeira viagem fora da Califórnia. Tive de fazer a ligação e dizer, com voz de adolescente não muito convincente: "Aqui fala a Sra. Tan."

Minha mãe estava atrás de mim, murmurando alto: "Por que ele não me manda cheque, já duas semanas atrasado. Tão furiosa. Ele mente para mim. Perdendo meu dinheiro."

Então, eu disse em inglês perfeito: "Sim, estou ficando muito preocupada. O senhor concordou em mandar o cheque há duas semanas, mas não chegou."

Impacientemente minha mãe começou a falar mais alto: "O que ele quer, eu vá a Nova York dizer na frente do seu chefe você está me enganando?" E eu tentava acalmá-la, fazer com que ficasse quieta, enquanto dizia ao corretor: "Não posso tolerar mais desculpas. Se não receber o cheque imediatamente, vou ter de falar com seu gerente quando for a Nova York na próxima semana."

E não houve dúvida, na semana seguinte lá estávamos nós na frente do atônito corretor da Bolsa, eu muito vermelha e quieta, e minha mãe, a verdadeira Sra. Tan, gritava com o chefe dele no seu impecável inglês "quebrado".

Usamos um ato semelhante mais recentemente, para uma situação muito menos humorística. Minha mãe tinha ido ao hospital para saber o resultado de um exame feito há um mês. Ela disse que tinha falado muito bom inglês, seu melhor inglês, sem nenhum erro. Mas mesmo assim o pessoal do hospital não se desculpou quando informou que tinham perdido o exame e que ela fora lá inutilmente. Disse que não demonstraram a menor simpatia quando ela falou que estava ansiosa para saber o diagnóstico exato, uma vez que seu marido e seu filho tinham morrido de tumor cerebral. Ela disse que eles não dariam nenhuma outra informação antes de outro exame e que ela teria de marcar outra hora para isso. Então ela disse que não iria embora até o médico telefonar para sua filha. Ela ia ficar ali mesmo. E quando o médico finalmente telefonou para a sua filha, eu, que falou em inglês perfeito – vejam só – nos deram a garantia de que o exame seria encontrado, prometeram que fariam uma reunião na segunda-feira e pediriam desculpas por qualquer sofrimento que tivessem causado com aquele engano lamentável.

Acho que o inglês de minha mãe afetou a limitação das minhas possibilidades na vida. Sociólogos e lingüistas provavelmente dirão que uma pessoa na fase do desenvolvimento da linguagem é mais influenciada por pessoas da sua idade do que pela família. Mas eu acho que a linguagem falada pela família, especialmente no caso de imigrantes que são mais insulares, desempenha um papel importante na formação da linguagem da criança. E acredito que afetou meus resultados nos testes de aptidão, de QI e do SAT, o teste de aptidão escolar. Embora meu inglês nunca tenha sido considerado deficiente, comparado com a matemática, nunca foi considerado meu forte. No curso primário fui moderadamente bem, tirando talvez B, às vezes B+ em inglês e conseguindo talvez 16% ou 17% no testes de aptidão. Mas essas notas não eram suficientemente boas para anular a opinião de que minha verdadeira capacidade estava em matemática e ciências, já que nessas matérias eu tirava A e cheguei a 90%, ou mais.

Isso era compreensível. Matemática é exata, só há uma resposta certa. Ao passo que, pelo menos para mim, as respostas no testes de inglês dependiam sempre de um julgamento, uma questão de opinião e experiência pessoal. Esses testes eram construídos ao redor de itens como "Preencha com a palavra que completa a sentença", como "Embora Tom fosse... Mary o achava...". E a resposta correta parecia sempre combinar, como, por exemplo, "Embora Tom fosse tímido, Mary o achava encantador", com a estrutura gramatical do termo "embora" limitando a resposta correta a uma espécie de oposto semântico, assim não teríamos respostas como "Embora Tom fosse tolo, Mary o achava ridículo". Bem, de acordo com minha mãe, havia poucas limitações ao que Tom poderia ser e ao que Mary achava que ele era. Portanto, eu nunca ia bem em testes como esse.

O mesmo acontecia com analogias de palavras, pares de palavras para os quais tínhamos de encontrar uma relação semântica lógica, como, por exemplo: "O pôr-do-sol está para o cair da noite como... está para..." E aqui você tinha uma lista de quatro pares possíveis, um dos quais mostrava o mesmo tipo de relacionamento: *vermelho* está para *pare*, *ônibus* está para *chegada*, *arrepio* está para *febre*, *bocejo* está para *tédio*. Muito bem, eu nunca conseguia pensar daquele modo. Sabia o que os testes estavam perguntando, mas não podia bloquear na minha mente as imagens criadas pelo primeiro par, *pôr-do-sol* está para o *cair da noite* – e via uma explosão de cores contra o céu que começava a escurecer, a luz subindo, a descida da cortina das estrelas. E todos os outros pares de palavras – *vermelho, ônibus, pare, tédio* – apenas lançavam uma massa de imagens confusas, tornando impossível para mim ver que dizer "Um pôr-do-sol precede o cair da noite" era tão lógico quanto dizer "Um arrepio precede a febre". O único modo de conseguir a resposta certa era imaginar uma situação associada, tal como se eu fosse desobediente e ficasse fora de casa depois do pôr-do-sol, exposta ao frio da noite, e apanharia uma pneumonia febril como castigo – o que realmente me aconteceu.

Ultimamente tenho pensado nisso, no inglês de minha mãe, sobre meus testes de aproveitamento. Porque ultimamente tenho me perguntado, como escritora, por que não há mais escritores asiático-americanos representados na literatura americana. Por que são poucos os asiático-americanos cursando programas de literatura criativa? Por que tantos estudantes chineses preferem engenharia? Bem, são amplas questões sociológicas que não posso nem começar a responder. Mas tenho notado em estudos – na verdade, notei isso na semana passada – que estudantes asiático-americanos, como um todo, têm muito melhor resultado nos testes de matemática do que nos de inglês. E isso me faz pensar que há outros estudantes asiático-americanos cujo inglês falado em casa é "quebrado" ou "limitado." E talvez eles também tenham professores que os afastam da literatura fazendo-os escolher matemática e ciências, como o que aconteceu comigo.

Felizmente sou rebelde e gosto de desafiar as pressuposições desaprovadoras a meu respeito. No primeiro ano da faculdade escolhi inglês como a matéria principal depois de ter me matriculado no pré-médico. Comecei a escrever não-ficção como freelancer uma semana depois de meu patrão naquela época dizer que escrever era o que eu fazia de pior e que devia aperfeiçoar meus talentos em contabilidade.

Mas só em 1985 comecei a escrever ficção. No princípio escrevia com frases que considerava espirituosamente construídas, que finalmente provariam que dominava a língua inglesa. Eis um exemplo do primeiro rascunho de uma história que mais tarde foi parar em *O clube da felicidade e da sorte,* mas sem esta linha: "Este foi meu primeiro dilema mental no meu estado nascente." Uma frase terrível que mal consigo pronunciar.

Felizmente, por motivos que não explicarei aqui, mais tarde resolvi que devia imaginar um leitor para minhas histórias. E o leitor escolhido foi minha mãe, pois eram histórias sobre mães. Assim, com essa leitora em mente – e ela leu realmente meus primeiros rascunhos –, comecei a escrever usando todas as formas de inglês com as quais tinha sido criada: o inglês falado com minha mãe, que, por falta de um termo melhor, pode ser descrito como "simples"; o inglês que ela usava comigo, que, por falta de um termo melhor, pode ser chamado de "quebrado"; minha tradução do chinês, que certamente pode ser descrita como "lavada", e o que imaginei que podia ser sua tradução do chinês, se ela pudesse falar em inglês perfeito, sua linguagem interna, da qual procurei manter a essência, mas não a estrutura do inglês ou do chinês. Eu queria capturar o que nenhum teste de aptidão jamais poderia revelar: sua intenção, sua paixão, sua imaginação, os ritmos da sua fala e a natureza dos seus pensamentos.

Independentemente do que qualquer crítico poderia dizer da minha escrita, eu sabia que tivera sucesso no que era importante quando minha mãe terminou de ler meu livro e deu seu veredicto: "Tão fácil de ler."

Linguagem da discrição

Certa vez, num jantar em San Francisco, minha mãe murmurou para mim:

– Sau-sau [a esposa do irmão] se esforça demais para ser delicada. Por que se incomodar? No fim ela sempre fica com tudo.

Minha mãe agiu como uma *waixiao*, uma expatriada, temporariamente afastada da China desde 1949, sem paciência para cortesias rituais. Como que para provar sua opinião, estendeu o braço e ofereceu à minha tia mais velha, de Beijing, o último pedaço do assado do Prato de Peixe Família Feliz.

Sau-sau exclamou:

– *B'yao, zhen b'yao!* – batendo na barriga gorda. Não quero mais, não mesmo!

– Coma! Coma! – minha mãe censurou em chinês.

– Cheia, já estou cheia – Sau-sau protestou, sem muita convicção, olhando para o prato tentador.

– Ai! – minha mãe exclamou exasperada. – Ninguém mais quer. Se você não comer vai estragar.

Sau-sau suspirou, como se estivesse fazendo um grande favor à minha mãe, e aceitou o último pedaço.

Minha mãe voltou-se para o irmão, um comunista de alto posto que a visitava com a mulher, na Califórnia, pela primeira vez.

– Na América uma pessoa chinesa pode morrer de fome. Se você diz "não", eles nunca mais oferecem nada.

Meu tio balançou a cabeça assentindo, dizendo que compreendia perfeitamente. O americano pega as coisas rapidamente porque não tem tempo para ser bem-educado.

Pensei outra vez nesse mal-entendido – do contexto social não ter tradução, quando um amigo me enviou um artigo da *New York Times Magazine*. O artigo, sobre mudanças na Chinatown de Nova York, fazia uma breve referência à inerente ambivalência da língua chinesa.

O povo chinês é "tão discreto e modesto", dizia o artigo, que nem tem palavras para "sim" e "não".

Isso não é verdade, pensei, embora compreendendo porque um estranho podia pensar isso. Continuei a ler.

O chinês, o artigo continuava, "concorda, não se arriscando a perder prestígio com uma resposta superenfática".

Senti um aperto na garganta. Por que as pessoas insistiam em dizer isso? Como se fôssemos iguais aos bonecos das lojas de lembranças em Chinatown, balançando a cabeça para cima e para baixo, concordando complacentemente com qualquer coisa que seja dita!

Eu me preocupo com o efeito de uma afirmação unidimensional sobre os descuidados e ingênuos. Quando lêem sobre esse pretenso déficit de vocabulário, concluem também que o povo chinês evoluiu para essa atitude cordata porque sua linguagem lhe permite apenas balançar a cabeça com palavras vagas e rebuscadas?

Alguma coisa enorme é sempre perdida na tradução. Alguma coisa preenche as lacunas, especialmente quando lingüistas amadores continuam a comparar, uma a uma, as diferenças da linguagem e emitem idéias abertas à interpretação errônea de que o povo chinês não tem meios lingüísticos para tomar decisões, assentir ou negar, afirmar ou negar, dizer não aos traficantes de drogas ou se comportar apropriadamente no banco das testemunhas quando lhe dizem "Por favor, responda sim ou não".

Contudo, podemos argumentar, com a ajuda de lingüistas renomados, que os chineses têm dificuldade em dizer "sim" ou "não". Vejam o grande número de variações sobre a teoria da linguagem-e-realidade expressa há anos por Edward Sapir: "Os seres humanos... estão à mercê de determinada linguagem que se tornou o meio de expressão da sua sociedade... O fato é que o mundo real, em grande parte, não percebe a extensão dada aos hábitos de linguagem do grupo."*

Essa idéia foi reforçada pela famosa hipótese Sapir-Whorf, que declara que a percepção que a pessoa tem do mundo, e de como ele funciona, depende em grande parte da linguagem usada. Como Sapir, Benjamin Whorf e novos defensores querem que acreditemos que a linguagem molda nosso pensamento, nos leva através de certos padrões embebidos nas palavras, estruturas sintáticas e entonações. A linguagem se tornou o prego e a prateleira que nos permite reconhecer e categorizar o mundo. Em inglês vemos "gatos" e "cachorros". E se a linguagem tivesse também algo especificando *glatz*, significando o "animal que deixa pêlos e baba no sofá"? Como a linguagem, que possibilita isso, mudou nossa percepção com leves variações de vocabulário?

E se fosse esse o caso – se a linguagem fosse a dona do pensamento destinado –, pensem nas oportunidades perdidas por deixarmos evoluir duas pequenas palavras, "sim" e "não", a mais simples oposição! Gengis Khan poderia voltar à Mongólia. As Guerras do Ópio seriam evitadas. A Revolução Cultural teria sido contornada.

---

* *Selected Writings of Edward Sapir in Language, Culture and Personality*, ed. D. G. Mandelbaum (Berkeley e Los Angeles: University of California Press, 1949).

Há ainda muitas teorias de lingüistas sérios para animar cultores da psicologia, que vêem a linguagem e a realidade como completamente ligadas, uma sendo conseqüência da outra. Passamos do campo de Sapir-Whorf para o leste, para a programação neurolingüística, que nos diz que "você é o que você diz".

Também fiquei intrigada com as teorias. Posso resumir, embora mal, a velha evidência empírica: dos esquimós e seus infinitos modos de dizer "neve", sua habilidade para ver diferenças nas configurações dos flocos, graças à riqueza do seu vocabulário, enquanto os não-esquimós, como eu, ficam com a "neve", "mais neve", e mais dependendo do lugar de origem.

O mundo me fez reconhecer que tinha muito que aprender, e fez despertar, em mim, habilidades para decifrar expressões. Depois que acrescentei "cor de malva" ao meu vocabulário, passei a ver a expressão em toda a parte. Quando aprendi a pronunciar "*prix fixe*", comi comida francesa a preços melhores do que a que se consegue dizendo o mais fácil, "*à la carte*".

Mas devemos levar isso a sério?

Sapir disse mais uma coisa sobre linguagem e realidade. É a parte quase sempre deixada para trás nas reticências das citações. "Duas linguagens nunca são suficientemente similares para serem consideradas representantes da mesma realidade social. Os mundos em que sociedades diferentes vivem são mundos distintos, não apenas o mesmo mundo com rótulos diferentes."

Quando li isso pela primeira vez, pensei: aqui, finalmente, vejo validade para os dilemas que tive crescendo numa família bicultural e bilíngüe! Como qualquer filha de pais imigrantes sabe, há uma espécie de união dupla ligada ao conhecimento de duas línguas. Meus pais, por exemplo, falavam tanto chinês quanto inglês comigo. Eu respondia em inglês.

– Amy-ah! – eles me chamavam.

– O que é? – eu resmungava.

– Não nos questione quando a chamamos – eles censuravam em chinês. – Não é respeitoso.

– Como assim?

– Ai! Não acabamos de dizer para não nos questionar?

Até hoje me pergunto quais partes do meu comportamento eram moldadas por chinês, quais por inglês. Sou tentada a pensar que, se tenho duas opiniões sobre um assunto, é devido à riqueza das minhas experiências lingüísticas, não a qualquer tendência pessoal para a falta de personalidade. Mas qual a mente que diz o quê?

Seria por acaso a paciência – adquirida nos anos em que passei decifrando o inglês fraturado de minha mãe – que me fazia ouvir educadamente quando uma mulher anunciava ao telefone que eu tinha ganho um de cinco prêmios valiosos? Seria respeito – martelado pelo imperativo chinês de aceitar explicações complicadas – que me fazia concordar em achar que valia a pena dirigir cento e vinte quilômetros para examinar uma casa de veraneio num local turístico? Podia ser que não tivesse palavras quando me perguntavam: "Você gostaria de ganhar um cruzeiro ao Havaí ou talvez uma fabulosa Estrela da Índia desenhada exclusivamente por Carter e Van Arpels?"

E quando essa mesma mulher telefonou uma semana depois, dessa vez reclamando por eu ter faltado à hora marcada, obviamente engrenei minha linguagem tipo A para interrompê-la. Certamente minha negativa agressiva – "Francamente não estou interessada"– foi tão americana quanto torta de maçã. E quando ela disse "Mas é em Morgan Hill", e respondi gritando "Entenda, por favor. Não me interessa se é em Timbuctu", podem estar certos de que eu disse com a exata entonação que expressava meu cinismo e meu desagrado.

Essa separação, de um lado a linguagem e do outro o comportamento, é um negócio perigoso. Qual deles é inglês? Qual é chinês? As categorias se manifestam assim: passiva ou agressiva, tentativa ou afirmativa, indireta ou direta. E percebo que são apenas variações do tema: que o povo chinês é discreto e modesto.

Rejeitem todas!

Se minha reação parece exagerada, é porque não posso ser enfática demais. Cresci ouvindo as mesmas frases continuamente, como tantas expressões rotineiras repetidas num livro de frases em inglês. E eu também quase cheguei a acreditar nelas.

Contudo, se considerar mais cuidadosamente o modo como fui criada, não vejo nada de discreto na linguagem chinesa dos meus pais. Eles sempre deixavam as coisas bem claras. Nada de irresoluto nas exigências deles, nenhum acordo aceito. "É claro que você vai ser uma cirurgiã famosa", eles me diziam. "E, sim, uma concertista de piano ao mesmo tempo."

Na verdade, agora que lembro, parece que as mais enfáticas injunções eram feitas em chinês. "Não assim! Você deve lavar arroz e não perder nenhum grão."

Não acredito que meus pais – ambos imigrantes da China – sejam as únicas exceções à regra do discreto e modesto. Basta ver o número de estudantes chineses de engenharia integrando as proporções das minorias em Berkeley, MIT e Yale. Certamente não foram criados por mães e pais passivos que diziam: "Depende de você, minha filha. Escritora, médica, massagista ou engenheira molecular – você decide."

E minha mente americana diz: Veja, esses estudantes de engenharia não conseguiram dizer não às exigências dos pais. Mas então minha mente chinesa lembra: Ah, mas todos aqueles pais queriam que suas filhas e filhos fossem para o pré-médico.

Tendo ouvido tanto o chinês quanto o inglês, fico suspeitando de qualquer comparação entre as duas línguas. Tipicamente uma linguagem – a da pessoa que faz a comparação – é usada como padrão, o marco geodésico para uma forma lógica de expressão. E a outra linguagem corre o perigo de ser julgada, por comparação, deficiente ou supérflua, simplista ou desnecessariamente complexa, melodiosa ou cacofônica. Os que falam inglês chamam a atenção para o fato de a língua chinesa ser extremamente difícil, pois depende de variações de tom mal discerníveis ao ouvido humano. Assim também os que falam chinês dizem que o inglês é extremamente difícil porque é inconsistente, uma língua com muitas regras quebradas, falada por camundongos Mickey e patos Donald.

Mais perigoso ainda, na minha opinião, é a tentação de comparar a língua e o comportamento *na tradução*. Ouvindo minha mãe falar inglês, temos a impressão de que ela não tem noção do passado ou do futuro, que não vê a diferença entre singular e plural, que é cega para os gêneros, referindo-se ao meu marido como "ela". Se não tiver cuidado, pode-se também generalizar, do modo como ela fala, supondo que todo o povo chinês toma um desvio circular para chegar ao ponto desejado. Mas o caso é que faz parte do comportamento idiossincrático de minha mãe divagar um pouco.

Preocupa-me pensar que a sociedade dominante possa ver o povo chinês de uma perspectiva limitada – e limitante. Preocupa-me pensar que estereótipos aparentemente benignos possam ser parte da razão por que são poucos os chineses em posições de autoridade, com papel importante na política. Preocupa-me o poder da linguagem: que se alguém disser uma coisa várias vezes – em *qualquer* língua –, isso possa vir a ser verdade.

Será por isso que vários chineses amigos, da geração dos meus pais, estão decididos a aceitar as generalizações?

– Por que está reclamando? – um homem me disse. – Se as pessoas pensam que somos modestos e delicados, deixe que pensem. Os americanos não ficariam satisfeitos se fossem chamados de corteses?

E acredito, realmente, que qualquer pessoa tomaria isso como um cumprimento – no princípio. Mas depois de algum tempo, isso aborrece, como se as únicas coisas que as pessoas ouvem fossem observações fáticas: Estou tão satisfeito por encontrar você. Ouvi muitas coisas maravilhosas a seu respeito. Para mim? Você não devia!

Essas observações não representam novas idéias, emoções honestas ou pensamentos cuidadosos. São o que se diz a uma distância cortês dos contextos sociais: cumprimentos, despedidas, notas de agradecimento num casamento, desculpas convenientes e coisas assim.

Porém, me pergunto: quantos antropólogos, quantos sociólogos, quantos jornalistas viajantes documentaram as chamadas interações naturais numa terra estrangeira, todas anotadas num caderno de notas? Quantos casos existem de tribos "primitivas" há muito perdidas, povos que se sofisticaram o suficiente para dar o show da Idade da Pedra que os etnólogos querem ver?

E quantos turistas que acabam de saltar do ônibus vão até Chinatown esperando que o lojista modesto admita, quase à força, que as mercadorias não valem os preços pedidos? Eu testemunhei isso.

– Não sei – um turista disse para a vendedora, uma mulher cantonesa de uns cinqüenta anos. – Não me parece genuíno. Dou três dólares.

– Se não gosta do meu preço, vá a outro lugar – respondeu a mulher.

– Você não é uma pessoa agradável – exclamou o turista, chocado –, de modo nenhum uma pessoa agradável.

– Quem disse que tenho de ser agradável? – retrucou a vendedora.

Então, como se diz "sim" e "não" em chinês? – meus amigos perguntam desconfiados.

E aqui concordo em parte com o artigo da *New York Times Magazine*. Não há uma palavra para "sim" ou "não" – mas devido à necessidade de se ser discreto. Eu diria que o equivalente ao "sim" ou ao "não" em chinês é *específico*, isto é, específico do que é perguntado.

Pergunte a um chinês se ele comeu. Ele poderá dizer *chrlc* (já comi) ou *meiyou* (não comi ainda).

Pergunte: "E então, você tinha seguro na época do acidente?", e a resposta poderá ser *dwei* (correto) ou *meiyou* (não tinha).

Pergunte: "Você parou de bater na sua mulher?", e a resposta refere-se diretamente ao que está sendo afirmado ou negado: já parei, ainda não, não tenho mulher.

O que pode ser mais claro?

Quanto às pessoas que ainda querem saber como traduzir a linguagem da discrição, ofereço este exemplo pessoal.

Minha tia e meu tio iam voltar para Beijing depois de três meses de visita aos Estados Unidos. Na sua última noite eu disse que queria levá-los para jantar fora.

– Vocês estão com fome? – perguntei em chinês.

– Não com fome – meu tio disse imediatamente (a mesma resposta que me dera dez minutos antes de sofrer um ataque de hipoglicemia).

– Não com muita fome – disse minha tia. – Talvez você esteja com fome?

– Um pouco – admiti.

– Podemos comer, podemos comer então – os dois concordaram.

– Que tipo de comida? – perguntei.

– Oh, não importa. Qualquer coisa. Nada complicado. Uma comida simples seria ótimo.

– Vocês gostam de comida japonesa? – sugeri. – Ainda não comemos nada deste tipo.

Eles se entreolharam.

– Podemos comer – disse meu tio bravamente, um sobrevivente da Longa Marcha.

– Já comemos antes – acrescentou minha tia. – Peixe cru.

– Oh, vocês não gostam? – eu disse. – Não façam cerimônia. Podemos ir a outro lugar.

– Não estamos fazendo cerimônia. Podemos comer – minha tia insistiu.

Então eu os levei a Japantown e passamos a pé por vários restaurantes com amostras coloridas de sushi de plástico nas vitrines.

– Não esse, nem aquele outro – dizia como se estivesse procurando um determinado restaurante japonês.

– Aqui está – eu disse na frente de um restaurante chinês famoso pelos pratos de peixe da província de Shangdong.

– Oh, comida chinesa – exclamou minha tia, evidentemente aliviada.

Meu tio bateu de leve no meu braço.

– Você pensa como uma chinesa.

– É sua última noite aqui na América – insisti. – Portanto não façam cerimônia. Ajam como americanos.

E naquela noite fizemos um banquete.

Cinco dicas para escrever

Esta é a versão de um discurso feito na formatura do Simmons College, em Boston, em 2003.

Membros da diretoria, presidente Cheever e corpo docente, distintos homenageados, formandos, suas famílias e pessoas queridas que ajudaram a tornar possível este dia com sua paciência, esperança e empréstimos a juros baixos, agradeço sua gentil recepção. Que grande prazer é nos encontrarmos neste dia glorioso no estacionamento histórico e belo do Simmons College.

Logo vocês, a classe de 2003, receberão seus diplomas, seus nomes serão chamados, a mão do presidente Cheever se erguerá acima de suas cabeças ungidas e felizes e, quase inconscientes de alegria, vocês jogarão seus barretes para o ar. E quando chegar esse momento, quero que lembrem um dos verdadeiramente grandes e comoventes momentos da história de entrega de diplomas, quando o Espantalho recebe seu doutorado honorário de pensamentologia do Mágico de Oz. O Espantalho imediatamente passa a ter o cérebro que tanto desejava. Ele aponta para a própria cabeça e recita: "A soma das raízes quadradas de quaisquer dois lados de um triângulo isósceles é igual à raiz quadrada do lado restante." Muito bem, adivinhem só! Ele estava *errado*, e todos também erraram, pois aplaudiram e ficaram muito impressionados. Oh, durante anos aceitei o erro porque nunca pensei realmente no que ele disse, que o que ele devia ter dito era: "O quadrado da hipotenusa de um triângulo reto é..."

Na verdade não importava a bobagem que o Espantalho dissera, pois o que ele estava demonstrando era que tinha as credenciais e a confiança, e podia agora abrir um caminho na vida com o diploma e ficar em Oz como político.

Mas vocês não vão precisar de um diploma de bacharel em ciências, sei disso, porque estão se formando no Simmons College, não na Escola do Mágico, e vocês não apenas são bem instruídos, como também têm certos princípios tradicionais de alta instrução deste educandário. Para mim é uma honra o seu desejo de me dar um doutorado em letras. O presidente Cheever me prometeu que terei direitos, privilégios e dignidades que não tinha antes, que incluem uma vaga de graça neste glorioso estacionamento que tenho na frente, quando não estiver ocupado para assuntos mais importantes, como a cerimônia de hoje. Acredito que com meu doutorado serei também investida com poderes prodigiosos, incluindo a capacidade de ver seu futuro.

O que eu vejo de fato é o sonho de todos nós. É claro que vocês devem sonhar em noites diferentes, mas o sonho é assim: você está em Java City, tomando um café Mocha, quando de repente percebe que está atrasado para a aula. O problema é que você não lembra qual é a sala, porque desde que se inscreveu nessa matéria nunca foi a nenhuma aula. Por sorte você vê outros estudantes que conhece e os acompanha. Com grande alívio para você, as coisas começam a parecer familiares à medida que atravessa o campus principal, notando os mesmos velhos livros pregados nas paredes. Finalmente você parece estar na classe certa e senta nos fundos, onde não será notado. Infelizmente, você percebe também que a pessoa na frente da classe é o professor Gregory. E isso significa que a aula é da temida Filosofia 300, e que você passará algum tempo com Freddy Nietzsche. Um segundo depois, você vê o professor Gregory passar alguns papéis. É o dia do exame final. Você consulta o relógio, ainda faltam cinco horas, e então lê a primeira página do teste. Está escrita em alemão antigo, em letras miúdas, uma única pergunta tomando toda a página, sem margens. Você passa para a página seguinte. É completamente negra e você deve discernir o argumento filosófico sobre sua identidade existencial contida dentro daquela escuridão e responder no formato de uma pergunta *Jeopardy!* Eu fui uma das pessoas que fizeram perguntas para *Jeopardy!*, portanto sei como é difícil. A última página é uma lista de todas as religiões do mundo em línguas antigas e mortas, que você deve pôr na ordem em que Nietzsche as desprezou.

Embora a maioria de vocês seja de mulheres, você começa a suar profusamente. Mas porque a maioria de vocês é de mulheres, terá recursos para responder. Eu fiz isso. Algumas de vocês, a despeito de serem mulheres, chorarão desesperadas, sabendo que a festa acabou. Alguns, como homens, também vão chorar, mas você saberá que está certo, porque, como formados na Simmons, é o sinal de sensibilidade masculina. E alguns de vocês terão uma incrível epifania: "Esperem um pouco!", você gritará, e ficando de pé aponta para o professor Gregory, que boquiaberto e surpreso ouve você anunciar: "Não preciso assistir a esta aula nem fazer este teste porque já tenho meu diploma do Simmons College."

Portanto aí está. Minha predição para seu futuro, o sonho que todos vão compartilhar. Quando acontecer, espero que pensem em mim. Tive tantas vezes versões desse sonho que posso dar conselhos úteis. Emoldurem seus diplomas. Basta uma cópia do original, para o caso de você querer pendurar o original na porta da frente, onde será visto pelas visitas. Mas emoldurem pelo menos uma cópia e pendurem perto da sua cama. Quando tiverem o sonho, abram os olhos, olhem para seu diploma, congratulem-se e voltem a dormir.

Durante anos e anos tive variações desse pesadelo. Suponho que o significado é óbvio: não importa o quanto tenhamos realizado, ainda nos sentimos inadequados, despreparados. Não é surpresa. Para muitos dos maiores momentos da nossa vida não podemos nos preparar adequadamente, como o fazemos para o nascimento de um filho, a morte de um ente querido.

Atualmente tenho uma nova versão desse sonho. Não se trata mais de um exame final. Devo dar uma palestra para uma porção de pessoas que esperam que eu transmita a sabedoria dos tempos, por exemplo, o melhor modo de encontrar um agente literário. Mas em meu sonho, quando olho para as notas que preparei, vejo que apanhei por engano a letra de "Material Girl", da Madonna. Hoje tenho prazer em dizer que trouxe as notas certas. Não se preocupem – só parecem de um discurso de doze horas, mas isso é porque imprimi com fonte 24, dez palavras por página.

Então o que pode uma escritora dizer a vocês que possa ser útil quando estão para passar deste período de sua vida para o seguinte? Uma possibilidade seria uma lista dos meus cinco restaurantes chineses preferidos. Isso enriqueceria enormemente suas vidas e seus estômagos.

O que finalmente resolvi, em lugar disso, são cinco dicas que podem achar úteis em outras áreas que não da literatura, talvez até para pensar na vida, e como conduzi-la de modo interessante e precioso. Aqui está a minha lista.

1. *Evite chavões*. Eles estão em toda parte e são o anátema para o pensamento original. Vejam estes, todos relativos à aceitação do destino: "É como tinha de ser." Ou: "Esse é seu destino na vida." Ou: "A história está condenada a se repetir." Ou: "Ela estava no lugar errado, na hora errada." E que tal estes: "Algumas coisas simplesmente têm de ser" e "Se não é uma coisa, é outra", um chavão brilhantemente parodiado por Gilda Radne? E que tal o grande e velho que alguns dizem que pode ser atribuído a Nietzsche: "Merda acontece."?

Quando dizem a você "Tinha de ser", pergunte: "Quem determinou o que isso significa realmente?" Alguém está tentando fazer você aceitar uma situação insuportável ou uma situação sobre a qual você tem dúvidas? Quando disserem "Merda acontece", lembre que muitas outras coisas também acontecem, como generosidade, perdão, ambigüidade e incerteza. Quando disserem "É simplesmente destino", pergunte a você mesmo: "O que há de simples nisso? Quais são as alternativas para destino? Qual é o oposto de destino?"

Se ouvir alguém usando esses clichês, pare para pensar se você está sendo aconselhado à inação ou à ação errada. Se ouvir expressões muito usadas no noticiário, pare para pensar se elas têm realmente significado. O espectro do significado é infindável, fascinante e repleto de humanidade. Os chavões são estáticos, a emoção por trás deles há muito desapareceu. Se for tentado a usá-los, aqui vai um ditado de minha mãe: *Fang pi bu-cho, cho pi bu-fang*. Basicamente pode ser traduzido por: "Peidos barulhentos fedem, e os que realmente fedem não fazem barulho algum." Em outras palavras: quando você está cheio de feijão, você expele muito ar. Se não quiser causar um impacto, seja letal, mas silencioso.

Oh, reconheço também a diferença entre um mau clichê e uma boa citação. O ditado de minha mãe é uma boa citação. Vocês deviam usá-lo sempre.

2. Evite generalizações. Como escritora de ficção, desconfio das verdades absolutas. Homilias, lugar-comum e também conselhos taquigrafados, como os que estou dando. Gosto de específicos, a versão completa de uma história na qual são necessárias quatrocentas páginas para responder a uma única pergunta sobre o caráter de uma pessoa. Os escritores literários, a não ser que estejam escrevendo contos de fadas, aprendem cedo a nunca ter personagens que sejam opostos polares, um "bom", o outro "o próprio mau". Não se pode acreditar nisso. As pessoas são mais do que o bem e o mal. Leitores inteligentes exigirão que você não reduza as pessoas a termos simplistas, ou que resolva situações com "Deus sempre vence o mal", "A força sempre está certa" e assim por diante. E embora essas soluções sejam comuns nos livros de mistério e nas histórias de ação, são fracas na ficção literária, que deve refletir verdades sutis sobre o mundo. É melhor ser sutil do que arrogante, melhor ser subversivo do que didático.

3. *Encontre sua voz*. Como graduados do curso superior, vocês têm um bom começo. Sua voz é a que procura uma verdade pessoal, que só você pode obter. Essa verdade vem das suas experiências, suas observações, e quando você a encontra, se ela for realmente verdadeira e específica, você ficará surpreso ao ver que os outros também acham que é verdade. Procurando sua voz, preste atenção às diferenças entre emulação e imitação, inspiração e intimidação.

4. *Mostre compaixão*. Muitos escritores principiantes pensam que o sarcasmo é um bom modo de demonstrar inteligência. Porém, os mais amadurecidos sabem que humor maldoso é cansativo e limitado sob o ponto de vista unidimensional. Uma história de sucesso é aquela onde o narrador pode tratar as fraquezas humanas, até mesmo as faltas mais graves, profundamente e, portanto, com compaixão. A imaginação nos leva para muito perto da compaixão. Pratique, imaginando-se levando a vida de alguém cuja situação difere inteiramente da sua – morando em outro país, tendo outra religião. Quanto mais profundamente puder fazer isso, mais profundamente você se transforma na personagem enquanto escreve. Não pode evitar de ser compassivo.

5. *Faça perguntas importantes*. O que faz uma história valer a pena é a pergunta ou as perguntas que ela suscita. A pergunta pode ser: O que é o amor? O que é a perda? O que é a esperança? Essas três poderiam levar uma vida inteira para ser respondidas. Minha história é uma resposta. Sua história é outra.

Outra pergunta levantada na literatura diz respeito às intenções. Quais são as intenções das pessoas, especialmente quando se referem ao bem-estar dos outros? E se suas intenções levam a conseqüências inesperadas e indesejáveis? Quem deve ser responsável? Qual o tempo de duração dessa responsabilidade? As respostas não estão na Suprema Corte, nem com nossos líderes. Precisamos de respostas pessoais em todas as histórias, tantas quantas você puder encontrar. Mas, para encontrá-las, você antes tem de fazer as perguntas. Precisa perguntar a você mesmo: O que é importante? O que está em jogo? Conhecendo as perguntas que você faz, você conhece também sua voz individual, sua moralidade.

Essas são as cinco dicas para o escritor iniciante: evitar clichês, evitar generalizações, encontrar sua voz individual, mostrar compaixão e fazer perguntas importantes. Espero que as achem úteis, que não seja para escrever a Grande Novela Americana, mas para pensar na sua vida e no mundo que o rodeia. O que você faz com sua carreira é apenas uma parte do todo de sua vida. Seus pensamentos e suas respostas para as perguntas importantes é o que lhe proporcionarão uma vida interessante, fazendo de você uma pessoa interessante, capaz de mudar o mundo.

E mais tarde na vida, à medida que respostas mais interessantes cheguem a você, poderá olhar para trás com profunda gratidão ao professor Gregory e a todos os outros professores dedicados do Simmons College, que lhe deram pesadelos, mas também as bases para pensar sobre o mundo e o seu papel nele. Talvez também um dia vocês até achem que Nietzsche foi uma das matérias mais úteis que escolheram. Terão aquele sonho do teste, mas não se sentirão despreparados. Poderão ver as perguntas e dizer: "Há muito tempo venho pensando nas respostas e aqui estão elas."

Desejo a todos uma vida interessante.

Leitura obrigatória e outros assuntos perigosos

Há muitos anos aprendi que tinha passado um marco literário. Fui atraída aos salões da educação pela rubrica de "literatura multicultural", em muitos colégios conhecida como "leitura obrigatória".

Graças a isso, os estudantes nas sessões de autógrafos me dizem com orgulho que estão escrevendo seus ensaios, trabalhos ou teses sobre minha pessoa. Isso quer dizer que estão analisando não apenas meus livros, mas a mim também, minha história particular e meus pecadilhos, para que, com a percepção tardia da investigação literária das salas de aula, possam provar que meu passado contém muitos presságios chineses segundo os quais seria inevitável que me tornasse escritora.

Quando era estudante, os únicos escritores que analisei há muito tempo tinham passado para aquela Grande Mesa dos Inesquecíveis, no céu. Esses autores, dos anos passados, não podiam protestar o que eu dissesse sobre eles ou sobre sua obra. Eu podia escrever "O que Henry James queria dizer realmente..." e não havia nenhum Henry James para dizer: "Sua idiota, se era isso que eu queria dizer, era o que eu teria dito."

Entretanto, tenho o prazer especial de ouvir, enquanto viva, o que eu queria dizer realmente quando escrevi *O clube da felicidade e da sorte*. Um estudante descobriu que meu livro está estruturado de acordo com os quatro movimentos de uma sonata; a prova está no fato de meus pais desejarem que eu fosse concertista de piano, como menciona minha biografia na orelha do livro. Fiquei sabendo por outro estudante que pesquisou profundamente a informação biográfica numa fonte autorizada, a revista *People*, que meu livro se baseia em minhas numerosas experiências com homens. Mostrei esse ensaio ao meu marido, Lou, meu companheiro constante desde 1970.

Como objeto dessa atenção acadêmica, sei que devo me sentir honrada. Mas o que sinto realmente é algo mais parecido com choque e embaraço. É como se eu tivesse ouvido por acaso uma conversa numa festa e descoberto que sou o alvo de fofocas suculentas de um grupo de psicanalistas – ou talvez de proctologistas, dependendo da profundidade e da natureza obsessiva da análise.

Certa vez, li uma tese de mestrado sobre a obra literária de feministas que incluía exemplos de *O clube da felicidade e da sorte*. A estudante notou que eu tinha usado o número quatro na ordem de trinta e dois ou trinta e seis vezes – em qualquer caso, um número divisível por quatro. Visto isso, ela chama a atenção para o fato de haver quatro mães, quatro filhas, quatro partes no livro, quatro histórias por seção. Além disso, havia quatro lados numa mesa de *mah jong*, quatro direções do vento, quatro jogadores. Mais importante, ela faz notar que o uso do número quatro simboliza os quatro estágios do desenvolvimento psicológico, o que corresponde estranhamente aos quatro estágios de um tipo de filosofia budista da qual nunca ouvi falar. Estendendo mais essa análise, a estudante lembrava que havia uma personagem chamada Quarta Mulher, simbolizando a morte, e uma menina de quatro anos com um espírito determinado, simbolizando regeneração. Havia também um garoto de quatro anos que morre afogado e, talvez pelos pais serem batistas, ele simbolizava o renascimento por meio da morte. Havia mais, uma menina que sofre uma queimadura no pescoço quando tinha quatro anos, que deixa uma cicatriz para toda a vida e que depois perde a mãe e sua noção de personalidade. Ela representa a crise.

Resumindo, o trabalho de investigação literária da estudante revela um enigma místico e bizantino que, uma vez explicado, demonstra ser brilhante e perfeitamente lógico. Ela me escreveu uma carta perguntando se sua análise estava correta. Senti muito não poder dizer que estava.

A verdade é que, se incluo símbolos em meu trabalho, são cuidadosamente tirados do esconderijo por outros. Não incluo conscientemente símbolos de modo tão astuto como certos estudantes me dão crédito. Não posso planejar onde vou usar esses recursos literários, como se fossem placas de rodovia que anunciam regularmente os lugares de descanso, paisagens e a última saída antes do desenlace. Não sou tão metódica. Se escrevo sobre "uma lua cor de laranja aparecendo na noite escura", o mais provável será perguntar a mim mesma se a imagem é um chavão do que se é um símbolo da força feminina subindo furiosa, como sugeriu um acadêmico.

Tudo isso para dizer que não faço uso do número quatro como um brilhante e simbólico recurso literário. Agora que me foi mostrado de modo tão incrível, considero o meu uso exagerado do número quatro uma falha.

Não estou sugerindo que escrevo minhas histórias sem nenhuma consideração para com as palavras e imagens incluídas. Escolho minhas palavras cuidadosamente, com muita angústia. Cada uma tem um significado para mim, em virtude do seu sentido, seu tom, sua localização na frase, seu som e ritmo na narrativa ou em um diálogo, suas associações específicas com algo profundamente pessoal e muitas vezes secretamente irônico de minha vida.

Sei que certa vez usei a palavra "quatro" porque a vogal aberta soa mais suave e, portanto, era melhor, em minha opinião, do que "três" ou "cinco". Escrevi que a mesa de *mah jong* tinha quatro lados sem nenhum motivo, nunca vi uma mesa de *mah jong* com mais ou com menos de quatro lados. Pela mesma razão, incluí quatro jogadores na mesa de *mah jong* de quatro lados.

Quanto às idades das crianças, só posso dizer que quando tinha quatro anos amava o mundo. A mágica aconteceu. Tinha quatro anos quando um adulto me explicou o conceito de inferno. Fiz um buraco no quintal e vi pessoas despidas dançando sob o solo; vi também vermes. Minha imaginação e a realidade eram quase a mesma coisa. Acreditava nas histórias que ouvia. Então vi aquilo em que acreditava – que não é diferente do que eu, como escritora, queria que o leitor visse ao ler minhas histórias. Porém, antes tenho de fazer o leitor acreditar que as histórias são verdadeiras. E algumas partes são. A personagem chamada Quarta Mulher, por exemplo. Ela não é chamada de Quarta Mulher por motivos simbólicos. Queria prestar homenagem à minha avó, que era realmente a Quarta Mulher e que se matou por ter essa posição na vida e em quem duas das histórias são baseadas.

Quanto à estrutura do livro em quatro partes, devo chamar a atenção para o fato de que há na verdade três narradoras que são mães, não quatro, como notaram alguns críticos e alguns estudantes. Resolvi deliberadamente ter três pessoas sentadas à mesa de *mah jong* para criar uma sensação de desequilíbrio, de que alguém ou alguma coisa estava faltando. Para mim, é disso que tratam as histórias, da procura do equilíbrio em minha vida. Isso é um símbolo? Pensei que fosse uma emoção. Seja como for, originalmente dei ao livro o título de *Vento e água*, pensando na filosofia chinesa da harmonia na natureza. E originalmente o livro deveria ter cinco partes, três histórias para cada um dos elementos encontrados na natureza harmoniosa: terra, fogo, madeira, água e metal. Mas minha agente, Sandy Dijkstra, achou que a estrutura de cinco partes era por demais irreal, e percebi que cinco famílias complicariam o equilíbrio. Sandy gostou do título de uma das histórias propostas, "O clube da felicidade e da sorte". Tendo crescido com o verdadeiro Joy Luck Club, eu achava que o nome parecia muito prosaico. Mas não queria discutir, imaginando que, de qualquer modo, não poderia vender o livro a um editor, independentemente do título.

Assim os cinco elementos e as cinco partes do livro saíram pela janela, enquanto a proposta de uma coleção de quinze histórias permaneceu. Por mais estranho que pareça, minha agente conseguiu vender o livro baseada nessa proposta, e eu recebi um contrato da Putnam estipulando que daí a seis meses eu entregaria uma obra de ficção de aproximadamente cem mil palavras inglesas. Cerca de quatro meses escrevendo o restante do livro, percebi que quinze histórias não conteriam as cem mil exigidas. Além disso, algumas das palavras não eram inglesas, e sim chinesas, e fiquei preocupada pensando que se não entregasse o número exigido de palavras inglesas, a Putnam recusaria publicar meu manuscrito. Assim o livro ficou com dezessete histórias.

Quando minha editora Faith Sale leu as dezessete histórias, ela fez um comentário que me surpreendeu:

– Uma das histórias não combina.

Perguntei qual.

– A história sobre o ex-namorado de Rose. Todas as outras dizem respeito ao relacionamento entre mãe e filha.

– É mesmo? – perguntei. – Mães e filhas. Isso é interessante. – Eu já disse a vocês que não sou tão inteligente. Até aquele momento não me ocorrera que eram histórias sobre mães e filhas. Retiramos a décima sétima história, por isso agora são dezesseis. Faith sugeriu gravar as histórias numa estrutura. Propus que a estrutura devia ser emocional, ligada por uma pequena fábula, ainda a ser escrita, que servisse para cada parte incluída sob a rubrica da mesma. No fim, descobri que dezesseis histórias podiam ser em quatro seções.

Agora que confessei isso, podem imaginar como me senti satisfeita, mas culpada quando li as primeiras críticas do livro, que elogiavam a estrutura inteligente e inovativa de "um romance com oito vozes, misteriosamente entrelaçadas como uma caixa chinesa de um quebra-cabeças". Imaginem o desapontamento do crítico se eu dissesse a ele que a estrutura do que ele chamava de romance era resultado de um arranjo mais eclético de dezesseis *contos*.

Críticos e estudantes me ensinaram muito não só sobre como escrever, mas também sobre por que eu escrevo. Aparentemente, desejo capturar a experiência do imigrante, para desmistificar a cultura chinesa, para mostrar as diferenças entre as culturas americana e chinesa, abrir caminho para outros escritores asiático-americanos – e tenho mais uma quantidade de motivações igualmente nobres.

A verdade é que escrevo por motivos mais egoístas – isto é, escrevo para mim. Escrevo porque gosto de histórias e de faz-de-conta. Escrevo porque, se não escrevesse, provavelmente enlouqueceria. Assim, escrevo sobre questões que me perturbam, imagens que me mistificam ou memórias que me provocam angústia e dor. Escrevo sobre segredos, mentiras e contradições, porque dentro deles estão muitos tipos de verdades. Em outras palavras, escrevo histórias sobre a vida para entendê-la. Certamente é uma vida sino-americana, mas a única que tive até agora.

Ao contrário do que supõem alguns estudantes, professores, repórteres e organizações levantadoras de fundos, não sou profunda conhecedora da China, da cultura chinesa, de *mah jong*, da psicologia de mães e filhas, das lacunas entre as gerações, de imigração, de estrangeiros ilegais, assimilação, aculturação, tensão racial, praça Tiananmen, acordos entre as nações mais favorecidas, direitos humanos, economia do Pacífico, o significado do desaparecimento de um milhão de crianças do sexo feminino da

China, o futuro de Hong Kong depois de 1997 ou, sinto dizer, da cozinha chinesa. Sem dúvida tenho opiniões pessoais sobre muitos desses assuntos, especialmente a cozinha, mas de modo nenhum meus sentimentos ou meu mundo de faz-de-conta me fazem uma perita em qualquer um.

Por isso fico alarmada quando críticos e educadores supõem que minhas histórias, muito pessoais, específicas e fictícias, desejam representar nos mínimos detalhes não apenas sino-americanos, mas às vezes toda a cultura asiática. *A Thousand Acres*, de Jane Smiley, representa toda a cultura americana? Todas as filhas americanas servem seus pais tirânicos o mesmo café todas as manhãs? Todas as irmãs traem umas às outras? Todos os opositores conscienciosos falham nos relacionamentos amorosos? Por que leitores e críticos supõem que um livro com personagens sino-americanos pode conter todas as histórias demográficas e pessoais da América chinesa?

Minha editora na Putnam me diz que há muito tempo recebe centenas de pedidos de permissão dos editores de livros escolares e antologias multiculturais para reeditar meus livros com fins educacionais. Um editor queria incluir um trecho de *O clube da felicidade e da sorte*, uma cena na qual uma mulher convida seu namorado não-chinês para jantar na casa dos seus pais. O namorado leva uma garrafa de vinho de presente e comete numerosas gafes sociais durante o jantar. Estudantes deveriam ler esse trecho e depois responder à seguinte pergunta: "Se você é convidado para jantar na casa de uma família chinesa, deve levar uma garrafa de vinho?" Minha editora e eu concordamos em negar o pedido de permissão.

Ouvi dizer que meus livros e ensaios estão agora na lista das leituras obrigatórias dos cursos de estudos étnicos, estudos asiático-americanos, literatura asiática-americana, história asiática-americana, literatura feminina, estudos feministas, escritoras negras e assim por diante. Fico orgulhosa por estar nessas listas. Qual o escritor que não quer que sua obra seja lida? Mas há uma pequena pergunta insistente que murmura em meu ouvido uma vez ou outra: e a literatura americana?

Sei que não devo me queixar, ou pelo menos não em voz muito alta. Afinal, sou uma das escritoras felizardas que são lidas nas salas de aula, pela maioria dos leitores comuns, e estou nas *cliffsnotes*. Muitos leitores me dizem que leram meus livros porque sentem que as histórias são sobre emoções universais entre mãe e filha.

Mas como minha mãe tantas vezes dizia, eu tenho uma opinião. Tenho uma opinião não apenas sobre meus livros, mas sobre literatura em geral. Acho que a literatura americana, se é que existe essa classificação, devia ser mais democrática do que a cor da pele ou se arroz ou batatas é servido em sua mesa fictícia. Então pergunto a mim mesma e às vezes aos outros: Quem decide o que é ficção americana? Por que obras de ficção de escritores menores são lidas especialmente para o estudo de classes, gênero e raça? Por que é tão difícil fugir desse gueto literário?

Deixem-me sugerir uma razão. Numa conferência, há algum tempo, um membro do Departamento de Educação do estado da Califórnia me disse: "A propósito, seus livros foram recentemente aprovados para nossa lista de livros multiculturais recomendados pelo estado para a educação média."

Sorri, mas talvez não tenha parecido suficientemente impressionada.

Ela então me garantiu: "Nossos critérios são muito rigorosos. Para chegar à lista, o livro passa pela apreciação de vários educadores, que devem concordar que ele nos dá um retrato positivo e significativo da cultura que representa."

Fiquei sem saber o que dizer, porque era como se um ministro da Saúde me congratulasse por provar que fumar é na verdade um hábito salutar e feliz. Por isso, apenas inclinei a cabeça assentindo, compreendendo que meus livros estavam contribuindo para mudanças perigosas no modo de o povo ver a literatura. Na verdade, amigos na universidade me dizem que no momento estão organizando debates nos salões dos departamentos de estudos étnicos sobre qual livro é mais valioso do que outro – todos baseados naqueles critérios rigorosos a respeito da representação positiva e significante das culturas que supostamente representam. Facções dentro de grupos minoritários apareceram, os lados diferentes jogando gravetos e pedras uns nos outros, enquanto discutem sobre qual a literatura que é supostamente representada, o que significa e como age. E um número crescente de leitores, leitores cultos, agora escolhem ficção como latas de sopa na prateleira do supermercado. Se o livro for considerado étnico, deve conter ingredientes nutritivos específicos: narrativa descritiva que ensina sobre cultura, personagens que servem de bons modelos para o papel, tramas e conflitos que contenham temas e idéias socialmente relevantes, linguagem perfeitamente política e etnicamente correta.

Recentemente falei com um desses leitores, uma agente – não a minha – jovem e saída talvez há uns cinco anos da universidade.

– Adoro seus livros, são tão educativos – afirmou. – O que seu próximo livro vai nos ensinar? Qual a lição?

– Não escrevo livros para ensinar as pessoas – respondi. – Se os leitores aprendem alguma coisa, é por conta própria, nada tem a ver comigo.

A agente disse:

– Mesmo? Mas não acha que tem uma responsabilidade como escritora de minoria de ensinar ao mundo a cultura chinesa?

O comentário me lembrou que se você pertence a uma minoria, seu livro não será lido do mesmo modo, digamos, que os de Anne Tyler, John Updike ou Sue Grafton. Em outras palavras, suas histórias podem não ser lidas como ficção literária ou ficção americana, ou ainda como diversão. Serão lidas mais provavelmente como sociologia, política, ideologia e lições culturais sob a forma de narrativa. Sua ficção provavelmente não terá permissão para residir no mundo mais vasto da imaginação; será designada para um território de assuntos multiculturais. Sei que isso está acontecendo porque vi trabalhos de estudantes com a nota A pela "excelente análise das diferenças entre as culturas chinesa e americana".

Fico perturbada – não, vamos corrigir isso, fico aterrorizada – quando as pessoas usam a "autoridade" da sua raça, do seu gênero e da sua classe para estipular quem deve escrever o quê e por quê. As proibições são várias. Você não pode escrever sobre lésbicas, a não ser que seja lésbica. Não pode escrever sobre nativos americanos, a não ser que seja pelo menos 24% nativo americano e membro registrado da sua tribo. Não pode escrever sobre afro-americanos ou asiático-americanos, a não ser que as personagens sejam representadas de modo positivo. Não pode escrever sobre hindus, a não ser que seja membro de uma casta inferior. Não pode escrever sobre latinos, a não ser que ainda viva entre eles.

As ordens são igualmente fortes: se você é gay, deve escrever sobre AIDS e sexo explícito. Se é asiático-americano, deve escrever sobre personagens modernas e progressistas, não voltadas para trás, para os dias ruins. Se você é afro-americano, deve escrever sobre opressão e racismo. E quem é você para questionar essas ordens se não um membro da minoria citada na ordem?

Ouvi dizer que esse tipo de autoridade étnica é mais invocado atualmente. É como se uma forma mais nova e insidiosa de censura tivesse entrado sorrateiramente no rebanho, conquistando seguidores, usando a capa das boas intenções e da correção étnica. Os líderes da causa chamam a atenção para os estereótipos negativos e sem sentido reproduzidos nos livros escolares há anos. Por que o povo chinês, nos livros americanos de história, aparecem somente como anônimos e sem rosto, trabalhadores da estrada de ferro? Por que devemos ler Hemingway quando a evidência mostra que ele era misógino e anti-semita?

A questão não é se estereótipos, misoginia e anti-semitismo devem ou não ser permitidos. Tem a ver com a literatura, se ela deve servir como a carroça e o cavalo que levam para longe os malefícios humanos. Podemos eliminar o racismo censurando a ficção? Os bolchevistas e a Guarda Vermelha dos chineses melhoraram os padrões da literatura em seus países ordenando o que deve ser escrito e por quê?

Contudo, há os que argumentam que a literatura americana deve seguir um tipo de linha política, e se você discorda, não é fácil vencer a discussão com seus argumentos. Para começar, toda vez que você fala em etnia, corre o perigo de tropeçar na terminologia e aterrissar no campo de batalha chamado racismo. Na arena instável da etnia e raça, não há uma linguagem comum com a qual todos concordam. Já é bastante difícil para mim determinar quais os sinais étnicos que posso me atribuir. Devo me referir a mim como uma escritora asiático-americana, uma escritora étnica, escritora das minorias, escritora do Terceiro Mundo, escritora de cor. De pessoa para pessoa, e especialmente de escritor para escritor, esses termos têm peso emocional e político diferentes.

Se eu fosse rotular a mim mesma, teria de dizer que sou uma escritora americana. Sou chinesa por herança racial. Sou asiático-americana pela família e por educação social. Mas acredito que o que escrevo seja ficção americana devido ao fato de viver neste país e de minhas sensibilidades emocionais, suposições e obsessões serem em sua maior parte americanas. Minhas personagens podem ser na maioria asiático-americanas, mas acho que elas são uma parte da América.

Como uma parte, devo admitir que "escritor de cor" é uma expressão que me desagrada, uma vez que, em termos de cor, o povo chinês sempre foi considerado amarelo, a cor associada à covardia, icterícia, banana, Ping, o Pato, e aos Jardins Marvins da classe média no Monopólio. Prefiro o termo "escritora colorida", que condiz mais com um escritor. Ou que tal "escritora com um tempero diferente"? A culinária é provavelmente muito melhor indicador dos diferentes gostos literários do que a cor da pele. Escritor de cor é também um termo exclusivista – você não é um membro se sua pele for muito clara, contudo talvez enfrente os mesmos problemas como escritor se for armênio-americano, gay ou lésbica. Seja como for que chamemos as minorias, como resultado das experiências comuns, tanto pejorativas quando humorísticas, muitas vezes temos afinidade uns com os outros. Somos segregados do mesmo modo.

Considerem as críticas dos livros. Na maioria das vezes, se o livro é de um escritor asiático-americano, o editor do jornal ou da revista designa um asiático-americano para o trabalho. Na superfície, isso parece ter sentido: um crítico asiático-americano pode ser mais sensível aos temas e significados do livro – não importa se o crítico é formado em história, não sendo um escritor de ficção e possivelmente nem mesmo um *leitor* de ficção. Mas um crítico com essas qualificações pode dar maior atenção à relevância e correção histórica do livro do que aos seus méritos literários – a linguagem, as personagens, a imaginação e as qualidades do contador de histórias que levam o leitor a acreditar que a história é verdadeira. A crítica pode ser favorável, mas leva o livro para fora do reino da literatura.

E pobre de você se o crítico asiático-americano for defensor da correção étnica e do marginalismo, e acha que sua ficção *não* devia mostrar violência, abuso sexual, casamentos mistos, superstições chinesas e cristãs ou mães que falam em inglês quebrado. "Usando a mãe para contar a sua vida na China", disse um crítico, "privou Tan dos recursos e da muscularidade da língua inglesa." Eu podia ter respondido a esse crítico: "Exatamente, e fiz isso porque minha mãe há muito tempo está impossibilitada de contar sua história, porque não tem essas qualidades do falante nativo da língua inglesa."

Os críticos também fizeram muito para reforçar a idéia de que qualquer livro escrito por um asiático-americano é parte do mesmo gênero. Se dois ou mais livros de escritores asiático-americanos são publicados mais ou menos ao mesmo tempo, o mais provável é que o editor da seção de crítica faça com que esses livros sejam criticados simultaneamente pelo mesmo crítico. O mais provável é que o crítico compare os livros, mesmo que não tenham nada em comum, a não ser o fato de serem escritos por asiático-americanos. *China Boy,* de Gus Lee, é comparado ao *Typical American*, de Gish Jen. *Pangs of Love,* de David Wong Louie, com *Bone,* de Fae Myenne Ng's, e assim por diante. A mensagem ao leitor nas entrelinhas é: esses livros são semelhantes, mas um deles é melhor do que os outros, você escolhe. Alguns críticos tendem a reduzir os livros às abstrações mais generalizadas e óbvias: aos temas de imigração e assimilação. Omitem os detalhes específicos da narrativa, da linguagem e da imaginação que fazem das personagens pessoas diferentes de quaisquer outras descritas antes.

Eu falei sobre essa tendência com um amigo meu, um repórter que escreve sobre assuntos literários e usa o distintivo de realista. Ele disse que nós, os escritores, não devemos nos queixar.

– Qualquer atenção é valiosa. Você não pode exigir atenção. Se receber alguma, deve agradecer, quer seja ela boa ou má, junto com outros escritores ou não.

"Os novos escritores jamais conseguirão esse tipo de atenção, a não ser que formem um grupo para ter um ângulo comum. A mídia precisa de um ângulo. A cultura é o ângulo. Uma nova onda na literatura asiático-americana é o ângulo. Não vão considerar os escritores separadamente como a próxima Joyce Carol Oates ou o próximo Raymond Carver. Não vão dedicar centímetros de coluna elogiando a beleza da sua prosa, a inteligência das suas caracterizações. Isso não é assunto importante. Não interessa.

"E quanto aos livros serem comparados uns aos outros, há um argumento racional quanto a isso. Os leitores fazem a mesma coisa. Categorizam e comparam. Eles perguntam: 'Eu quero ler um mistério ou um livro sobre a China? A velha ou a nova China? Mães e filhas ou chefes tirânicos e imperatrizes malvadas?' Considere-se com muita sorte."

Tenho tido sorte quanto a isso. Hoje em dia, me dizem, meus livros *são* geralmente criticados em separado e não com outros de escritores asiático-americanos. De um modo geral, meus livros são criticados por escritores de ficção que podem ou não ser asiático-americanos. São antes de tudo escritores ou críticos de ficção. E assim falam sobre os méritos e as falhas literárias do meu livro, e não focalizam exclusivamente os costumes chineses, as superstições e modelos de papéis positivos. Por isso sou extremamente grata.

Contudo, ainda recebo uma ou outra crítica que me categoriza entre outros escritores tendo simplesmente por base a raça ou a cultura. Aqui está o que um crítico do *New York Times* tinha a dizer sobre *A mulher do deus da cozinha*:

> O livro compete sem sucesso com livros como [*The*] *Warlord,* de Malcolm Bosse, *Journeyer,* de Gary Jennings, as obras de James Clavell e Maxine Hong Kingston, *The Woman Warrior* e *China Men,* com Bette Bao Lord, em *Legacies: A Chinese Mosaic,* e com Nien Cheng, em *Life and Death in Shangai,* [os quais] cobriram território similar em grande profundidade.

Mencionei isto para Bette Bao Lord e nós duas nos surpreendemos perguntando ao mesmo tempo, em voz alta: "O que já foi coberto antes? A China? O sofrimento? A morte. A esperança? O amor? A dor?" Não estava discordando da conclusão do crítico – esses outros livros citados podiam ser melhores –, mas qual era exatamente a base para comparação? E por que *The Warlord* estava na lista? Depois dessa crítica, resolvi não ler mais as críticas dos meus livros.

Tive críticas desfavoráveis antes, mas essa me parecia – terei coragem de dizer a palavra? – racista. A questão é: escritores que pertencem à minoria tendem a ser vistos como diferentes dos outros. Nossa responsabilidade é supostamente mais específica.

Não me admira, portanto, que me perguntem freqüentemente sobre "a responsabilidade do escritor". A suposição é de que o escritor – qualquer um –, pelo fato de ser publicado, tem uma responsabilidade para com o leitor. De acordo com essa ética, os pensamentos do escritor, sua imaginação e seu gosto, seu prazer no mundo do faz-de-conta, devem ser domados e modelados por uma conscientização mais alta de como sua obra será interpretada – ou melhor, *mal* interpretada – pelos leitores. Deus nos livre que um leitor num remoto lugarejo do Texas acredite que hoje em dia todos os chineses têm concubinas, que todas as mães chinesas falam inglês quebrado ou que todas as crianças chinesas sejam grandes mestres do xadrez.

Um professor que leciona literatura no sul da Califórnia me disse que usa meus livros em classe, mas faz questão de criticar duramente as passagens que mostram a China como atrasada ou sem encantos. Ele se opunha a qualquer descrição que tivesse a ver com cuspir, sujeira, pobreza ou superstição. A China está livre de tudo isso?, perguntei. Ele disse que não, que as descrições eram verdadeiras, mas que acreditava que era "obrigação do escritor de literatura étnica criar imagens progressistas".

Estremeci mentalmente e pensei: tudo bem, esse é o sul da Califórnia para você. Pouco depois, conheci um estudante da Universidade Berkeley da Califórnia, onde tinha estudado. Ele estava na fila de espera para ter o livro autografado. Quando chegou sua vez, tomou uma atitude arrogante, deu dois passos para trás e disse em voz alta: "Não acha que tem a responsabilidade de escrever sobre o homem chinês como um modelo positivo?"

Eu lhe disse: "Acho que você, como leitor, tem a responsabilidade de pensar por si mesmo."

Mary Gaitskill, autora de *Bad Behavior* e *Two Girls, Fat and Thin*, comentou sobre os escritores e suas responsabilidades. Eis um trecho das suas notas para um conto, "The Girl on the Plane", que apareceu na edição de 1993 do *Best American Short Stories*:

> Na minha opinião, a maioria de nós não aprendeu como ser responsável por nossos pensamentos e sentimentos. Vejo isso na muito comum tendência de ler livros e contos como se existissem para confirmar como devíamos ser, pensar e sentir. Não estou falando de ser corretamente política, estou falando da atitude mais comum... Senhoras e senhores, por favor. Parem de perguntar "O que devo sentir?". Por que um adulto me procura ou a qualquer outro escritor para que digamos o que ele deve sentir? Você não deve sentir nada. Você sente o que sente. Para onde você vai é sua responsabilidade. Se um escritor quer demonstrar agressivamente o que ele sente, para onde você vai continua a ser sua responsabilidade.

Só posso supor que se os escritores fossem responsáveis pelos pensamentos das pessoas e por criar personagens positivas, estaríamos no ramo da publicidade, e não escrevendo ficção. A ficção faz você pensar, a propaganda diz a você como pensar.

Contudo, alguns escritores da minoria acreditam que isso é o que os escritores da minoria devem fazer: dizer às pessoas o que devem pensar. Esses escritores acreditam, por exemplo, que se você é asiático-americano, deve escrever sobre asiático-americanos contemporâneos – nada desse negócio da China antiga – e que sua obra deve ser exclusivamente para os asiático-americanos, e não para leitores em geral. Se sua obra não for acessível aos leitores brancos, isso é uma prova da sua autenticidade. Se for lido por pessoas brancas, é uma prova de que constitui uma fantasia, um livro comercial e, portanto, o escritor deve ser tratado como um traidor, publicamente etiquetado e condenado. Embora o número dos membros dessa facção seja pequeno, sua influência acadêmica e na média é substancial. Eles bradam por atenção e a recebem.

Há alguns anos, numa conferência sobre asiático-americanos e as artes, uma professora de literatura falou arrebatadoramente sobre a importância, a necessidade dos "asiático-americanos de manter nosso marginalismo". Incitou a platéia a acreditar que é responsabilidade dos escritores e artistas asiático-americanos ficar separados da maioria. Ela acreditava num modelo marxista de pensamento para as minorias, que a classe dominante era o inimigo e que as minorias deviam trabalhar separadamente, como parte da luta. "Há força na marginalização", exclamou, e a maior parte do público aplaudiu entusiasticamente.

Para mim, esse tipo de pensamento é assustador, uma forma de fascismo literário. É antiético em relação à razão pela qual escrevo, ou seja, me expressar livremente na direção e na forma que eu quiser. Não posso imaginar ser escritora e alguém ter de me ditar o que devo escrever, por que devo escrever e para quem devo escrever. E esse é o verdadeiro motivo pelo qual me considero uma escritora americana: tenho liberdade para escrever o que quiser. Faço questão dessa liberdade.

Venho tentando compreender por que essas facções existem, para começo de conversa. Desconfio que tenham origem no amargor, na raiva e na frustração de terem sido excluídas. Experimentei esses mesmos sentimentos na minha vida, crescendo como asiático-americana em uma comunidade branca. Na adolescência, suspeito que uma das razões pelas quais nunca era convidada para dançar tinha a ver com o fato de ser chinesa, mais do que, digamos, o fato de ser desinteressante. Como uma estudante cínica da faculdade, descobri que meus ancestrais nunca comeram peru, nunca desceram pela chaminé com fantasias vermelhas. Aos vinte anos, entrei para vários grupos asiáticos do Pacífico e me tornei ativista em prol dos programas de treinamento multicultural para educadores especiais.

Se não fosse por algumas circunstâncias que me trouxeram para onde estou hoje, será que teria me tornado uma ativista a favor da literatura etnicamente correta? Se não tivesse encontrado a minha voz num livro publicado, estaria gritando num microfone que há força no marginalismo? Se tivesse escrito livro após livro, a partir dos anos 70, e nenhum tivesse sido publicado ou criticado, eu também seria tentada a sentir que há uma conspiração no setor editorial? Teria acreditado que esses asiático-americanos que tiveram seus livros publicados e criticados tinham vendido suas almas e serviam uma versão literária do *chop suey* para o paladar americano?

Pensando nisso, lembro que me formei em inglês em 1970 (uma época em que havia menos de quatrocentos e cinqüenta mil sino-americanos nos Estados Unidos, incluindo o Havaí). No curso que fiz de literatura americana, li Hemingway, Faulkner, Fitzgerald, Dreiser, Sinclair Lewis e assim por diante – nenhum escritor americano que fosse mulher ou fizesse parte de uma minoria. Não me importei com isso – ou melhor, não perguntei se podia haver outro caminho. Nos anos em que estudava inglês, a única romancista que li foi Virginia Woolf. Originalmente pensei que havia outra, Evelyn Waugh, que mais tarde descobri ser homem e muito britânico. Os únicos escritores da minoria que li foi num curso de verão chamado "Literatura Negra". Li então Richard Wright, James Baldwin e Ralph Ellison – mas outra vez nenhum livro escrito por mulher. Eu nem imaginava que houvesse um livro escrito por uma mulher asiático-americana; *The Woman Warrior*, de Maxine Hong Kingston, só foi publicado em 1976.

No colegial, no começo dos anos 1970, os professores e alunos estavam também politizando a ficção. Quando li *Uma tragédia americana*, *As vinhas da ira*, *Babbitt*, *Suave é a noite*, devia ver as falhas nas personagens como símbolos dos males sociais. Comecei a escrever ensaios semanalmente, aludindo aos símbolos mais evidentes e aos temas mais sutis que eu sabia que iam agradar aos professores. Pelo tom das aulas, podia dizer quais os livros que eles admiravam e quais eu tinha de ler, de modo que se algum dia viéssemos a ser críticos literários, saberíamos como usar nosso desdém. Cada semestre lia tudo o que era aconselhado, papel e pena na mão, pronta para encontrar símbolos e temas sociais com a mesma atenção que um jardineiro dedica ao jardim à procura de ervas daninhas, lesmas e fungos nas folhas. Quando completei meus créditos de literatura, parei de ler ficção porque não tinha mais o prazer de antes.

Só recomecei a ler ficção regularmente em 1985. Não acho que tenha sido coincidência o fato de a maior parte do que lia ser escrita por mulheres, entre elas Flannery O'Connor, Isabel Allende, Louise Erdrich, Eudora Welty, Laurie Colwin, Alice Adams, Amy Hempel, Alice Walker, Lorrie Moore, Anne Tyler, Alice Munro, Harriet Doerr e Molly Giles. Eu não lia exclusivamente obras de mulheres, lia também as de Gabriel García Márquez, Raymond Carver, David Leavitt, Richard Ford e

Tobias Wolff. Porém, lia mais ficção escrita por mulheres, porque na minha vida adulta raramente tinha lido livros de escritoras, e descobri que gostava da sensibilidade delas, das suas vozes e do que tinham a dizer sobre o mundo. Sentia outra vez o entusiasmo de quando era criança e escolhia meus livros, apaixonava-me pelas personagens, lia histórias porque não podia parar de ler. Agora continuo a ler, dia e noite, até não poder mais deixar de *escrever*.

Quando foi publicado meu primeiro livro, em 1989, eu tinha a idade avançada de trinta e sete anos. Os entrevistadores me perguntavam por que tinha esperado tanto tempo para escrever ficção. Eu só podia dar uma resposta: "Nunca me ocorreu que eu podia." Com isso não queria dizer que nunca tivera vontade de escrever ficção. Em parte não achava que podia porque não tinha o talento ou a disposição necessária para pensar em símbolos complicados e dispor esses símbolos cuidadosamente em filas de frases. Achava que não podia porque não era perita em baleias brancas ou homens brancos. A idéia de me tornar uma escritora publicada de ficção era tão absurda quanto, digamos, usar uma fantasia de dominatrix para cantar *rock-'n-'roll* no palco, o que a propósito eu tinha feito recentemente. O modo como lia literatura não me encorajava a me tornar uma escritora. Quando muito, me desencorajava.

Esta pequena história do meu passado acadêmico é para mostrar, por meio do exemplo, que minorias e mulheres eram de modo geral ignoradas no currículo de literatura, até umas duas décadas atrás. Compreendo os motivos pelos quais professores e alunos fizeram campanha pela inclusão de programas de estudos étnicos. Com a criação desses programas separados, finalmente tínhamos contos de asiático-americanos, escritos por alunos asiático-americanos. Finalmente tínhamos uma história que ia além das estradas de ferro e das lavanderias dos bons dias da

Febre do Ouro. E porque havia tão pouco material disponível, nossas fontes de material eram sobrepostas. Procurávamos a história nas histórias. De qualquer modo, para ter nossa história incluída no currículo, tínhamos de criar um departamento separado, tão separado e uniforme quanto possível.

Infelizmente, em algumas arenas da instrução essa idéia de separatismo é ainda um ponto principal. Como escritores, nos perguntam "Você é um deles ou um dos nossos?", querendo dizer que não se pode ser as duas coisas. Perguntam "Está escrevendo literatura americana ou literatura asiático-americana?", querendo dizer que uma não é a outra. Perguntam "Está escrevendo para asiático-americanos ou para o público em geral?", querendo dizer que uma coisa necessariamente exclui a outra. E aqueles entre nós que, como Bharati Mukherjee, Maxine Hong Kingston e eu, dizem que somos escritores americanos foram censurados pelos separatistas, vilipendiados nos pódios e denunciados como violentos na imprensa estudantil.

No passado, tentei ignorar os tiros dados a esmo. Um repórter do *Washington Post* certa vez me perguntou o que eu achava do fulano de tal me chamar de "uma cadela vadia fujona, mamando nas tetas dos porcos imperialistas brancos".

– Bem – eu respondi o mais friamente possível –, não se pode agradar a todos, certo? Os leitores são livres para interpretar um livro como bem quiserem e são livres para apreciar ou não o que interpretam. Seja como for, reagir aos críticos faz com que o escritor pareça estar na defensiva, ser petulante e um péssimo perdedor.

Porém, ultimamente comecei a pensar que não devia adotar essa atitude tão *laissez-faire*. Começo a pensar que devo dizer alguma coisa, não tanto para defender meu trabalho, mas para dar apoio à literatura americana e às possibilidades que ela tem de vir a ser no século XXI uma verdadeira literatura americana, democrática em sua inclusão de muitas vozes de cores diferentes, homens e mulheres, gays e héteros, de todas as etnias e raças.

Até recentemente, eu não achava importante para os escritores expressar intenções particulares para sua obra ser apreciada. Meu domínio é a ficção, e eu acreditava que a análise das minhas intenções era o domínio das aulas de literatura. Mas descobri que o estudo da literatura tem efeito no modo pelo qual os livros são lidos e, portanto, no que deve ser lido, publicado e escrito no futuro. Por isso, acredito que os escritores de hoje devem falar sobre suas intenções, se não por outro motivo, para servir de antídoto ao que outros definem como o que acham que nossas intenções deviam ser.

Então, por que eu escrevo?

Porque eu antes pensava que não podia, e agora sei que posso. Porque tenho qualidades na minha natureza moldadas por meu passado – um legado secreto de suicídio, casamentos forçados e filhos abandonados na China, uma educação eclética que incluiu não menos de quinze residências, indo desde bairros pesados em Oakland, Califórnia, ao ambiente esnobe de Montreux, Suíça; uma visão distorcida da vida, moldada por duas religiões, a morte do meu pai e do meu irmão no mesmo ano e o assassinato do meu melhor amigo. Esses elementos e outros em minha vida combinaram para me fazer sentir que escrever nos dá uma espécie de liberdade e de perigo, satisfação e desconforto, verdade e contradição que não posso encontrar em nenhuma outra parte.

Escrevo histórias porque tenho perguntas sobre a vida, não respostas. Acredito que a vida seja misteriosa e que não pode ser dissecada. Acho que a natureza humana é melhor descrita mesmo em uma longa história do que num diagnóstico psiquiátrico. Escrevo porque geralmente não posso me expressar de qualquer outro modo e tenho a impressão de que vou implodir se não encontrar as palavras. Não posso parafrasear ou dar sucintas explicações de ordem moral sobre amor e esperança, dor e perda. Tenho de usar uma escrita mental cursiva, pensar e apresentar sob a forma de história revisada muitas e muitas vezes, vinte vezes, cem vezes, até parecer verdade.

Escrevo pelo mesmo motivo que leio. Para assustar minha mente, chacoalhar meu coração, ter arrepios na espinha, tirar meus antolhos e permitir que eu veja além da cerca. A ficção é minha companheira íntima e minha confidente para toda a vida.

Escrevo porque desde pequena me apaixonei pelas palavras. Eu colecionava palavras dos léxicos e do dicionário como se fossem pedras mágicas, brinquedos, tesouros. Adorava metáforas e as usava antes de saber o que significava essa palavra. Via as metáforas como passagens secretas que me levavam a salas escondidas do meu coração e minha memória, como a parte sonhadora de mim, que vivia em outro mundo. Eu brincava com minha memória. Tanto da vida real quanto da imaginária, como as meninas brincam com suas Barbies e os meninos com seus pênis. Vestia-me, mudava de roupa uma dezena de vezes, manipulava os trajes, alisava, imaginando se ficariam maiores e pulsariam até os outros notarem. Pensava na roupa como em uma arma, um segredo, um pecado, um vício incorrigível.

Escrevo porque é o máximo em liberdade de expressão. Isso é tão assustador quanto esquiar na rampa de uma geleira, tão excitante quanto cantar em uma banda de rock, tão perigoso quanto cair de cara no chão.

Para mim, escrever é um ato de fé, uma esperança de descobrir o que acho que seja a verdade. Mas só vou saber quando chegar ao fim. Não posso determinar antes do tempo. E freqüentemente não posso sumarizar o que descobri. É simplesmente uma sensação. Essa sensação é a história inteira. Parafrasear a sensação, ou analisar a história, diminui a sensação.

Ler é para mim um ato de fé, a esperança de descobrir algo notável sobre a vida cotidiana, sobre mim mesma. E se escrevo e o leitor descobre a mesma coisa, se ele tem essa conexão, o ato de fé resulta num ato de mágica. Para mim, esse é o mistério e a maravilha, tanto da vida quanto da ficção – a conexão entre dois indivíduos incomparáveis que descobriram no final que são mais iguais do que diferentes.

E se isso não acontecer, não é culpa de ninguém. Há ainda muitos outros livros na estante de onde este veio.

Angústia e o segundo livro

Estou feliz por nunca mais precisar escrever o segundo livro. Mais ou menos duas semanas depois de ter entregado o manuscrito de *O clube da felicidade e da sorte* à Putnam, um amigo me mostrou um livro cujo título esqueci misericordiosamente, que relacionava centenas de grandes romancistas através dos séculos, com resumos de suas carreiras vistos através de gráficos. Os gráficos, semelhantes a registros da quantidade anual de chuva, representavam os sucessos relativos da crítica dos livros de cada autor, uma espécie de epitáfio estatístico. Para alguns, uma súbita enchente de sucessos – então a seca inexorável, livro após livro após livro.

– Não é interessante – notou meu amigo – quantos segundos livros foram por água abaixo?

Nunca pensei que os críticos pudessem estar errados. Em vez disso, passei metade da noite acordada, lendo o tal livro, e de manhã tinha resolvido que, fosse o que fosse que faltava àqueles escritores – confiança, resistência, visão, lápis vermelhos bem apontados –, eu armazenaria porções extras disso tudo. Cada um dos meus livros, determinei, seria melhor do que o anterior, com maior esfera de ação, maior profundidade, maior precisão de linguagem, mais inteligente, desse modo teria maior aceitação da crítica e talvez dos leitores.

Evidentemente foi o que determinei *antes* de meu primeiro livro, *O clube da felicidade e da sorte*, ser publicado, antes de ter alcançado a lista dos mais vendidos, antes do meu primeiro almoço literário, quando uma mulher me perguntou com absoluta sinceridade: "Qual a sensação de ter escrito seu melhor livro primeiro?"

Pouco depois de o livro ser publicado, estava em Nova York almoçando com minha editora, Faith Sale, e com uma amiga dela, outra escritora, autora de quatro livros. A amiga perguntou se eu tinha começado meu segundo livro.

– Tenho algumas idéias – respondi vagamente. Não queria admitir na frente de Faith que não tinha a menor idéia do que ia fazer agora. – Só ainda não decidi qual vou escolher – acrescentei. – Tudo o que sei é que não será o filho de *O clube da felicidade e da sorte*.

– Bem, não se esforce demais – disse a outra escritora. – O segundo livro está condenado de qualquer modo. Trate de acabar logo, deixe que os críticos o enterrem e passe para o terceiro, sem olhar para trás. – Eu vi os gráficos da minha carreira caírem como lajes mortuárias.

Ouvi esse mesmo presságio melancólico, ou variedades dele, de muitos escritores. Na verdade, não me lembro de *qualquer* escritor – com ou sem um primeiro livro sensacional – dizer que o segundo livro é fácil. O segundo livro certamente será tratado como lixo, especialmente se o primeiro foi um sucesso inesperado. O segundo livro é sempre um desapontamento, disse outro, porque agora todos têm expectativas pré-formadas. Os críticos dirão que é muito parecido com o primeiro. Os leitores reclamarão, dizendo que é muito diferente.

– É como se estivesse sempre competindo com você mesma – disse um amigo escritor, cujo primeiro livro foi recebido com agrado unânime, impulsionando-o rapidamente para as alturas literárias. O segundo livro foi comparado ao primeiro e teve crítica mista. O terceiro e o quarto ganharam novamente elogios, mas o primeiro sempre conseguia se insinuar nas críticas, como um padrão. – Você começa a detestar seu primeiro livro – ele disse. – É como um irmão menor mostrando a língua e dizendo "Não-não-não".

– As críticas sempre são piores quando o primeiro livro foi muito, mas muito bom – disse outro escritor. – Com o primeiro livro puseram você num pedestal. Mas quando chega o segundo livro, você percebe que não está em nenhum pedestal. Está numa dessas cadeiras dobráveis, em cima de um tanque com água no parque de diversões.

– É como a canção de Mister Roger – disse outra amiga escritora –, aquela que diz: "Você nunca vai descer, nunca vai descer pelo cano." Minha filha ouviu essa canção e, depois disso, começou a gritar na banheira, com medo de ser sugada pelo ralo. E então no dia seguinte fui falar num almoço literário e ouvi as pessoas murmurando: "Será que ela vai fazer o mesmo outra vez? Será que ela pode realmente fazer outra vez?" Eles me deixaram apavorada. Estavam dizendo: "Doçura,você pode descer pelo ralo."

Só uma pessoa – um repórter do cenário literário – me disse para não me preocupar.

– O segundo livro é nada – ele disse. – Todos esperam que seja mais fraco do que um impressionante primeiro livro. O verdadeiro problema vem depois do terceiro livro. Então as críticas começam: "Seu primeiro livro foi formidável, mas agora, depois de dois fracos esforços seguidos, é cada vez mais provável que suas virtudes não passem de uma aberração."

Tenho notado que os primeiros livros são geralmente elogiados por sua novidade, por sua falta de timidez. No meu caso, "falta de timidez" deve ter tido alguma coisa com isso. E estou me referindo não ao que sei ou não sei sobre a arte de escrever, mas ao que não sei sobre publicação. Quando estava escrevendo meu primeiro livro, ainda acreditava que "PW" se referia somente à contabilidade da firma Price Waterhouse, e não à revista

Publishers Weekly também. Eu não sabia a importância de uma "crítica de bilheteria". Nunca tinha ouvido as palavras "crítica bombástica" usadas como verbo. Quando me disseram que meu livro estava sendo vendido aos "clubes", pensei que queriam dizer ao Med ou ao Rotary. Concluí que aqueles primeiros direitos autorais eram um adjunto da Primeira Emenda para os escritores. Falo sério. Podem perguntar à minha editora.

E então começaram a chegar as críticas. Elas me surpreenderam, todas sem exceção. Algumas elogiavam habilidades que nunca desconfiei possuir – relacionadas ao uso diferente da estrutura e à simplicidade da minha prosa. E li as não muito boas também, que apontavam falhas que também nunca imaginei ter, relacionadas ao uso diferente da estrutura e à simplicidade da minha prosa. Então li uma, que não posso citar com exatidão, uma vez que a joguei fora, mas dizia mais ou menos isto: "Será difícil, se não impossível, para Amy Tan continuar com seu ato." Logo depois disso, fiquei cheia de brotoejas.

Devo explicar que nunca fui uma pessoa especialmente nervosa ou com tendência para doenças psicossomáticas. Mas quando escrevia meu segundo livro, apresentei sintomas reais do imaginário peso da minha tarefa. Todas as manhãs, quando não estava viajando, promovendo meu primeiro livro, sentava-me obedientemente à minha mesa, ligava o computador e olhava para a tela vazia. E minha imaginação corria solta. Imaginava centenas, milhares de pessoas olhando por cima do meu ombro, oferecendo sugestões úteis.

"Não o faça muito comercial."

"Não desaponte os leitores cuja aprovação já ganhou."

"Certifique-se de que não pareça uma continuação."

"Mas e o Updike? O que me diz sobre histórias que se multiplicam como coelhos?"

"Falando sério, quais são os temas que moldarão sua *oeuvre*?"

"O que é uma *oeuvre*?"

"Esqueça a *oeuvre*. Nem pense em temas."

"Não faça nada exótico. Isso é óbvio demais."

"Certifique-se de que os homens sejam apresentados em papéis positivos desta vez."

"Não, não, se você pensar em politicamente correto está morta."

"Pense nas fontes de inspiração."

"*Não* pense no adiantamento."

"*Não* pense sobre o quanto vale cada palavra desta página."

"Não pense."

Com toda essa gente imaginária em cima de mim, arranjei uma dor no pescoço, que mais tarde se estendeu para a mandíbula, resultando num constante rilhar de dentes, dois dentes quebrados, uma conta enorme do dentista. A dor então passou para as costas, tornando difícil eu ficar sentada durante as longas horas necessárias para escrever um segundo livro. E enquanto me esforçava para ficar sentada na cadeira, sem bolsas de água quente na cintura, não escrevi ficção: escrevi discursos – trinta, quarenta, cinqüenta, todos sobre o velho livro, um livro que rapidamente se tornava uma fonte de irritação para mim.

E quando não estava escrevendo discursos, eu os estava fazendo, atendendo o telefone, respondendo a cartas que pediam minha presença numa festa para levantar fundos, para dar palestras em uma universidade, para fazer a propaganda do livro de uma romancista estreante, para doar dinheiro a uma boa causa, para julgar uma competição literária, para ensinar numa oficina de literatura criativa, ser jurada na experiência asiático-americana, para escrever a introdução de algum livro, e assim por diante. Durante algum tempo recebi uma média de doze pedidos por dia. Durante algum tempo tentei responder a todos. Disse sim a vários. Mas também disse não a muitos: não aceitei ser juiz no concurso Miss Universo. Não posei para um anúncio da Gap. "Não, obrigada" para cinco ou seis pessoas que ofereceram suas histórias para que eu as escrevesse, meio a meio dos royalties, uma vez que eu já era comprovadamente uma escritora. E quando descobri que ainda não tivera tempo de escrever, que quase nove meses do último ano eu tinha passado viajando e em quartos de hotel, que não tivera mais de três dias consecutivos para escrever ficção, comecei a dizer não a todos os pedidos. Escrevi longas cartas repletas de culpa, pedindo desculpas. E quando tinha escrito quase um livro de desculpas, mudei de casa e mudei meu telefone.

Entre os acessos de dor nas costas, *jet lag* e culpa, comecei a escrever meu segundo livro, ou melhor, meus segundos *livros*. Por exemplo, escrevi oitenta e oito páginas de um livro sobre a filha de um acadêmico na China que mata acidentalmente um magistrado com uma poção chamada de elixir da imortalidade. Escrevi cinqüenta e seis páginas de um livro sobre uma menina chinesa que perdeu os pais no terremoto de San Francisco, em 1906. Escrevi noventa e cinco páginas sobre uma jovem que morava no noroeste da China durante a década de 1930 com seus pais missionários. Escrevi quarenta e cinco páginas sobre o uso do inglês para fazer reviver a língua *manchu* morta e o mundo que ela descreve nas planícies da Mongólia. Escrevi trinta páginas sobre uma mulher disfarçada de homem que se torna uma escriba de rua para os trabalhadores analfabetos de Chinatown, em San Francisco, no começo do século XX.

Segundo minha estimativa, um total de quase mil páginas. Mas não vejo essas páginas como histórias fracassadas. Eu as vejo como minha versão pessoal de páginas de advertências – o que pode acontecer se eu tomar cuidado, o que pode sair errado se escrever como a escritora que todos pensam que sou e não a que sou realmente. O que estava escrevendo era um segundo livro baseado no que eu pensava que várias pessoas queriam – um pouco conto de fadas, ou exótico, ou cerebral, ou cultural, ou histórico, ou poético, ou simples, ou complexo. Simultaneamente estava escrevendo a crítica imaginária de que o livro era um chavão, sentimental, inventado, didático, pedante, previsível e – o pior de tudo para o escritor literário – uma saga, perfeita para as minisséries.

Talvez essas histórias morressem, ou pelo menos deviam morrer por si mesmas antes de chegar ao final feliz ou infeliz. Mas algumas das histórias podiam ser salvas, arrancando as poucas ervas daninhas, como em qualquer manuscrito, até que a verdadeira semente pudesse ser encontrada, e então levada ao âmago do verdadeiro livro. Podia ser uma única imagem, parte de uma personagem, um som imaginário.

Mas esses livros não eram destinados a ser mais do que uma lição para mim sobre o que é preciso para escrever ficção: persistência imposta por um foco limitado. O foco de um jogador de bilhar, que não vê a postura do oponente, só a trajetória da bola na mesa. O foco requerido de um padre, uma freira, um condenado à prisão perpétua.

Estou falando idealisticamente, é claro. Não dá para pensar que qualquer escritor pode realmente ignorar elogios, críticas, telefonemas, convites para jantar, para não falar de uma mancha no tapete, um armário de condimentos que precisa ser organizado alfabeticamente. Todas essas coisas exigem atenção.

Então o que fiz foi mais comum. Deixei a secretária eletrônica ligada. Com os fones de ouvido, ouvi a mesma música todos os dias para obliterar minha voz censurando. E escrevi com persistência, dizendo a mim mesma que, por pior que fosse a história, eu devia simplesmente continuar como um rato no labirinto, virando a esquina quando chegasse lá. Então comecei a escrever outra história sobre uma mulher que estava arrumando uma casa, a casa desordenada que eu achava que devia estar arrumando. Depois de trinta páginas, a casa estava arrumada e limpa e eu tinha encontrado uma personagem que me agradava. Abandonei todas as páginas sobre a casa limpa. Mantive a personagem e a levei comigo para outra casa. Escrevi e reescrevi seis vezes outras trinta páginas e encontrei a pergunta no coração dela. Abandonei as páginas, mantive a pergunta e a guardei no meu coração. Escrevi e reescrevi cento e cinqüenta páginas, então me vi no ponto de crise. A mulher agora me enjoava. Sua história parecia uma longa queixa. Fiquei nauseada durante quase uma semana. Não podia escrever. Sentia-me como o rato que tivesse dado a volta errada logo no começo e andou durante todo aquele tempo só para chegar a um beco sem saída. Parecia que aquela estratégia de simplesmente ir em frente não dava certo.

Quem sabe de onde vem a inspiração? Talvez do desespero. Talvez dos momentos de sorte do universo, da bondade das musas. Seja qual for o caso, um dia perguntei a mim mesma: "Mas *por que* ela está contando essa história?" E ela respondeu: "É claro que sou rabugenta! Estou falando, falando, falando sem ter ninguém para falar. Quem está ouvindo?" E compreendi: uma história deve ser uma dádiva. Precisa contar sua história para alguém. E com essa resposta eu não estava mais batendo com o nariz no beco sem saída do labirinto.

Assim, o que escrevi finalmente é uma história contada à filha por sua mãe, agora intitulada *A mulher do deus da cozinha*. Sei que muitos dirão: "Oh, mais uma história de mãe e filha, igual a *O clube da felicidade e da sorte*." Acontece que acho o novo livro muito diferente do velho. Mas, sim, há a mãe, há a filha. Foi isso que me encontrou, embora eu procurasse fugir.

Gostaria de dizer que assim acabava o meu trabalho de escrever o segundo livro, que tinha encontrado minha inspiração e o resto era só digitar no teclado. Mas não, isso só acontece na ficção. Na vida real, tive centenas de momentos de dúvida. Apaguei as cem páginas que terminariam o livro. E um incidente me fez rir alto. Quando faltavam ainda umas cem páginas para terminar o livro, um amigo telefonou com minha primeira "crítica". Uma mulher num clube do livro em Columbus, no fim de uma conversa sobre *O clube da felicidade e da sorte*, anunciou com grande autoridade: "Muito bem, acabo de ler o segundo livro de Amy Tan e, acreditem, não é nem *metade* tão bom quanto o primeiro!"

Até hoje me pergunto que livro a mulher de Ohio leu. Seria a prova da história apócrifa sobre publicação de livros que enche de medo todo escritor – que estamos condenados ao fracasso, antes mesmo de começar? Não importa, porque eu seria a primeira em concordar com a mulher em Columbus. Meu segundo livro era horrível. Afinal, nem eu agüentaria terminá-lo – aquela história sobre o elixir da imortalidade. E o terceiro livro – sobre a menina órfã que se tornava artista – também não era grande coisa. Polegares para baixo também para meus quarto, quinto, sexto e sétimo livros. Mas o oitavo – oito é sempre um número de sorte – é *A mulher do deus da cozinha*. E, independentemente do que outras pessoas possam pensar, é o meu favorito.

Como não podia ser? Tive de lutar por todas as personagens, por todas as imagens, todas as palavras. E a história é, de fato, sobre uma mulher que faz a mesma coisa. Ela luta para acreditar em si mesma. Ela luta com mitos, superstições e suposições – depois joga fora os destinos que a acompanham. Não mede a si mesma pela opinião dos outros. "De que adianta?", ela diz. "Então você está sempre caindo, caindo, caindo, nunca tem forças suficientes para ficar de pé sozinha e seguir seu caminho." Ela não é inocente. Vê os próprios temores, mas não deixa mais que eles a persigam.

E às vezes, em segredo, deixa a imaginação voar livre com esperança. Ela não se importaria, não realmente, se alguém, em um almoço literário, dissesse: "Qual a sensação de ter escrito seu melhor livro em segundo lugar?"

As melhores histórias

Isto foi escrito como introdução para The Best American Short Stories, *em 1999.*

Há quarenta anos, não muito antes de ter completado sete anos, meu pai começou a ler para mim um volume com trezentas e sessenta e cinco histórias, com igual número de páginas.

As histórias deviam ser lidas em seqüência, uma por dia, começando por uma brincadeira com trenós num 1º de janeiro coberto de neve. Dizia respeito a eventos futuros nas vidas das crianças que moravam em belas casas de dois andares, numa quadra ladeada de árvores cujas folhas refletiam as mudanças das estações. Todas as crianças tinham pai e mãe, bem como dois pares de avós, e essas pessoas mais velhas transmitiam verdades simples enquanto tiravam biscoitos do forno ou pescavam num regato frio. Todos os dias as crianças tinham pequenas aventuras com filhotes de animais selvagens, bolas de ar ou bicicletas. Elas adoravam surpresas agradáveis, criavam pequenos problemas e tinham problemas divertidos que elas mesmas podiam resolver. Faziam coisas com lama, pedra e tinta, que acabavam sendo os mais belos cinzeiros que mamãe e papai jamais haviam recebido. Dentro daquelas trezentas e sessenta e cinco histórias, as crianças aprendiam uma valiosa lição para toda a vida, que prometiam não esquecer.

No meio do livro, eu já sabia ler o suficiente para ir até o fim em um dia. E, impaciente para saber o que tinha acontecido com as crianças no resto do ano, li todas as histórias que faltavam. No último dia do ano, as crianças brincavam na neve com os trenós outra vez, completando o círculo feliz. Assim descobri que entre 1º de janeiro e 31 de dezembro, aquelas crianças não tinham mudado muito.

Fiquei contente, pois aquele foi um ano em que acumulei muitas preocupações, as quais contava nos dedos. Uma era a casa para a qual tínhamos nos mudado, a quinta de mais de doze que ocupamos durante minha infância. Outra era o rato morto, amassado na ratoeira, que meu pai tinha me mostrado para que eu acreditasse que o rato não ia mais entrar no meu quarto. A terceira era minha amiga Rachel, que vi no caixão enquanto minha mãe murmurava: "É isso o que acontece quando você não ouve sua mãe." A quarta era a operação das amígdalas, que me fez pensar que não tinha dado a devida atenção à minha mãe. A quinta era o fantasma da minha amiga, que queria me levar para morar com ela. A sexta era minha mãe me dizer que, quando ela era pequena, sua mãe tinha morrido, e a mesma coisa triste aconteceria comigo se eu não desse mais valor a ela. No fim eu não tinha mais dedos para contar.

Naquele ano, pensava que, se pudesse compreender minhas preocupações, me livraria delas. E quando não conseguia, ia até a biblioteca. Eu ia lá freqüentemente. Para escolher livros. E lia e lia, uma história por dia.

A jovem de quarenta anos atrás serviu de editora convidada para *The Best American Short Stories,* em 1999. Achei que devia contar a vocês minhas primeiras influências literárias, porque tenho certeza de que, se vocês examinarem o índice, poderão achar que fui reacionária em minhas escolhas. Podem se perguntar se elas são um voto contra hegemonia, um voto para a diversidade em proporções pré-ordenadas.

Esta coleção não contém nenhuma agenda política. As histórias que escolhi são simplesmente as que mais gostei entre as que me deram para considerar. Isso não quer dizer que meu julgamento literário seja isento de parcialidade. Sou um tipo especial de leitora, moldada por todo o tipo de influências – uma delas as histórias de tanto tempo atrás para a hora de dormir, pois ainda faço grande parte da minha leitura na cama.

Agora vejo que amei ternamente essas histórias. Sinto ter terminado de ler tão depressa, não deixando mais que meu pai lesse para mim à noite. Pois o que eu mais amava era o som da voz dele. E o que mais gosto nessas vinte e duas histórias é a mesma coisa. A voz de quem conta.

No começo de 1998, o ano em que estas histórias apareceram pela primeira vez nas revistas, eu estava na sala de espera de um aeroporto em Seul, esperando o vôo para Beijing. Como material de leitura havia levado *The Best American Short Stories*, de 1992, o volume editado por Robert Stone. Lembro-me de me instalar com uma xícara de chá de ginseng, quando ergui os olhos e vi, com um choque de reconhecimento, uma mulher que parecia uma versão mais jovem de mim. Ela era asiática, até diria mesmo sino-americana, e estava com o marido, que parecia muito semelhante ao meu em altura, traços e cor da pele. Porém, o mais extraordinário era o que ela trazia na mão: o mesmo volume cinza-azulado do *The Best American Short Stories,* de 1992.

Ela teria me notado também? Não deu nenhuma indicação disso. Meu primeiro impulso foi de correr para ela e fazer mil perguntas: Ela era escritora? Que história estava lendo? Por que tinha escolhido esse livro para o longo vôo até a Ásia?

Lembrei-me das vezes em que minha mãe me deixava embaraçada quando era pequena, falando com estranhos em público só porque pareciam chineses. Fiquei onde estava, lendo meu livro, me perguntando como era possível que ela *não* me notasse, não visse nossa semelhança. Afinal, não era como se estivéssemos lendo o mesmo romance vencedor do ano. Não era um livro de viagens sobre a Ásia. Não era nem mesmo o volume mais recente de *The Best American Short Stories*. Então, o que em nossas vidas, nossos gostos, nossas escolhas nos tinha levado àquele ponto de encontro em Seul?

Logo depois que voltei para casa, me pediram para ser editora convidada deste volume. E de outubro de 1998 até fevereiro de 1999, li histórias, maná dos céus, ou seja lá onde for que a editora da série, Katrina Kenison, mora. Depois de fazer minha seleção, comecei a escrever esta introdução e me lembrei da mulher no aeroporto. Imaginei se algum dia ela vai ler estas histórias e encontrar compatibilidade com minhas escolhas. Ou dirá com desdém literário: "O que é isso?"

Essa é, às vezes, minha resposta quando vejo algum filme ou peça teatral entusiasticamente elogiado por meus amigos. Na verdade, meu marido e eu temos amigos que há muito tempo associamos a um filme, *A festa de Babette*. Eles nos disseram que era simples e despretensioso, natural como deve ser a arte pura. Então fomos assistir. O que é isso? Nós o achamos tedioso, interminável. Como ratos de laboratório tendo levado um choque e depois mais alguns, aprendemos a ignorar qualquer futura recomendação desses amigos para filmes. Foi o que fizemos durante mais ou menos dez anos. E só recentemente percebemos que tínhamos confundido esse casal com outro que adora filmes escandinavos lentos sobre depressão à mesa do jantar.

Porém, *A festa de Babette* outro dia me fez pensar que o mesmo princípio pode ser aplicado às pessoas que se arvoram em árbitro literário para outros – críticos, revisores, jurados para prêmios e, sim, até editor convidado. Essas pessoas devem saber reconhecer convenções literárias, artimanhas, alusões e inovações da arte. Mas em que se baseia seu gosto? Quais são seus preconceitos? Faz parte do seu senso estético o preconceito comum nas artes de que qualquer coisa popular é por definição sem valor? Eles tendem a escolher trabalhos mais parecidos com os deles mesmos? Talvez esses críticos que declaram publicamente "Isto é bom e aquilo não é" devessem apresentar uma lista de mais do que títulos das suas mais recentes obras publicadas?

Eu, por exemplo, gostaria de um resumo de hábitos, uma definição de personalidade. A quais filmes eles assistiriam duas vezes? Eles fazem observações inteligentes e maliciosas, mas a maioria sobre pessoas que são melhores do que eles? Quando relatando conversas, imitam as vozes das pessoas? Em uma refeição com amigos, oferecem pagar a conta toda, dividir em partes iguais ou de acordo com o que cada um comeu e o quanto de vinho tomou? Quando um amigo sofre uma grande perda, telefonam imediatamente ou esperam tudo se acalmar um pouco? Quais são suas queixas mais freqüentes sobre a vida? O que tendem a exagerar? O que subestimam? Acham filhotes de cachorro adoráveis ou aperitivos para cachorros grandes? E, é claro, eu gostaria de saber de quais livros eles gostam, quais os que detestam e por quê.

Em outras palavras, se você encontra um deles numa festa, você chega até a *gostar* dele? Não estou dizendo isso só de brincadeira. Acho que as respostas dizem algo da sensibilidade das pessoas para com a vida e sobre a natureza humana, logo, sua sensibilidade a histórias além da superfície da arte. As histórias que gostamos de ler podem muito bem ter a ver com nossas obsessões emocionais, a ligação entre nosso cérebro e nosso coração, as perguntas da infância que ainda não foram respondidas, sejam sobre a duração do amor, os medos que nos unem, a aceitação do declínio irreversível ou os elos que nos ligam e se tornam ilusórios. Nesse contexto, penso também que se *A festa de Babette* é seu filme favorito, então você não vai gostar das histórias que escolhi.

De qualquer modo, para a mulher do aeroporto, para nossos amigos cujo gosto na escolha dos filmes foi tão injustiçado e para quem está agora examinando meu julgamento, revelarei o tipo de gosto que desenvolvi lendo, no tempo que vai desde quarenta anos atrás até este ano.

Por ser uma criança inquieta, desenvolvi uma imaginação osmótica e adorava contos de fadas por sua riqueza de grotesco. Eu li todas – Hans Christian Andersen, os irmãos Grimm, Esopo, tudo o que havia na biblioteca –, um livro por dia, muitos deles devorados na hora de dormir, o que, minha mãe dizia, arruinou meus olhos e me obrigou a usar óculos muito cedo.

Como meu pai era um ministro de meio expediente da igreja batista, li também as histórias da Bíblia, que achei muito parecidas com os contos de fadas, pois continham imagens sangrentas, perigos de dar nó no estômago, lugares mágicos e uma sensação de que as coisas nunca são como parecem a princípio. No fim dessas histórias, muita coisa tinha mudado, reinados e mares subiam e caíam. Criaturas humildes se transformavam em belos príncipes e profetas. Os oceanos se abriam, alguns pães se transformavam em alimento para milhares. E gigantes barbados perdiam a cabeça.

Eu adorava essas histórias porque, junto com o horroroso, continham meios ilimitados e incríveis para mudar as pessoas e as circunstâncias. Elas me davam uma sensação de instabilidade e desconfiança, mas também de encantamento, que refletia minha vida. Lembro-me de ter me perdido numa rua escura, na noite do Dia das Bruxas, e finalmente vendo minha mãe com seu casaco vermelho, corri para ela, agarrei as costas do casaco, chorando de alegria porque não estava mais perdida, só para ver um rosto estranho espantado olhando para mim. Como criança que era, pensei que uma mágica terrível tinha transformado minha mãe numa mulher loura. Minha mãe mudava rapidamente em outros aspectos também. Num momento ela era sufocantemente protetora. No outro dia revirava os móveis de cabeça para baixo, num acesso de raiva. Ela tinha necessidade de depender de alguém, e depois rejeitava todos que amava, uma característica da sua personalidade que começou na infância traumática. Mas só fui entender isso depois de uns trinta anos. Eu simplesmente tinha medo das suas mudanças bruscas, tinha medo de ser apanhada distraída.

Pelo menos com um conto de fadas, podia mergulhar minha imaginação como o dedo grande do pé numa banheira de água quente e tirar rapidamente se a história não me agradasse no momento. Parte da emoção, entretanto, era ver o que eu podia tirar da história, adivinhando o que podia acontecer, encantada quando era surpreendida, reclamando da injustiça quando era enganada. Criaturas bondosas se transformavam em gênios. Pessoas que morriam, caíam em buracos ou se perdiam podiam ser transformadas em seres mais felizes, ou acabavam em terras cuja existência ninguém conhecia. Nas histórias era possível esconder-se ou escapar.

Como meu pai era ministro da igreja batista e minha mãe acreditava em má sorte, eu me perguntava por que aquelas coisas aconteciam. Eram uma lição, uma praga ou um truque? Seria um prêmio pela bondade, um castigo por fazer o mal? Era por sorte ou acidente? Ou as coisas aconteciam por motivos que nunca poderemos saber – ou nunca *vamos querer* saber? Era uma criança num redemoinho de perguntas, voando em todas as direções.

Fosse qual fosse o caso, era viciada em histórias mórbidas: sobre decapitados, apedrejados, o homem que ficou morto por três dias e fedia quando voltou à vida. Eram pessoas com destino muito pior do que o meu. Pelo menos até ali. Mas, por precaução, queria estar preparada para os perigos que podiam estar à minha espera.

Mais ou menos nessa mesma época, descobri um livro em casa, útil para mim sob esse aspecto. Era um manual de medicina que minha mãe estava estudando para ser enfermeira licenciada. O livro tratava de anomalias médicas, com descrições e fotografias de pessoas com acromegalia, elefantíase, hirsutismo, lepra, falta ou excesso de membros, deformidades que competiam com o programa "Acredite se Quiser", de Ripley, nas coisas incríveis de fazer cair o queixo.

Tentei imaginar a vida daquelas pessoas, o que sentiam, o que pensavam enquanto pareciam olhar minha fotos. Imaginei-as antes de apanhar a doença. Imaginei-as curadas. Imaginei-me levando-as à escola, todas as crianças gritando apavoradas, enquanto eu ficava calma, uma verdadeira amiga. Imaginei-as se transformando em gênios, príncipes e imortais. Imaginei que eu podia ficar daquele jeito, empesteada e miserável, mas logo seria transformada em outra pessoa. Eles eram meus companheiros de brinquedo imaginários. Seu consciente, eu acreditava, era meu. E essas idéias estavam entre as primeiras histórias que inventei para mim mesma.

Como muitas crianças, eu lia para me apavorar insanamente, para ser menos solitária, para acreditar em outras possibilidades. Mas nós todos nos tornamos leitores diferentes no modo como reagimos aos livros, na razão pela qual precisamos deles, no que tiramos deles. Tornamo-nos diferentes nas perguntas que surgem quando lemos, nas respostas que encontramos, no grau de satisfação ou de mal-estar que sentimos com essas respostas. Diferimos no que pensamos sobre o mundo real e o mundo imaginário. Diferimos no que achamos que podemos saber – ou no que vamos querer saber – e em como continuaremos a procurar esse conhecimento.

Nas mãos de diferentes leitores, a mesma história pode ser uma história diferente.

Acredito nisso agora, embora na faculdade tenha me permitido pensar diferente. Naquele tempo, tinha chegado a um ponto em que acreditava que bom gosto era opinião de outras pessoas, especialmente os peritos. Eu me especializava em inglês, e no segundo ano fiz um trabalho sobre *O sol também se levanta*, de Hemingway. Embora achasse o livro bem escrito, não gostei muito do cinismo, do fato de que no final as personagens não tivessem mudado muito – que era o ponto central do livro, mas que eu não achava interessante. Disse isso no meu trabalho, e na semana seguinte meu professor o leu para a classe. Ele disse que era notavelmente diferente dos trabalhos que vinha lendo durante todos os seus anos de magistério. Eu corei, pensando que isso fosse um elogio. E então ele começou a ler minhas frases num tom cada vez menos benigno. Logo estava lívido, ofegando entre cada parágrafo. "Quem é *este* escritor para criticar Hemingway, o maior escritor americano do nosso século? *Este* escritor é um idiota! Este romance merece um leitor melhor!" Se essa escritora pudesse, teria se matado ali mesmo.

No ano seguinte, em outra aula de inglês, em outra faculdade, tivemos de fazer um trabalho sobre aquele mesmo livro. Dessa vez eu fiz notar a brilhante caracterização, como a despeito do panorama de eventos e das oportunidades dados às personagens, nada mudava muito em suas vidas e como isso capturava tão convincentemente o realismo do tédio. O livro representava a noção americana geral de uma geração perdida, cujas vidas sozinhas, ou juntas, não tinham esperança nem direção. Meu trabalho foi muito elogiado.

Quando me formei, estava farta de ler ficção literária. Minha imaginação osmótica tinha mudado para outra com filtros, que impediam a passagem de fios soltos. Achava que gostos literários eram normas estabelecidas que dependiam de saber o que outros, mais cultos do que eu, achavam melhor.

Nos doze anos seguintes lia um romance ocasionalmente. Mas não voltei ao hábito de ler uma história por dia, até 1985. A essa altura era uma pessoa bem-sucedida, mas infeliz, com um trabalho lucrativo, mas sem sentido. Estava em uma dessas situações que levam a pessoa a entrar para um culto religioso ou gastar muito dinheiro com psiquiatras ou se dedicar à prática menos drástica e mais econômica de escrever ficção.

Como eu era uma escritora principiante, achei que o conto era a forma mais fácil. Era a abordagem do imposto de renda da literatura: use o formulário menor se tem menos a declarar e é isenta do resto. De uma mesa de saldos da biblioteca apanhei *The Best American Short Stories* de 1983, o volume co-editado por Anne Tyler. Ia começar a escrever contos. Fui criada por uma mãe com padrões impossivelmente altos. Esse era o livro para mim, o melhor. Com sugestões dos meus amigos mais entendidos em literatura, li coleções de contos, e os que encabeçavam a lista eram de mulheres. É claro que li ficção escrita por homens também, até Hemingway, que reli com nova apreciação, mas especialmente pelo estilo claro da sua prosa. Estava interessada especialmente em ficção escrita por mulheres porque quase todas as obras literárias que tinha lido no curso da faculdade eram de homens, sendo Virginia Woolf a única exceção. Descobri que os contos escritos por mulheres incluíam mais histórias sobre mulheres, e foi com surpresa que li, pela primeira vez desde *Jane Eyre*, tantos livros com uma sensibilidade parecida com a minha. Muitas das suas vozes eram íntimas, envolvendo questões, ambigüidades e contradições comuns entre nós, porém havia pensamentos e emoções que eu nunca tinha visto expressos em outras histórias antes.

Como nova escritora, estava também interessada no artesanato, na arte do conto. Entrei para uma oficina de escritores. Foi aí, acredito, que deixei de ser uma leitora típica. Comecei a prestar atenção às partes, e não só ao todo da história, o que, de certo modo, é um hábito terrível. É como ser o Dr. Frankenstein, vendo a vida ser criada a partir de partes inanimadas. O Dr. Frankenstein, em mim, atuava às vezes como um cirurgião plástico, determinando onde estava o excesso de gordura do conto, como um pequeno *lift* aqui, uma entrada ali, podiam melhorar o resultado. Mas o que eu sabia realmente? O que parecia "essencial" para mim era "prolixidade" para outro escritor.

Como uma escritora principiante, eu tentava ainda descobrir o que qualificava o conto, comparado com o poema, a prosa, a anedota, a peça, o romance. Pensava que havia respostas unânimes para perguntas como estas: O que é uma voz? O que é uma história? A voz determina a história ou vice-versa? Como devem ser desenvolvidas as personagens? Quais os elementos de um bom final? Quais as virtudes dos contos em geral?

Além dessas grandes e abstratas questões, tinha preocupações pragmáticas. Por que tantos escritores hoje em dia usam os verbos no presente? É para *parecerem* direções de cena imparciais? Quais os prós e contras de usar a primeira pessoa, a terceira pessoa ou a segunda? A narrativa deve ter uma seqüência cronológica? Ou é mais admirada (isto é, parece mais inteligente) se saltar de um lado para outro, fraturar um pouco as coisas para parecer mais realista, mais semelhante ao modo como nossa pobre memória funciona?

Então havia isto: Qual é o significado existencial do grande espaço em branco entre os parágrafos? O que está sendo dito pelo *não*-dito?

Acreditava realmente que as repostas de alguém a essas perguntas me ajudariam a ser uma escritora melhor. Lembro-me de ter pensado que, se alguém me ajudasse a desconstruir as histórias e descobrir o que funciona, eu poderia então adotar esses princípios, testados e verdadeiramente julgados os melhores, para escrever metodicamente meus contos.

Então li pilhas e pilhas de contos naqueles primeiros anos de aprendizado. Confesso que com alguns contos eu chegava ao final com aquela mesma sensação de epistemológico espanto: "O que é isso?" Em outras palavras, eu simplesmente não entendia. E isso me fez acreditar que meu antigo professor estava certo. Não tinha o senso estético importante. Talvez fosse muito realista e não compreendesse abstrações e fragmentos. Ou talvez o problema fosse que eu era uma romancista, certamente não uma pós-modernista, ou fosse o que fosse, ou fosse o que não fosse, que também me impedia de apreciar, digamos, um monte de tinta numa tela branca num museu moderno. Talvez não compreendesse as histórias porque estava tentando com muito afinco. Eu estava tentando analisá-las, e não apenas lendo, experimentá-las de todos os modos que a arte pode ser aplicada.

É claro que compreendia imediatamente algumas histórias, depressa demais, por demais acessíveis, com uma fanfarra de trompas e com um estalo na cabeça. Eram carregadas de epifania, com começo e fim que ressoavam perfeitamente demais ou eram marcados em negrito com a importância da percepção tardia.

Em outras histórias, notei a mesma tendência, como naquelas histórias para dormir da minha infância: nada mudava muito entre a primeira página e a última. As histórias falavam de pessoas comuns fazendo coisas comuns com apenas um pouco de mal-estar interior, e tinham um narrador onisciente que fornecia os detalhes precisos para provar que suas vidas se moviam a uma velocidade glacial. Eram contos chekhovianos, afinal, com a diferença de estarem situados em lugares mais comuns e serem sobre momentos comuns da vida. Ou talvez não fossem chekhovianos, porque um final de Chekhov sempre inclui algum detalhe observado que faz com que toda a história seja transcendente, enquanto essas histórias enfraqueciam como se tivessem esgotado toda a energia – como a vida, em *O sol também se levanta,* e com seu realismo de tédio. Talvez os escritores procurassem esse efeito. Isso ou então eu simplesmente não entendia.

Contudo, o tédio foi o recurso artístico com que terminei um dos primeiros contos que escrevi. Usei-o para ser admitida na minha primeira oficina literária, na Comunidade de Escritores do vale Squaw. Quando chegou a vez de meu manuscrito ser criticado, Elizabeth Tallent, a minha líder na oficina, perguntou-me na frente de onze outros escritores por que minha história terminava com uma parede de nevoeiro rolando sobre as montanhas da costa, enquanto o narrador está indo para o aeroporto. Naturalmente eu não podia dizer a uma escritora do *New Yorker* que a data da entrega do conto se aproximava e eu não tinha mais tempo, nem idéias e nem interesse. Então respondi que o nevoeiro era uma metáfora para confusão, minha confusão.

Tive mais "nevoeiro" na minha leitura e na minha escrita. Porém, continuando a ler e a escrever, as coisas foram mudando gradualmente. Mas não por meio de desconstrução. Foi por concluir que cada escritor tem uma mente, uma atenção, uma criatividade e um relacionamento com o mundo real e fictício completamente distintos. Descobri que o conto é um destilado de tudo isso. O modo como cada escritor escolhe experimentar, editar, expressar isso é uma questão de gosto. E o que eu gostava de ler não era necessariamente o que eu queria escrever. Minhas razões para escrever tinham a ver com o que ainda não estava ali.

Tornei-me uma leitora muito melhor, e creio que como conseqüência, uma melhor escritora de contos, pelo menos na minha cabeça. Em 1988, completei meu primeiro livro de ficção, *O clube da felicidade e da sorte*, uma coleção de contos. Quando as provas saíram para os primeiros comentários, entretanto, a maioria dos críticos o chamou de romance.

Em outubro último, eu estava tendo grande dificuldade para escrever meu quarto livro quando o primeiro lote de quarenta contos para este volume, fotocópias de páginas separadas, chegou pelo correio para minha apreciação. Naturalmente preocupava-me com o fato de que minha má forma de escrever afetasse minha leitura. Por outro lado, preocupava-me com o fato de que ler excelentes contos podia deprimir-me e piorar minha escrita. E me preocupava pensando que meus níveis flutuantes de estrogênio afetassem negativamente a consistência do meu julgamento. Preocupava-me em omitir uma obra-prima e que todos, incluindo meu antigo professor, dissessem, furiosos: "Quem é *este* escritor para ignorar o maior escritor do nosso país?" Continuo a me preocupar com tudo, como quando era pequena. Ainda tento escolher minhas preocupações, organizá-las, encontrar soluções possíveis para contê-las ou fazê-las desaparecer. E elas continuam na minha cabeça, esperando para dissipar-se ou explodir.

Para começar, organizei um processo para ser o mais justa possível. Com cento e vinte contos para ler em pouco mais de quatro meses, dava uma história por dia, perfeitamente possível e também o modo certo de fazer a coisa, pensei. Se eu lesse muitos contos de uma vez, podia começar a compará-los pelos motivos errados. Então resolvi ler uma história cada noite, sentada na cama. Para garantir que não ficaria susceptível a distrações, como o telefone ou os meus cães latindo para fantasmas, usaria fones de ouvido e ouviria a fita ecológica da chuva caindo. Na série de recomendações do editor, leria os contos cegamente, isto é, com os nomes dos escritores e das revistas apagados. Desse modo, manteria a mente aberta. Não me deixaria influenciar para o caso de o autor ser homem ou mulher, novo ou já bem estabelecido, ou pelo fator racial, que poderia ser verificado num estudo de marketing. Não que eu tivesse esses preconceitos, mas por que arriscar e deixá-los invadirem sorrateiramente meu inconsciente?

Depois de uma semana, comecei a me preocupar com outros preconceitos. Com o fato de que ouvindo a chuva eu pudesse escolher histórias com tempestades e omitisse as que se passavam em ambientes mais ensolarados. Com o fato de que nos dias em que minha mente estivesse repleta de crises, eu julgasse os contos melhores ou piores do que eram realmente. Com o fato de que alguns contos me aborreciam desde o começo por serem impressos em fonte seis, com letras rebuscadas, o que os tornava impossível de ler sem esforço e sem reclamar. (Será que os diretores de arte da América não percebem que uma enorme porcentagem de leitores de revistas é de meia-idade, tem a vista cansada e não quer ser lembrado desse detalhe?)

Às vezes surpreendia-me tentando ir além da superfície e adivinhar quem podia ser o autor. Era como uma criança antes do Natal, sacudindo os presentes, procurando adivinhar o conteúdo dos pacotes. Acreditava que as vozes de certos escritores tinham características como impressões digitais e pensava ter descoberto seis deles (errei três). Se pudesse adivinhar nomes, pelo menos poderia descobrir o gênero. Mas quando olhei para a pilha de contos que tinha lido e tentei discernir quais os traços que indicavam se era homem ou mulher, vi que meus palpites em sua maioria se baseavam só no fato do narrador ser homem ou mulher (e metade das vezes isso provou ser um modo errado de adivinhar).

Então quebrei quase todas as regras, ou pelo menos tentei quebrá-las. Minha determinação de ler um conto por dia? Isso durou um dia. Às vezes não podia parar e lia cinco ou seis. Era como se fosse uma caixa de trufas. Às vezes, ocupada com meu trabalho, passava dias sem ler um só conto. Mas de uma regra não desisti, e foi uma que eu não tinha determinado inicialmente. Lia cada conto do começo ao fim, sem interrupção, para poder sentir o ritmo. Para mim, o ritmo é determinado na primeira frase, continua no resto da história, no modo como respira e exala no fim.

O ritmo é como uma meditação. Em essência seria perdido se eu lesse um conto aos poucos. O conto está mais perto do poema quanto ao modo como deve ser lido: o efeito depende do leitor respirar com ele num ritmo contínuo.

Segui esse princípio quando lia na cama, num avião, nas salas de espera dos médicos, em longas viagens de automóvel – em todos os lugares onde as pessoas aproveitam o tempo para ler um conto em uma revista. Se eu adormecia antes de terminar um conto, na manhã seguinte voltava ao começo. Se a enfermeira dizia que o médico estava pronto para me ver antes que tivesse terminado, eu voltava ao começo do conto depois da consulta. E em janeiro, como cinqüenta milhões de americanos com ressaca dos feriados, entrei para uma academia de ginástica e levei os contos comigo. É aí, descobri, que acontece grande parte da leitura das revistas americanas, em blocos concentrados de tempo. Se eu não terminava um conto nos vinte e cinco minutos que devia ficar na máquina onduladora, eu continuava a bombear e a suar até ler a última palavra. Entre a leitura da primeira história e a da última, descobri também que a boa ficção pode nos mudar de modo vantajoso. Perdi dois quilos e meio.

Descobri também que a leitura dos contos ajudava meu trabalho de escrever. Livrou-me do desânimo e me fez recuperar o fervor e a compulsão para escrever de quando comecei a ler quantidades enormes de ficção, em 1985. Lendo tantos contos, tantas vozes, libertei o que me levou a escrever ficção: a necessidade de encontrar minha voz e contar minha história. Como numa conversa, uma história dá origem a outra.

Mas que experiência curiosa ler tantos contos num período concentrado de tempo, sem obedecer a nenhuma ordem especial, pois o acaso na ficção pode gerar as próprias conexões cósmicas. Uma história sobre a morte de um progenitor será seguida por outra sobre a morte de um progenitor, uma história sobre a mãe difícil por outra sobre outra mãe difícil. Pizza Huts e Dominó brotavam aos montes, como cogumelos depois da chuva, bem como referências à cor de uma espécie de cereja silvestre e a latidos de cães, a turistas na Índia e pessoas caindo sob o gelo, a reuniões depois de indiscrições sexuais e filhos embriagados. E havia muitos, muitos pensamentos antes da morte. Reunidos, poderiam formar um códice do inconsciente coletivo. Ou é apenas o tipo de pessoa que eu sou? Tenho tendência para unir os pontos e formar padrões, mas os padrões podem não ter significado. Seja como for, lendo todos juntos, percebi que alguns contos tinham imagens e situações similares, das quais umas me agradavam mais do que outras.

Em muitas das cento e vinte histórias, encontrei elementos do conto de fadas, o grotesco. É aqui que entra o verdadeiro preconceito. Fiquei encantada quando os encontrei, surpresa por ver que tantos contos tinham essas qualidades – não tanto na estrutura, mas na fantasia: mundos subterrâneos, uma mulher tropeçando em uma versão muito mais escura da Branca de Neve e os Sete Anões, um lugar secreto que ninguém sabe que existe, fantasmas no sótão, tratores que falam. Vi essa mesma qualidade dos contos de fadas na formação das personagens. O narrador descobre que outros não são o que parecem ser. A mudança ocorre não com um aceno da varinha mágica, mas com a morte, o perigo ou o desespero.

Como leitora, tinha outra preocupação. Olhei para os contos da minha pilha de favoritos. Muitos tinham um sabor exótico. O narrador era étnico ou ocorriam fora da América. Eu podia imaginar os leitores balançando a cabeça presunçosamente e dizendo: "Muito bem, é claro que *ela* ia escolher *esses*, hum-hum." Olhei então para a pilha maior dos que tinha resolvido eliminar e entre eles havia alguns também situados em lugares exóticos e com narradores étnicos. Notei que havia um bom número de contos nas duas pilhas sobre caçadores, caubóis e pessoas valentes que viviam em lugares remotos da América do Norte. Então, como podia explicar isso? Acho que sou o tipo de leitora que gosta menos do que é comum. Talvez seja ainda aquela menina que quer ver coisas que nunca viu antes. Gosto de ser surpreendida por imagens que nunca teria imaginado.

Por sua natureza, esses eram contos com vozes distintas, vozes com coisas interessantes para dizer. Imagino que isso tenha contribuído para que fossem escolhidos pelos editores de certas revistas. Tendo lido os cento e vinte, sei como um conto pode se perder rapidamente na mesmice e desaparecer na lembrança. Os esplêndidos continuam de pé. Mas, no fim, só os vívidos permanecem. Diferente nem sempre é igual a vívido, mas o contrário certamente é verdade.

Sinto desapontar os que esperam que eu faça alguma observação sobre a demografia dessa coleção e seu significado para as tendências literárias ou para a diversidade da cultura americana no ano de 1998. Não acho que muitos escritores de ficção literária se propõem deliberadamente a escrever contos que sejam de interesse local ou característicos de um determinado lugar. Grandes histórias resistem à generalização e às categorias. Para mim seria presunçoso até mesmo tentar adivinhar como o subconsciente de vinte e um escritores seguiu certos padrões, e o mais provável é que não acertasse. E pensem em como seria embaraçoso encontrar um desses escritores numa festa.

Deixo aos escritores a tarefa de dizer quais poderiam ser suas intenções, se estiverem dispostos a fazer essa revelação.

Por que *eu* acho que esses contos são os melhores? O que eles dizem sobre os gostos? Entrarão em harmonia com os seus, com os da mulher em Seul, com os dos meus amigos, com recomendações para serem filmados?

Escolhi contos com fortes qualidades de narração de histórias. Quero dizer, contos com uma linha narrativa esticada por complicações interessantes, e isso leva a algum pensamento, ou à emoção ou a uma clara percepção. Nesses contos, quando cheguei à última página senti a *mudança*. Eu não disse "O que é isto?". Contudo, os contos não terminam com o soar de gongos. Não há nada de cuidadosamente preparado, nada de pregação neles. Em vez disso, no final, silenciosa, mas perceptivelmente, me surpreendem e me chocam. Não estou dizendo que cada história subisse como uma bola de gás solta. A falta de peso era às vezes mais parecida com uma cama elástica, uma repentina perda de gravidade, um pequeno inseto levado pelo vento. Às vezes isso só acontece nos últimos parágrafos – às vezes só na última frase. Mas sempre ao final senti-me suspensa durante um momento muito longo por uma sensação de espanto, pela habilidade da história de me fazer sentir o que estava sentindo. Cada conto nesta coleção me causou esse efeito.

Sou também admiradora ardente do estilo da prosa. Entretanto, isso não significa que quero sempre ser extravagante como Humbert Humbert, embora *Lolita* seja um dos meus favoritos, por sua linguagem. Seja simples ou extravagante, a prosa de que gosto é a que está ali por uma razão – cada palavra, cada imagem, cada pedaço de diálogo é necessário, acrescenta, constrói e sua destreza é também transparente. Contudo, tem uma generosidade, não há economia. Para mim essa é a parte artística. Enquanto a prosa pode parecer descuidada e fácil, está imbuída de uma sensibilidade especial e de inteligência e propósito. Essa sensação mais alta permeia toda a história, e só quando termina de ler você percebe o quanto ela é ainda palpável. Os contos aqui me dão essa mesma sensação, cada um a seu modo.

O que eu mais procuro numa história, o que realmente desejo, e que encontrei nesses vinte e um textos, é uma voz distinta que conta uma história que só essa voz pode contar. A voz não é apenas a linguagem, o estilo da prosa, a fantasia. É aquela combinação inefável de coisas que criam um relacionamento triangular entre o narrador, o leitor e o mundo fictício. Pode ter uma intimidade ou uma distância, uma fidedignidade ou uma aspereza. A voz é o guia desta hora para a eternidade e me mergulhará numa conscientização única que observa algumas nuances da natureza humana e ignora outras. É a guardiã do perdão e da condenação. Ordenará percepção e vai sobrepor eventos e rearranjar o tempo, então entregará de volta à minha consciência, levemente fora de prumo.

No fim da história, o que eu testemunhei e experimentei como leitora é tão interessante, tão intenso, tão transcendente que, se alguém me perguntar sobre o que é a história, não poderei destilá-la em uma resposta fácil. Seria sacrilégio se dissesse que é sobre, digamos, sobrevivência, esperança ou a infinidade do amor. Pois toda história é sobre o que a história conta, e não há como resumir. Só posso dizer: por favor, leia você mesmo.

Se esta coleção contém uma linha comum aos meus gostos, é o que considero o melhor da ficção por sua natureza e suas virtudes. Pode nos enriquecer ajudando-nos a notar pequenos detalhes na vida. Pode nos lembrar de desconfiar das verdades absolutas, de dispensar chavões, desejar, e ao mesmo tempo temer, a imobilidade, ver o mundo de novo em *close-up*, ou a distância, com uma sensação de mistério ou aceitação, descontentamento ou esperança, lembrando o tempo todo que são muitas as possibilidades e que esta é apenas uma delas.

As melhores histórias podem nos modificar. Elas nos ajudam a levar vidas interessantes.

ESPERANÇA

Agora me ajude a acender três varetas de incenso. A fumaça levará nossos desejos para o céu. É claro, é só superstição, só por diversão. Mas veja como a fumaça sobe depressa – oh, mais depressa ainda quando nós rimos, erguendo nossas esperanças para cima, cada vez mais alto.

A mulher do deus da cozinha

O que vou lembrar

Quando tinha vinte e poucos anos, numa época em que minha mãe e eu não estávamos nos dando muito bem, ela me perguntou: "Se eu morresse, do que você se lembraria?"

Lá vamos nós, pensei. A velha rotina de tortura chinesa. Respondi mais ou menos isto: Deixa disso, você não vai morrer.

Ela insistiu: "O que você lembraria?"

Não foi fácil encontrar uma resposta.

– Você sabe, *todo tipo* de coisa. Como, bem, você sabe, você é minha mãe.

Então minha mãe disse, com um misto de tristeza e raiva:

– Acho que você conhece pequena porcentagem de mim.

Essas palavras me vieram à mente quando, num dia, em 1985, recebi um telefonema dizendo que minha mãe provavelmente estava morta. Eu estava de férias no Havaí e não tinha deixado nenhum número de telefone. Assim, só depois que minha amiga Gretchen, que estava comigo e com meu marido no Havaí, verificou as mensagens da sua secretária eletrônica, fiquei sabendo que há quatro dias minha mãe sofrera um aparente ataque cardíaco. Ela estava agora na unidade de tratamento intensivo.

Fui a um telefone público e liguei para o hospital, certa de que era tarde demais. Ela estava morta. Tentei imaginá-la viva e só podia ouvir aquelas palavras: "O que você vai lembrar?" Então perguntei a mim mesma: O que devo lembrar? O que eu perdi? Quais tinham sido as maiores esperanças e os maiores temores de minha mãe? O que era importante para ela? Senti remorso e culpa, compreendendo que estava certa o tempo todo: eu sabia uma porcentagem muito pequena dela. Que coisa triste.

Com mãos trêmulas, disquei o número. Enquanto esperava que a ligação fosse passada para a unidade de tratamento intensivo, fiz uma promessa a Deus e a quem mais pudesse me ouvir: "Se minha mãe viver, eu vou conhecê-la. Vou perguntar sobre seu passado, e dessa vez ouvir de verdade o que tem para dizer. Até a levarei à China, e, sim, vou escrever histórias sobre ela... Logo uma enfermeira me dirá calmamente que eu tenho de falar com um médico, e o médico vai dizer: 'Sinto muito, mas tenho más notícias...'"

De repente, ouvi a voz de minha mãe:

– Amy-ah?

– Oh, mamãe. Você está bem?

– Sim, bem, bem. Onde você está?

– No Havaí.

– Havaí-ii? Quando você foi para Havaí-ii?

– Ouça. Pensei que você tinha tido um ataque cardíaco. Pensei...

Minha mãe me interrompeu, irritada:

– Ataque cardíaco. Não, não, não, não. Eu vou ao mercado de peixe e o peixeiro ele tenta me enganar. Me deixa tão furiosa. De repente sinto uma dor no peito, tão forte, então vou para o Hospital Kaiser. Eles me põem aqui. UTI, fazem todo o tipo de exames, mas no fim eu tenho angina, por causa do estresse! Assim, você vê, aquele peixeiro, ele errado. Me deixou com estresse.

Dei um suspiro alto. Então ela perguntou:

– Você preocupada? Por isso telefona? Sim? Ha, ha! Você se preocupa *comigo*! – Ela estava extremamente satisfeita. Então, lá estava eu, numa cabine telefônica num shopping no Havaí, chorando e rindo ao mesmo tempo. Depois que desliguei ouvi uma voz que dizia: "Não esqueça agora. Você *prometeu...*"

Então eu a levei à China. Agüentei três semanas na companhia dela durante vinte e quatro horas por dia. Três semanas ouvindo seus conselhos, suas críticas à minha roupa, aos meus hábitos alimentares, aos péssimos negócios que eu fazia no mercado. Eu odiei e amei. E quando voltamos para casa, comecei a escrever histórias sobre a vida dela.

No começo de *O clube da felicidade e da sorte*, imaginei uma jovem que acabava de perder a mãe. Estão agora separadas pela morte, aparentemente sem reconciliação. Nunca houve nenhuma briga importante que as separasse, apenas a vida durante anos, pequenos mal-entendidos e o desejo da mãe de dar conselhos à filha e o desejo da filha de encontrar o próprio caminho. Então, o que essa filha ia lembrar?

No final, a filha aprende alguma coisa, entende alguma coisa, algo óbvio que sempre estivera ali, e está pronta para substituir a mãe na mesa de *mah jong*, no Oriente, onde as coisas começam.

Na dedicatória de *O clube da felicidade e da sorte*, escrevi:

Para minha mãe
e à memória de sua mãe

Certa vez você me perguntou
o que eu lembraria.
Isto e muito mais.

Reclamar é americano

Isto é um trecho de uma mesa-redonda informal da Semana Renascença, uma reunião anual de criadores e pensadores de todos os caminhos da vida, na qual me pediram para falar sobre "O que está me atormentando atualmente?".

Acho desconcertante me queixar em público. Vai contra os princípios nos quais fui criada. "Você não deve fazer barulho por nada", minha mãe dizia. "É como soltar gases."

Porém, cresci pensando que minha mãe era a maior queixosa que conheci. Serviço ruim no restaurante? Informava a todo mundo, apontando para o prato ou para os pauzinhos engordurados. "Estão vendo isto?", dizia para que todos os fregueses famintos ouvissem. "Esperam que eu coma com esta coisa imunda?"

Talvez por causa do modo como fui criada, prefiro fomentar problemas silenciosamente. Além disso, tenho pouca coisa de que me queixar pessoalmente. A vida tem sido boa para mim; mais do que boa, na verdade, notável, além de qualquer coisa que eu pudesse ter imaginado, e eu tenho uma imaginação muito fértil.

Mas, como escritora, lembro que falar sobre o indescritível é parte e parcela do meu trabalho. Eu *posso* reclamar. Eu *devo* reclamar. Escritores reclamam e muitas vezes falam de coisas desconfortáveis. Como uma escritora asiático-americana, ou "escritora de cor", como alguns dirão, esperam que eu reclame sobre uma porção de assuntos sociais. E como uma escritora americana, que é como me vejo – nada de hifens –, tenho direito de me expressar sobre qualquer assunto e na direção que bem entender. Acredito que o que faz de mim uma escritora americana, mais do que qualquer outra coisa, é o fato de ter como certo esse direito inalienável chamado liberdade de palavra.

E assim, como escritora americana, recusei, no começo da minha carreira, quando era ainda desconhecida, ter um conto meu impresso porque o pessoal da revista queria mudar uma palavra. Uma palavra feia, eles disseram. A palavra era "merda", que uma personagem diz para a mulher. Se o editor tivesse dito "Somos uma revista familiar. Não podemos apenas fazer o homem olhar furioso para a mulher?", eu teria respondido "Claro". Mas o editor da revista queria substituir "merda" por "Cristo". Eu pergunto: o que é mais ofensivo dizer nesse contexto? Por que eu devia deixar que a interpretação de moral do editor governasse a minha?

Isso pode parecer mesquinho para você, mas acho que não é apenas meu direito, mas também minha responsabilidade como escritora americana rejeitar censura arbitrária. Num caso como esse, por mais trivial que pareça, sou contra o remendo editorial que reflete a questão maior do que define "bom gosto". Como escritora, penso muito em intenções e conseqüências, em responsabilidade pessoal, crédito e culpa. Isso vem com tudo que escrevo. Mas aparece também quando me perguntam algo como: "O que devemos fazer sobre os direitos humanos na China?"

Não sou perita no assunto da lei e da sua ausência na China. Mas acontece que penso muito nisso, em parte porque a mídia muitas vezes me pergunta, porém mais ainda porque tenho família na China – uma irmã que mora em Xangai, seu marido e seus filhos, bem como numerosos primos, uma tia e o irmão de minha mãe, meu velho e querido tio, que foi vice-secretário do sindicato dos comerciários, um homem que sobreviveu à Longa Marcha e que agora desfruta o Longo Fio. Quando eu o visito, ele gosta de me falar dos bravos mártires, alguns deles seus amigos, que ajudaram a revolução. Como um alto funcionário aposentado, meu tio tem carro e motorista, e me levou para ver as vistas convenientes da cidade com todo esse luxo. Certa vez, quando eu ia jantar na residência do embaixador americano e sua mulher, meu tio me disse severamente que não "era conveniente" para ele me levar, nem era conveniente um carro da embaixada dos Estados Unidos chegar a menos de uma quadra da casa dele. Isso foi na época em que a embaixada dera refúgio ao dissidente Fang Lizhi. Pode-se dizer que meu tio e eu nem sempre temos a mesma opinião.

A última vez em que estive em Beijing, com meu marido, foi numa campanha para angariar fundos para os orfanatos chineses. Lou e eu devíamos comparecer a um jantar para quatrocentas e cinqüenta pessoas – diplomatas estrangeiros, executivos das divisões de além-mar de grandes corporações e a nata da sociedade internacional filantrópica de Beijing. O evento, o primeiro desse tipo em Beijing, vendeu todos os ingressos, e o dinheiro foi doado para camas, roupas e cirurgias corretivas que não apenas melhorariam as chances das crianças de serem adotadas, como também as ajudaria a sobreviver num país onde o aquecimento central não é comum e onde a cota do governo para cada órfão é de apenas uns poucos dólares por mês. Essas condições têm menos a ver com negligência do governo do que com a realidade de alimentar 1,2 bilhão de pessoas. Lou e eu doamos uma quantia que permitiria a muitas crianças as cirurgias de lábio leporino, pés deformados e outros defeitos de nascença. Tivemos oportunidade de conhecer algumas das crianças que precisavam de ajuda. Nunca estivemos tão perto de saber que nosso dinheiro ia ser usado numa causa realmente importante.

No evento, ocorrido no salão de baile de um hotel, eu devia contar algumas piadas antes do jantar, falar sobre as crianças que tínhamos conhecido e agradecer a presença e a generosidade de todos. Mas acontece que a organização americana de levantamento de fundos não tinha permissão de produzir eventos para a arrecadação de fundos na China. Quem pode saber por que essa informação não fora dada antes? Era a situação básica de americanos com boas intenções, mas havia uma certa inépcia. De qualquer modo, o pessoal do escritório da segurança pública chegou ao hotel de tarde e informou aos organizadores que o evento teria de ser cancelado. Os organizadores americanos suplicaram. Os funcionários do escritório de segurança pública a princípio ficaram inflexíveis, porém, depois de algumas negociações, permitiram que dessem o jantar – mas as flâmulas teriam de ser retiradas e o salão dividido em dois, como se fosse apenas um jantar e não um evento de caridade. Qualquer menção a pedido de dinheiro era estritamente proibida. Isso foi muito desagradável, e muita gente reclamou furiosa. Enfrentamos a situação. O jantar ocorreu conforme o planejado. Não fizemos discursos do palco, mas fomos de mesa em mesa agradecer a presença de todos.

Alguns repórteres compareceram ao jantar. Eles viram o evento de modo completamente diferente. Na manhã seguinte, as reportagens da Reuters e da AP eram mais ou menos assim: "A polícia invadiu o hotel, arrancando as flâmulas, e não permitiu que a escritora Amy Tan falasse do palco sobre a situação dos orfanatos na China." No dia seguinte, a história apareceu em uns cem jornais e nas televisões do mundo todo. Num noticiário de televisão, foi passado um filme antigo onde eu aparecia fazendo a promoção do meu último livro, estrategicamente seguida da gravação da morte de uma criança num orfanato, filmada às escondidas por uma equipe britânica para outro programa. Com a manipulação das imagens, parecia que eu estava chocada e ultrajada com as condições dos orfanatos na China.

Logo depois, a China fechou as portas dos orfanatos para os olhos curiosos do Ocidente. O dinheiro que devia ter ido para as cirurgias de lábio leporino, para salvar as vidas dos bebês, ficou retido. A adoção de crianças chinesas por casais americanos parou. E eu fui proibida de voltar à China. O fato de vidas reais terem sido comprometidas me incomodou bastante. Na verdade, me deixou furiosa. E minha ira era dirigida não somente aos que fecharam as portas dos orfanatos à ajuda adicional, mas também à mídia ocidental e àqueles que tinham usado esse evento como uma oportunidade de reclamar contra as condições dos orfanatos em nome dos direitos humanos. Isso não ajudou aquelas crianças, mas as pôs em perigo. O que tinha saído errado?

Como americanos temos um apego especial pelos direitos. Nosso país foi fundado sobre eles, temos o direito de usar armas, de ter filhos, de desnudar nossos pensamentos quando queremos. O direito à vida, o direito de escolha, o direito de morrer, o direito de falar ou ficar em silêncio. Lutamos ferozmente por nossos direitos, cada um de acordo com sua interpretação. Quando fazemos isso em nosso solo, estamos em terra firme, temos advogados para nos apoiar. Mas quando lutamos pelos direitos de pessoas em outro país, as coisas se complicam. Nem sempre saem como pretendíamos. Portas podem ser fechadas e quem sabe o que acontece atrás delas?

Vejam a África do Sul, alguns dirão. Nós os criticamos por causa do *apartheid*, impusemos sanções, realmente pressionamos. Que sucesso. Mas a China não é a África do Sul. O que funciona em um país, com uma classe branca governante, não funciona necessariamente em outro. Essa é a regra número 1 da escola de diplomacia.

Entretanto, quando você encontra sofrimento humano, não pode simplesmente ficar parado sem dizer nada. Como aprendemos com o Holocausto, a indiferença também é uma assassina.

Então, o que devemos fazer sobre os direitos humanos na China? Minha resposta honesta: não sei o que devemos fazer. Só sei o que *eu* devo fazer. Penso no meu tio em Beijing, que acredita que a China é o país mais amante da paz em todo o mundo. Penso no que eu faria se tivesse de dizer ao meu tio para mudar suas crenças e me acompanhar à casa do embaixador dos Estados Unidos para jantar com Fang Lizhi. Adiantaria gritar com ele, ameaçá-lo, deixar de visitá-lo? Seria um meio certo de começar o equivalente a uma guerra entre nós dois. Com meu tio tenho de demonstrar minha preocupação sutilmente. Tenho de conquistar sua confiança, passar mais tempo com ele. Contudo, sei também que provavelmente ele não vai mudar de opinião sobre Fang Lizhi, sobre outros dissidentes ainda na prisão, sobre a destruição cultural no Tibete. Ele está convencido da própria opinião. Pensa que eu não compreendo a China. E está certo em muitos aspectos.

Eu esperava que os políticos soubessem muito mais. O que posso fazer é dar dinheiro para as cirurgias dos lábios leporinos. Posso criar bolsas de estudos para que jornalistas estrangeiros venham estudar nos Estados Unidos e levar idéias fundamentais para seus países. Posso dar assistência a grupos do Tibete para que se desenvolvam indústrias auto-sustentáveis.

Não é suficiente. Mas meu direito de reclamar e de gritar não fez necessariamente nenhum bem. Enquanto isso, pergunto a mim mesma: Aquilo em que acredito está certo? Quais são as minhas intenções? Quais as minhas responsabilidades? Como minhas intenções podem combinar com as esperanças das vidas verdadeiras que espero afetar?

O oposto do destino

No fim de junho de 2001, depois de uma viagem de quatro meses promovendo meu livro, que me levara a quarenta e cinco cidades nos Estados Unidos, depois a mais doze no Reino Unido, na República da Irlanda, Austrália e Nova Zelândia, voltei para casa, em San Francisco. Fechei as persianas, fui para a cama e comecei o longo descanso que sentia que precisava. Dormi quase vinte e quatro horas naquele primeiro dia e depois de doze a vinte de cada vez, nas semanas seguintes.

Mesmo antes da viagem, estava exausta, sempre desesperada para dormir. Qualquer atividade me parecia excessiva. A correspondência se empilhava na minha mesa e eu não tinha motivação para examinar os escombros. Durante a viagem, fui perseguida por uma constante dor de cabeça, rigidez no pescoço, um ritmo cardíaco que chegava às vezes a 130, bem como insônia no meio da noite e apatia, e atribuí tudo à mudança constante de hotéis, às freqüentes milhas de vôo e ao choque emocional de ter perdido minha mãe recentemente, e minha editora com intervalo de duas semanas entre uma e outra.

De volta à casa, disse ao meu marido Lou que me sentia como se alguma coisa tivesse quebrado dentro de mim. Alguma coisa não estava certa. Semanas se passaram e ainda não me sentia descansada. Para dizer a verdade, estava mais cansada do que nunca, em parte porque só podia dormir duas ou três horas seguidas antes de ser acordada pela sensação que chamei de "Síndrome

Dolby Digital", uma constante vibração dentro do meu corpo, como se alguém tivesse instalado ali um sistema "envenenado" de megabaixo para tocar rap num estádio. Infelizmente esses sintomas não combinavam com nenhum critério de diagnóstico padrão.

Durante o dia, não podia me concentrar o tempo suficiente para escrever alguma coisa nova, e tudo que fazia era rever as mesmas páginas que tinha escrito meses atrás. Bloqueio de escritor também não é reconhecido como doença pela medicina. Ler era agora um desafio, dada a minha pouca capacidade de atenção. Na página 3 ou 4 das histórias que começava, não conseguia lembrar o que tinha lido e tinha de voltar ao começo. Nos jantares, geralmente, não conseguia acompanhar a conversa rápida. Todos os que encontrava me pareciam ter mentes tão ágeis, a ponto de me intimidar. Eu balançava a cabeça e ria quando via todos fazendo isso.

Por motivos que desconheço, eu facilmente me deixava dominar pelo medo quando estava sozinha. Pequenos sons me assustavam, me faziam saltar, e então imaginava descendentes do bicho-papão da minha infância. Achei que não estava tomando conhecimento de alguma profunda ansiedade e fui consultar um psiquiatra. Era a primeira vez em que fazia isso em quase vinte anos. O último que eu havia consultado representou um ponto de mudança na minha vida. Era um analista junguiano taciturno que adormeceu durante três sessões, e isso teve o efeito de me fazer substituir o médico sonolento por uma animada oficina de escritores. Com isso comecei a escrever histórias, abrindo uma carreira completamente nova para mim e, *voilà*, aqui estou, capaz de apreciar a absoluta necessidade de o médico ter dormido naqueles momentos. Se ele fosse mais atento, eu teria continuado meu outro caminho na vida. Naturalmente imaginei que profundas mudanças a nova psiquiatra traria à minha vida.

Essa psiquiatra ficou acordada. Escutou e pensou. Eu tinha estresse pós-traumático, além de minha antiga depressão. Havia elementos óbvios em minha vida que podiam ser responsabilizados por isso. Para começar, minha mãe era dada a acessos de raiva e de desespero. Eu tinha visto suas tentativas dramáticas de suicídio em várias ocasiões em minha infância, e, em vez de me acostumar a esses episódios, cresci com uma angústia de antecipação, o que as pessoas adquirem depois de um grande terremoto, sem saber se o próximo tremor logo virá, tirando o solo de baixo dos seus pés. Na minha adolescência vi meu pai e meu irmão se transformarem em esqueletos vivos com tumores cerebrais, o que minha mãe temia que ela, meu outro irmão e eu também tivéssemos. Eu ouvia essa predição ecoando pelo resto da minha vida sempre que tinha uma dor de cabeça. Uma vez que somos condenados a morrer de qualquer modo, por que não antes e não depois? Essa lógica levou minha mãe certa vez a tentar me matar com um cutelo de açougueiro encostado no meu pescoço durante vinte longos minutos.

Anos mais tarde, colecionei, como outros colecionam, estatuetas de Hummel, uma variedade de acidentes, assaltos e atos de Deus. Como quando, na faculdade, eu estava num carro, sem cinto de segurança, e bati num poste. Fui atirada contra o pára-brisa e precisei fazer correções em meu rosto. Como quando estava no curso de doutorado e um assaltante encostou o cano de uma arma na minha cabeça e nos obrigou, a mim e a meus companheiros na pizzaria, a deitar no chão no frigorífico, prometendo estourar nossos miolos se fizéssemos qualquer som, e então a mulher que estava ao meu lado começou a berrar como num filme de horror de segunda categoria. No ano seguinte entrei num quarto que cheirava a suor nervoso para identificar os itens que tinham sido roubados por quem torturou e matou meu ex-companheiro e de Lou no apartamento. Lou e eu tínhamos dormido no mesmo quarto na noite anterior e só por acaso estávamos em outro lugar na noite do crime.

Um pouco antes da publicação do meu primeiro livro, quase consegui ser publicada postumamente, quando quase me afoguei no Mar de Cortez. Fui arrastada para a margem e retiraram a água salgada dos meus pulmões. Mais recentemente, depois que dez centímetros de chuva derreteram a neve provocando deslizamentos de lama nos lados da nossa cabana em Tahoe, Lou e eu ficamos presos perto de um rio que subia perigosamente. Para aumentar minha sensação de desastre, havia o lado negativo de ter um livro publicado: os superdedicados fãs e os detratores, três dos quais falaram em me matar, sendo que um deles entrou no avião em que eu estava para dizer como ia fazer isso.

Em retrospecto, não me admira que ficasse sobressaltada com qualquer pequeno barulho. Eu parecia um ímã para o perigo. Será que tinha tão pouca sorte? Seria o pagamento cármico por algum descuido em meu passado? Seria sinal de que minha morte estava próxima? Ou o inverso podia ser verdade, que essas calamidades eram provas deliberadamente enviadas, de que eu tinha uma sorte incrível, tão invulnerável a armas e a vilões como uma personagem de história em quadrinhos? Flutuei entre as duas possibilidades. Uma boa sorte incrível, uma má sorte incrível, condenada a morrer logo, destinada a superar tudo. E até recentemente eu tinha acomodado uma vida cheia de peripécias a uma alta capacidade de recuperação e uma baixa dose de antidepressivos. Por que meu corpo agora expressava tanto ultraje contra esses traumas?

A psiquiatra sensatamente sugeriu que eu fizesse um *check-up* completo, e lá fui eu para minha médica. Não seria maravilhoso se descobrissem que eu tinha deficiência de uma vitamina ou de uma enzima sem a qual ficamos nervosos, com a mente fraca e neuróticos?

Uma semana depois, quando eu estava em Nova York, minha médica telefonou de San Francisco com os resultados dos exames de sangue. Eu estava perfeitamente normal, a não ser por uma coisa: a taxa de açúcar no sangue estava baixa. Isso não era surpresa. Anos atrás tinha lhe dito que tinha uma tendência à "baixa taxa de açúcar no sangue", especialmente quando viajava ou ficava estressada. Além disso, todo mundo ocasionalmente tinha hipoglicemia. Era a doença *yuppie*, e em geral o remédio era um saquinho de balas.

– Mas está baixo demais – minha médica disse. – Na verdade, os números são alarmantes. – Médicos tendem a não se impressionar quando seus membros estão quase caindo de podres, por isso tentei imaginar o que podia ser considerado "alarmante".

Ela explicou que minha taxa de glicose era 27, um nível que na maioria das pessoas significaria inconsciência ou pelo menos incapacidade de ficar sentada e falar, enquanto eu tinha entrado no seu consultório para coleta de sangue e fiquei o tempo todo na posição vertical e falando normalmente. Minha médica examinou as possibilidades que podiam ser responsáveis pela anomalia da glicose, mas descartou a maior parte, incluindo o fato de eu ter tomado secretamente uma injeção de insulina roubada e comido *ackee* verde da Jamaica. Finalmente ela disse que queria mais exames quando eu voltasse a San Francisco, para descartar a possibilidade de um tumor no pâncreas e possivelmente um no cérebro. Essas duas coisas, ela se apressou a garantir, eram extremamente improváveis.

Lembro-me de ter me esforçado para parecer calma, quase despreocupada, quando na verdade quem estava alarmada agora era eu. Podia ser a realização da maldição que minha mãe temia? Finalmente estava acontecendo. Sentia que tinha um tumor no cérebro, como meu pai, meu irmão mais velho e minha mãe. Seria a quarta, e quatro era o número do azar em chinês, pois *si*, que significa quatro, é homófono de *si*, que significa "morte". Porém, podia não ser uma maldição chinesa, mas genética, um destino que estava no DNA de minha família, codificado numa célula ávida para se tornar agressiva, proliferar como baratas e fazer seu ninho nos limitados confins do meu cérebro.

Diante de tudo isso, fiz o que qualquer pessoa vítima de uma maldição chinesa e más notícias médicas faria. Consultei a Internet. Enquanto minha mãe tinha se voltado para o sobrenatural por sua infinita sabedoria, encontrei consolo na vastidão da World Wide Web. Ali podia continuar a procura de um diagnóstico e uma cura com a ajuda do Dr. Google, que me guiou, sem nenhum julgamento, por um universo de astrocitomas e enxaquecas, quimioterapia e curas milagrosas feitas por charlatões.

Minha preocupação com doença foi de pouca duração, pois no dia seguinte tive de ir à sala de noticiário da CNN, em Manhattan, para uma entrevista ao vivo relacionada ao lançamento de *Sagwa*, uma série animada, em PBS, Serviço Público de Rádio e Televisão, baseada num livro infantil que acabara de escrever. Lutei contra a fadiga para acordar antes das oito naquela manhã. Na sala de imprensa sentei numa cadeira alta de diretor, com os fones de ouvido, o microfone preso na minha lapela, o monitor negro na minha frente como foco visual para fingir que falava face a face com o entrevistador. Nos monitores da TV à minha direita via imagens de modelos grávidas com trajes mínimos, estilo *rave*, que expunham as barrigas enormes desde a linha do sutiã até a virilha. Era a Semana da Moda em Nova York e, na minha opinião, alguém tinha raspado o fundo do barril para aquelas imagens.

"Um minuto para entrar ao vivo", uma voz disse nos meus fones de ouvido. Faltavam poucos minutos para as nove horas da manhã. Hora diurna ocidental. Era a hora das notícias menos importantes, quando o povo de Nova York já tinha saído para o trabalho, quando os despertadores na Costa Oeste começavam a tocar e as mães entre esses pontos geográficos preparavam o café-da-manhã dos filhos, ansiosas, eu esperava para ver o novo desenho animado que ocuparia as mentes dos seus brilhantes rebentos.

Estava relaxada, com minha experiência em entrevistas, mas alguma coisa não parecia certa. O pessoal na sala de imprensa falava alto, com vozes tensas. Eu sabia que os sons de fundo davam a impressão de notícia importante, mas esse nível de verossimilhança era ridículo. As pessoas pareciam zangadas, até mesmo agressivas. Concluí que eram colegas que não se gostavam e estavam suportando um trabalho em conjunto. Ouçam a troca de gritos:

– Como assim não consegue pôr o homem na linha? Então vá procurá-lo! Depressa!

– Onde diabos está Aaron?

– Isso é insano! Absolutamente insano!

– Procure a autoridade do porto agora mesmo. Eu disse *agora mesmo*!

– Tudo bem, temos alimentação ao vivo! Todo mundo, aqui está.

E eu vi um flash de uma imagem em umas doze telas, um prédio em chamas.

Tirei os fones de ouvido, soltei o microfone da lapela. Depois de anos fazendo entrevistas de dois minutos na televisão, sabia que quase tudo – notícias novas de escândalos políticos, novidades sobre o julgamento de O. J. Simpson e certamente um incêndio local – seria mais importante do que uma escritora falando sobre sua obra. Então notei um elemento bizarro. Havia um avião preso no meio de um prédio e o prédio não era apenas um prédio com o horizonte da cidade atrás dele. Era uma das torres do World Trade Center, e o horizonte era o céu claro e azul.

– É um jato comercial – alguém confirmou. – Temos uma testemunha – e compreendi que a gritaria na sala de imprensa não era uma briga, mas tensão, quase caos.

Quando outro avião atingiu a torre, ouvi alguém murmurar: "Isto é guerra." Levantei da cadeira e fui para a sala verde, tentando entender o que isso queria dizer. O que você faz quando a Terceira Guerra Mundial é deflagrada e você está numa sala de imprensa ouvindo falar a respeito? Uma assistente se aproximou e disse: "Sinto muito, mas teremos de fazer isto em outro dia." Assenti balançando a cabeça, embora sabendo que não haveria outro dia, certamente não para aquela entrevista e possivelmente para nada mais. Outra mulher segurou meu braço e disse, freneticamente: "Você viu Aaron? Precisamos de Aaron em 'Cabelo e Maquiagem' imediatamente."

– Tudo bem – eu disse, sem a mínima idéia de quem era aquela mulher, Erin. Seria paramédica? As pessoas continuavam a fazer seus trabalhos, agindo aproximadamente como todos os dias, mas sem entender o contexto alterado. Precisava ir para casa e ligar a televisão para descobrir o que estava acontecendo. Mas espere um pouco – essas eram as pessoas que deviam fazer o noticiário. Para crédito de todos, ninguém ali estava fugindo ou se escondendo debaixo das mesas na posição fetal. Porém, a julgar pela expressão de espanto, as exclamações chorosas, o céu estava caindo e nós todos íamos morrer.

É claro que eu não estava perto da morte, não como aqueles que trabalhavam nas torres e tinham escapado por acidente ou pela graça de Deus, ou fosse qual fosse a circunstância que os tinha protegido e afastado do perigo. Podia ser um trem perdido, a dor de ouvido de uma filha, uma decisão de descer para comprar óculos novos de leitura. Quanto a mim, eu seria a resposta a uma pergunta que jamais seria feita: Quem foi surpreendido pelo ataque ao World Trade Center durante uma entrevista na CNN?

Mais ou menos uma hora depois eu andava na Sétima Avenida, tentando ir para casa para estar com Lou. Estava indo para o centro da cidade, contra o povo que se dirigia para o norte, os corpos empoeirados, figuras de Pompéia revividas. Nós todos paramos quando a segunda torre desmoronou, descendo como um elevador solto dos cabos para dentro do solo. Em minha mente desci com ela até embaixo e senti no peito as vidas esmagadas.

Durante os seis dias seguintes, protegidos em nossa casa, dois quilômetros ao norte do local, eu andava de um lado para outro, músculos retesados e dentes cerrados, esperando a próxima explosão, as sirenes dos carros de bombeiros, o ronco dos F-16 passando por nossas janelas e depois na tela da televisão. Sentia-me feliz por estar viva, mas, como os que estavam comigo, não sabia quanto tempo isso ia durar. Não sabia o que viria a seguir. A única coisa que podíamos fazer era deixar o tempo passar enquanto o destino seguia seu curso.

Quando voltei para San Francisco, senti que tinha ganhado um adiamento temporário do terror. O perigo estava muito longe agora. Ou estaria mais perto do que nunca? Embora não estivesse mais centrada no futuro incerto do mundo, tinha de voltar ao estado incerto do meu corpo. Outro exame de sangue demonstrou um nível perigosamente baixo de açúcar no sangue. Então comecei uma série de exames para descartar os suspeitos usais e não usuais. Havia terror no meu corpo, e eu queria que fosse apanhado e retirado.

Várias vezes por semana ia ao hospital para os exames – dando o que pareciam litros de sangue e de urina, bem como me submetendo a tomografias e ressonâncias magnéticas, e um jejum de quarenta e oito horas hospitalizada. Durante grande parte de minha via, eu raramente ia ao médico, muito menos ao hospital, a não ser para um papanicolau e um mamograma anuais. Nunca tive nenhuma doença prolongada. Sintomas de gripe não duravam mais de vinte e quatro horas. Eu sempre conseguia evitar resfriados, enquanto meu marido apanhava dois ou três por ano. Confiava tanto em minha saúde que tinha apenas pequenas apólices de seguro, sendo uma que custava poucos cem dólares por ano e que cobria apenas as emergências mais básicas, como decapitação.

Agora estava pagando o preço da arrogância com a minha boa saúde. Fui lançada no labirinto dos corredores de hospital e de apólices de seguro de saúde, com cada processo automaticamente negado por um grande vizir que vivia invisível atrás de um número 0800 de telefone. Para esse magistrado de doenças, meus sintomas não existiam, a não ser que eu morresse por causa deles. Assim, por enquanto, uma vez que estava muito viva, os exames eram desnecessários e o seguro não cobria.

Algumas boas notícias chegaram logo no começo. Eu não tinha um tumor no cérebro. Havia quinze "objetos brilhantes não identificados" nos meus lobos frontal e parietal, mas isso podia não ser nada mais do que resíduo da idade, me disseram. Então a maldição estava descartada, as imagens do meu pai com olhos vazios e do meu irmão comatoso desapareceram.

Comecei a desejar um diagnóstico, o que, em essência, significava que estava desejando uma doença. Com o passar das semanas, fiquei impaciente por ter minha vida em compasso de espera até o resultado da nova série de exames. Tive de cancelar palestras em Maryland e Nova York, um convite para o clube do livro do *The Washington Post*, uma viagem a Aix-en-Provence para homenagear Toni Morrison, uma *fête* em Nova Délhi com Salman Rushdie e V. S. Naipaul – mas, também, quem queria voar naquela época de segurança máxima? Era melhor ficar em casa, ansiosa, temendo a destruição da Ponte Golden Gate, enquanto esperava os últimos resultados dos testes. Percebi o quanto minha sensação de perigo combinava com o novo clima nacional. Estávamos todos ansiosos, pensando nos terroristas desconhecidos que nos esperavam nos prédios altos, nos monumentos, nos parques de diversões. Nós todos adiamos nossas férias, evitando tomar aviões e atravessar pontes. Pelo menos minha doença serviu de distração de uma incerteza maior. Entretanto, queria garantir um diagnóstico, bom ou mau, e então continuar a minha vida em algum lugar que não fosse a sala de espera de um hospital, com revistas *Golf* não lidas e pacientes idosos que realmente pareciam não estar bem.

E se tivesse de passar o resto da vida naquela letargia e com a mente embotada sem saber por quê? E se eu nunca mais tivesse energia para caminhar nas trilhas do monte Tamalpais ou esquiar em corridas sem importância, ou dançar como uma louca ao som de Rock Bottom Remainders? Se tivesse de lutar com cada frase que escrevesse, como se estivesse com uma terrível dor de cabeça e falta de sono? Que diabo estava errado comigo? A causa tinha de ser médica, já que eu não era infeliz com minha vida. Eu não era do tipo que precisa de uma doença psicossomática para compensar uma lesão psíquica. Porém, não aparecia nenhuma causa. Os resultados dos exames eram sempre desagradavelmente "normais". Para mim, "normal" significava que eu tinha *falhado* nos testes. Queria números tangíveis e anormais, qualquer coisa que explicasse o problema, que levasse ao tratamento correto, permitindo que eu voltasse ao verdadeiro estado normal, esquecendo os problemas de saúde. Logo os médicos esgotariam as possibilidades e, se nada fosse encontrado, olhariam para mim com benevolência, diriam que sou perfeitamente saudável e que devo conversar sobre isso com um psiquiatra.

Em algum lugar do universo paralelo, onde tudo é absolutamente conhecido, estava a razão indizível e esquiva. A razão poderia ser mudada? Eu poderia fazer como os cristãos quando nos anos de 1800 foram à China e conquistaram o destino chinês com a fé religiosa? Se rezasse pedindo uma doença menos grave, poderia realmente mudar uma causa já determinada? Seria possível ter sintomas que podiam indicar uma dezena de doenças e fazer com que Deus decidisse qual delas era, se é que era alguma? Ele já não havia decidido o que eu tinha quando permitiu que os sintomas aparecessem? Ou seria Ele apenas encarregado de reduzir a sentença médica? Afinal, como funcionava a prece? Você está rezando para alterar ou afetar o quê?

Então um dia, finalmente, depois de tantos exames, um candidato promissor veio à tona como a fonte dos meus problemas: um tumor em uma das minhas glândulas supra-renais, o conjunto de órgãos acima dos rins que só existe na mente da maioria das pessoas quando alguma coisa parece errada. *Um tumor!* Então minha mãe estava certa outra vez.

O tumor na minha supra-renal esquerda era pequeno, com poucos centímetros, chamado "incidentaloma" por ser o tipo de anomalia que os médicos encontram por acidente quando procuram outros problemas. Como o especialista explicou, se você examina o corpo de uma pessoa durante um longo tempo, vai encontrar todo tipo de bicho-papão: quistos e escotomas, lesões e adesões, calcificação e coágulos, espessamento e afinamento das células, dos tecidos, das artérias e erupções da pele tão variadas quanto flocos de neve, a maioria detritos de viagens diárias de casa para o trabalho, comida de lanchonete e as vicissitudes do tempo. Parecia tão inofensivo quanto encontrar moedas e pipoca entre as almofadas das cadeiras num cinema. Uma pequena parte dos incidentalomas exige limpeza e remoção, mas, de um modo geral, era de esperar algum grau de decrepitude e estranheza no meu corpo. Minha médica disse que o tumor era provavelmente benigno, dado seu tamanho, o que significava que provavelmente não era maligno.

No meu estado pós-traumático, "provavelmente não" não era um prognóstico tranqüilizador. Afinal, a maioria das pessoas quase morria em vários casos? Alguém tinha três casos de tumor cerebral em membros da família imediata? A resposta às duas perguntas era "provavelmente não", mas vejam o que tinha acontecido comigo. Os especialistas sugeriam um plano razoável. Eu podia esperar para ver, depois fazer uma tomografia de seis em seis meses para verificar se o tumor estava crescendo. Ou eu podia preferir retirar a glândula supra-renal esquerda agora. Vejamos, disse para mim mesma, o que eu quero fazer – roer as unhas até a raiz nos próximos seis meses ou condenar e sentenciar o tumor agora, como culpado de todas as acusações? Cortem a cabeça dele, resolvi.

Depois da laparoscopia, tomei esteróides para ajudar minha glândula supra-renal direita a voltar a funcionar normalmente. Quando me recobrei da cirurgia, notei que o zumbido Dolby Digital e a taquicardia tinham desaparecido. Minha médica e eu nos congratulamos por termos encontrado o aparente culpado. Mas então começaram as alucinações.

Na noite em que apareceram, eu tinha ido cedo para a cama. Três horas depois, acordei de repente, como fazia muitas vezes. Olhei para o relógio. Era só meia-noite e meia. A luz no quarto de vestir ainda estava acesa e ia me levantar para apagar quando vi meu marido de pé na porta.

– Lou? – chamei. Ele se aproximou lentamente até chegar ao lado da cama. Oh, não, más notícias. Esperei que ele acendesse a luz e me dissesse quem tinha morrido. Mas ele não disse nada. Estaria arrasado de dor? – Lou? – eu disse outra vez e, quando estendi a mão para ele, meus dedos encontraram só ar e a figura na minha frente se deformou e evaporou.

Saltei da cama, certa agora de que Lou estava morto e o que eu tinha visto era seu espírito. Desci correndo a escada e andei pela casa, com meus cães atrás de mim, chamando o nome dele, até encontrá-lo muito vivo, assistindo à televisão. Então o que tinha visto? A alucinação seria um efeito residual da morfina e do anestésico durante a cirurgia? Desde minha alta do hospital, além dos esteróides, eu não estava tomando nada mais forte do que ibuprofeno.

Meus médicos não acharam que a visão fosse reação aos medicamentos. Mas não sabiam o que podia ser. Com seus olhares bondosos, mas preocupados, é possível que achassem que eu estava com a temida doença conhecida por "parafuso solto"?

As alucinações começaram a aparecer uma vez por semana, depois com intervalos menores e, finalmente, todos os dias. Era especialmente problemático quando eu estava fora de casa, num hotel. Como já fora seguida e tinha recebido ameaças de morte, nunca podia saber se o estranho ao meu lado no meio da noite era um fantasma da minha mente, e não um lunático de carne e osso. (Certa vez, há alguns anos, um homem de verdade, bêbado e completamente nu, entrou no meu quarto do hotel pela porta do quarto ao lado.) Para me proteger das alucinações, treinei meus yorkshires terriers para revistar os quartos do hotel antes de entrar. "Encontre Bin Laden", era a minha deixa, e o jogo consistia em examinar atrás das portas e nos closets escuros, debaixo da cama e atrás das cortinas à procura de animais indesejáveis, para os cães, e de vilões, para mim. Quando as pessoas apareciam para mim à noite, eu murmurava "Quem está aí?", e os cães ficavam imediatamente atentos, examinavam o quarto, farejando o ar. Quando eles se acomodavam para dormir, eu fazia o mesmo. Isto é, tentava dormir depois de ter visto um cadáver deitado ao meu lado, ou um poodle gorducho dependurado no teto, ou duas meninas pulando corda ao lado da minha cama, ou uma mulher de branco num jardim, ou ainda um camelô de parque de diversões tocando uma sanfona de circo.

Comecei a notar quando ocorriam as alucinações: sempre quando acordava de repente. A hora não parecia importante, fosse meia-noite ou sete da manhã. Não parecia corresponder ao grau de iluminação do quarto ou aos níveis do açúcar no meu sangue, ao fato de estar em casa ou não, se tinha tomado vinho no jantar ou não. Algum interruptor no meu cérebro que controlava os sonhos parecia agora incapaz de desligar quando eu abria os olhos e desfilava as figuras dos meus pesadelos, a encarnação da minha imaginação. Se fosse escritora de ficção científica, estaria abençoada com material abundante.

Meu sono ficou mais louco ainda e não de modo que muita gente acharia sexy e desejável. Além das alucinações, comecei a representar meus sonhos. Eu corria na cama, sentava, falava. Como muitas vezes eu sonhava que estava sendo atacada, dava pontapés e me agitava, empurrava e socava, e Lou tinha de suportar o impacto desses movimentos de kung fu. Outras vítimas do meu assalto eram uma lâmpada, o canto do meu criado-mudo e meu travesseiro. Acordava com os punhos machucados. Certa noite, sonhando que uma mulher ia me esfaquear, eu me atirei contra ela e mergulhei de cabeça para fora da cama.

Então havia os atos estranhos que cometia e dos quais não me lembro. Espalhei roupa suja por todo nosso loft em Nova York, por cima das cadeiras, sofás e mesas, criando padrões estranhos, de modo que na manhã seguinte, quando acordei, pensei que um decorador de interiores maluco tivesse entrado durante a noite. A idéia de fantasmas também vinha à mente. Outra vez aparentemente esvaziei várias caixas de saquinhos de chá numa vasilha. Pensei que Lou tivesse arrumado aquela estranha apresentação para eventuais convidados. E uma noite, num hotel em Pasadena, segundo me disseram, telefonei para uma amiga no meio da noite e deixei uma mensagem numa voz tristonha de menina, perguntando se ela tinha visto Lou e meu cão Bubba. No dia seguinte, quando me recusei a acreditar que tivesse telefonado àquela hora, ela ligou a secretária e me fez ouvir a mensagem. Ouvindo minha voz, tive a sensação estranha de ter adquirido múltipla personalidade. Se eu gostasse de beber, juraria que era o álcool.

Eu temia estar ficando demente, seguindo os passos de minha mãe e desenvolvendo o mal de Alzheimer. Dei a Lou permissão para me internar numa clínica quando chegasse a hora. Revisamos nossos testamentos e fundamos um truste. Consultei mais alguns médicos. Fui a um especialista de distúrbios do sono, que só descobriu que eu não tinha apnéia. Consultei um neurologista, que disse que eu não tinha sinal de ataques. Eu começava a pensar que talvez não houvesse nada de errado comigo, a não ser o desconforto geral de ficar velha e estranha. As outras pessoas simplesmente aceitavam o fato de que seus corpos enguiçavam como automóveis assim que a garantia expirava?

A psiquiatra acreditava que havia mais alguma coisa. Era um grande alívio ver que ela não achava que eu estava ficando louca. Insistiu para que eu fizesse mais exames. O problema maior era agora minha incapacidade de trabalhar por causa do cansaço e da falta de concentração. Além disso, estar sempre indo para o hospital e voltando tornava menos possível ainda escrever. Resolvi parar de consultar médicos por algum tempo e tentar seguir o exemplo britânico: ir em frente com o queixo erguido.

À medida que meus problemas pioravam, eu fazia pouco deles com meus amigos. "Ainda bem que sou escritora de ficção, e não o piloto da sua linha aérea", dizia. Para eles eu parecia normal. Garantiam-me que eu estava sofrendo do esquecimento comum a todas as pessoas da minha idade. Nós todos entramos numa sala e nos perguntamos por que estamos ali, eles diziam. Não lembramos os nomes e nem nosso telefone. Nós todos temos músculos rígidos e juntas doloridas. Nós todos sofremos pesadelos, especialmente depois do 11 de setembro. Nós todos estamos perdendo cabelo.

Longe de me consolar, isso me alienava, pois não era nada disso, mas ia parecer louca se tentasse explicar. Será que a maioria das pessoas de meia-idade perdia o cabelo aos montes, a ponto do ralo do chuveiro ter de ser desentupido diariamente para retirar o equivalente a uma pequena peruca? Meus amigos liam e-mails, respondiam e depois não se lembravam de terem feito nada disso? Ficavam espantados ao ler páginas de uma história que tinham escrito? Omitiam as primeiras letras das palavras quando escreviam a mão? Sua dicção se atrapalhava a ponto de substituir palavras por outras com o mesmo som, mas completamente sem sentido? E se perdiam no próprio bairro, incapazes de reconhecer pontos de referência familiares, constrangidos demais para pedir ajuda? Quando surpreendidos por uma distração, ficavam assustados, depois desorientados? Eu parava na calçada, paralisada e indecisa, sabendo que parecia a vítima em potencial de um assaltante, olhando confusa para um lado e para outro da rua. Minha salvação era fazer com que meus cães fossem na frente, presos às correias, para me levar em qualquer direção, até conseguir descobrir onde estava. Quando estávamos perto de casa, eles seguiam nessa direção. Certa vez em Nova York, com os cachorros, andei a esmo durante uma hora numa tempestade de neve, a dois quarteirões de casa, porque o tapete branco modificava o terreno.

Dirigir automóvel não era mais uma coisa que eu podia fazer naturalmente e com facilidade. Tornou-se uma tarefa mental, um teste dos meus reflexos. Para mim parecia uma maravilha todo mundo não só não frear quando o sinal está verde, como frear automaticamente quando está vermelho. Cores e movimentos dos pés ficaram complicados, bem como as direções a serem seguidas. As pessoas buzinavam irritadas com meus erros. Parei de dirigir. Não mais saía de casa sozinha. Aos poucos aprendi a fazer acomodações para lidar com meus problemas. Porém, como conseqüência, minha vida estava ficando muito pequena.

Devo agradecer a Madonna por meu diagnóstico. Em novembro de 2002, Lou e eu estávamos a caminho de Miami para uma reunião com meus companheiros da banda The Rock Bottom Remainders. Os rapazes da banda acharam que seria hilariante se eu cantasse mal "Material Girl" – não que fosse possível eu fazer de outro modo. Eu tinha minhas dúvidas sobre cantar essa música, mas fui em frente e comprei no eBay uma nova peruca para o ato, e uma bolsa de náilon com o logo Enron. Minha "Material Girl" seria uma dama da sociedade da ralé. No avião de San Francisco para Miami, estudei a letra e ouvi a versão caraokê da canção em meu toca-discos.

Nas seis horas seguintes, tentei decorar a letra. Não era profunda – era sobre uma jovem que gostava de se divertir, mas não era boba quando se tratava de dinheiro. Porém, tentar guardar as palavras era para mim como tentar pegar um peixe untado com óleo. Depois de seis horas de estudo e treino do estilo caraokê, ainda não podia lembrar a primeira linha sem ver as palavras impressas na minha frente. Concluí que estava cansada. No hotel em Miami continuei a treinar das nove da noite até as duas da manhã, quando tentei um teste que os neurologistas fazem nos pacientes do mal de Alzheimer – contar de trás para diante de cem, subtraindo sete cada vez. Foi horrível. Senti-me como se estivesse me balançando em barras de ginástica, tendo de lembrar simultaneamente qual a mão que devia segurar e qual devia soltar, hesitando por tempo demais pensando nisso e caindo entre as barras. Suava de frustração e de medo. Notei também que no meu braço esquerdo, que estava dormente até os dedos, tinha agora uma sensação de frio e calor. Eu tivera um problema semelhante com meu braço direito dois anos atrás. De manhã, ainda não conseguia lembrar da letra de "Material Girl" e mal conseguia mover meu braço esquerdo sem sentir uma dor estranha.

Por sorte, nossa banda é conhecida por sua estranheza, por isso me foi permitido cantar lendo a letra. Porém, até ler era difícil, pois eu teria de cantar ao mesmo tempo, ouvir as deixas musicais na hora certa e movimentar o corpo acompanhando mais ou menos o ritmo. Era tanta coisa que eu antes tinha como certa e fácil, e agora tinha de lutar para fazer. Meus companheiros da banda acharam hilariante. Eu fiquei mortificada.

Quando voltei para casa, marquei hora com outro neurologista. Dessa vez estava resolvida a continuar com os testes até encontrar alguma coisa. Tinha visto o relatório da ressonância magnética há mais de um ano. O que eram aqueles "quinze objetos brilhantes não identificados" em meu cérebro? Eram *sempre* uma parte normal do envelhecimento? Podiam estar relacionados com alguma outra coisa? E a sensação de queimadura no braço que a ressonância magnética mostrava ser sinovite? Por que eu tive sinovite primeiro no braço direito, depois no esquerdo? O médico concordou em pedir mais testes para descartar a possibilidade de esclerose múltipla e lúpus, e num relatório do laboratório vi uma garatuja que julguei ser "Lyme".

Até então não tinha me ocorrido pensar na doença de Lyme. Não era alguma coisa que só existia na Costa Leste? Na verdade eu vivia pulando de uma costa para outra. Numa mesma semana podia estar em Nova York, San Francisco ou em cinco cidades em diferentes estados. Lembrei que eu tinha encontrado carrapatos cheios de sangue nos meus dois cachorros, na verdade muitas vezes, e até recentemente, há poucos meses, logo depois de ter estado em Washington, D.C. Quando vi uma bola de pêlo no meu cão Lilli, cortei e o sangue espirrou nas pontas dos meus dedos. Eu teria machucado o cachorro? Examinei de perto a bola de pêlo e ela começou a se mover, agitando as pernas no ar, procurando desesperadamente outro pedaço de carne quente. Eu quase vomitei de nojo. Meus dois cães estavam vacinados contra Lyme, mas levei-os ao veterinário para mais exames.

Por que nunca fiz um teste comigo também? A razão era simples. Eu não tinha visto o "exantema em forma de olho de boi" que diziam ser o sinal de um carrapato doente. Tinha lido a respeito num jornal ou revista e pensei que o "olho de boi" fosse uma picada visível de carrapato circundada por um anel vermelho do tamanho de uma aliança. Mas agora, sem saber ao certo como era, pesquisei a doença de Lyme na Internet. Lá estava o website com fotos de exemplos do *eritema migrans*, o exantema característico do *espiroqueta borrelia*. Meus cabelos ficaram em pé. *Lá estava a minha erupção.* Lembrei dela: uma enorme mancha vermelha na canela, logo abaixo da linha da meia soquete, com uns nove centímetros de diâmetro. O que era aquilo? Com minha memória enfraquecida, tentei juntar as pistas. Lembrei-me de ter visto a erupção crescer e pensar que podia ter sido causada por um carrapato, mas não havia nenhum círculo vermelho. Então achei que era uma picada de aranha. Agora, depois de ver os exemplos no website e ler as descrições, sabia que os exantemas não desenvolviam necessariamente o olho de boi logo no começo, e muitas vezes o olho de boi não era necessariamente um círculo perfeito, podia ser os restos de uma grande erupção mais clara nas bordas. Podia ser melhor descrita como um halo claro, às vezes bem demarcado, às vezes não, aparecendo em alguns casos como a moldura primordial de um cone vulcânico submerso, como a minha, quando começou a desbotar gradualmente durante o mês. Em mais de 50% dos casos, dizia o website, o paciente nem chegava a ver a picada do carrapato e o exantema.

Os carrapatos mais perigosos, dizia outro website, eram ninfas, tão pequenos quanto o período desta frase. Geralmente não eram notados. Agora lembrei que no centro da minha erupção havia um ponto negro. Lembrei desse fato por não ser comum. O ponto era redondo e alto, por isso pensei que fosse uma bolha de sangue causada por ter coçado a picada. Quando o ponto negro caiu, deixou um buraco com bordas que continuavam feridas. Logo outros exantemas apareceram na parte inferior da minha perna, e mais três no meu braço. Lembro-me de ter pensado que devia haver uma infestação de aranhas que caíam do teto à noite. Mas o website me levou a novas conclusões. À medida que a doença de Lyme se disseminava, os exantemas podiam aparecer em outras partes do corpo.

Então lembrei que algum tempo depois a parte superior dos meus pés ficou dormente, e eu imaginei se o exantema teria alguma coisa a ver com isso. Tinha mencionado esse fato para minha médica no *check-up* anual e me lembrei da data aproximada da consulta, de novembro de 1999, um pouco antes da morte de minha mãe. Em alguns rápidos testes dos reflexos dos meus tornozelos, que estavam ausentes, minha médica raspou as partes superior e inferior dos meus pés, descobrindo que não tinham sensação normal, mas que também, estranhamente, estavam doloridas. Ela concluiu que eu tinha neuropatia periférica, mas nenhum outro problema neurológico aparente. Devia ficar atenta para o aparecimento de outros problemas, mas por enquanto concordamos que esse sintoma parecia apenas uma curiosidade, nada com que se preocupar.

Três anos tinham passado desde a dormência nos meus pés. Pesquisando os websites da doença de Lyme, senti a alta tensão de estar lendo as inevitáveis conclusões de um misterioso assassinato. Ali estavam todas as pistas tão óbvias agora: o exantema. A exaustão. O adormecimento, a rigidez no pescoço e até a hipoglicemia. Lendo a lista, senti como se estivesse assistindo àquele velho programa "Esta É a sua Vida", no qual detalhes sentimentais do passado da pessoa eram desenterrados e expostos ao público: um velho professor de matemática, o primeiro namorado, o primeiro patrão. Mas agora estes eram os visitantes do meu passado: queda do cabelo, taquicardia, audição hipersensível, palpitações, a sensação de vibração interna (meu sintoma Dolby Digital), músculos rígidos, dores nas juntas, zumbido nos ouvidos, sensações de queimadura e facadas, estalos no pescoço, sinovite, insônia. Então vinham os companheiros do último estágio da borreliose: problemas cognitivos, como processo mental retardado, desorientação geográfica, falta de concentração e até alucinações, meus visitantes noturnos.

Surgiu então uma nova pergunta: Quando eu fora picada? Onde, exatamente? Enquanto andava nos pastos de Nova Jersey, numa exposição de cães, ao ar livre, no começo do outono? Ou foi na primavera, no norte do estado de Nova York, quando visitei minha editora que estava doente? Ou teria acontecido no verão, quando fui a uma conferência de escritores em Old Chatham, Nova York? Ou no casamento ao ar livre em Dutchess County? Ou quando esquiava nos bosques relvados de Sonoma, Mendocino ou na bacia do Yosemite? Teria acontecido na China, na Itália, Polônia, Tchecoslováquia, lugares que tinha visitado, e onde havia carrapatos borrelia de uma cepa diferente? Era impossível saber, já que recentemente eu tinha levado uma vida tão peripatética. Eu podia ter levado o carrapato de qualquer lugar para São Francisco.

Porém, essa era a pergunta que sempre voltava à minha mente dia e noite. Não podia imaginar os vários cenários, quando estava calmamente me divertindo, caminhando numa trilha relvosa num dia maravilhoso, enquanto o pequeno vampiro sugava a minha perna. Queria visualizar isso para poder fazer a pergunta inútil: "Por que eu?" Por que eu, entre centenas ou milhares de pessoas que podiam ter passado pelo mesmo lugar, fui a infeliz escolhida para servir de alimento à ninfa do carrapato? O que estava fazendo enquanto os espiroquetas nadavam na minha corrente sangüínea, usando suas caudas de chave de fenda para se mover mais depressa em meus tecidos, meus órgãos e cérebro?

Como a picada do carrapato havia mudado o curso da minha vida, queria capturar o momento exato, vê-lo ao vivo num monitor da CNN. Queria passar a cena repetidamente, queria ver os momentos imediatamente anteriores e posteriores, como fazemos com todos os momentos terríveis de nossa vida, os momentos tanto pessoais quanto universais, os segundos que mudaram para sempre nosso mundo, seja o nascimento de uma criança ou a morte de um ente querido, o assassinato de um grande líder ou o colapso das torres do World Trade Center.

Sei que meus médicos não aprovavam esse excesso de informação, mas estava desesperada para saber o máximo possível sobre o parasita no meu corpo. Procurei na Internet outra vez e encontrei um grupo de apoio, habitado por um submundo virtual de antigos sofredores da doença de Lyme. As informações mais recentes eram de mães assustadas, geralmente mães de crianças que tinham sua pele perfeita violada por um carrapato e estavam agora desanimadas e iam mal na escola. Eu ainda não fora diagnosticada, mas estava certa de ter descoberto o culpado.

Fiquei sabendo então que meu caso era típico. Eu tinha passado alguns anos procurando a causa. Fiz uma cirurgia e gastei mais de cinqüenta mil dólares em testes para diagnóstico. Alguns dos lymies, como eles se chamavam, tinham sido diagnosticados há muito tempo – dez, vinte, até trinta anos. Tinham me dito que a doença de Lyme era rara. Havia somente 139 novos casos na Califórnia, reportados em 1999, o ano em que provavelmente eu fora infectada. Eles conheciam um especialista em San Francisco que havia tratado quinhentos pacientes.

Agora, o que eu devia fazer? Meus amigos virtuais eram guerreiros mais experimentados, tanto quanto ao que se referia ao borrelia, quanto à ignorância da comunidade médica. Aconselharam-me a evitar o teste de triagem que a maioria dos médicos fazia, o teste de imunodeficiência, ou ELISA. É 90% específico, mas só 65% sensitivo: esse teste fornecia um nível inaceitável de falsos-negativos. Em contraste, os testes para antrax eram

110% sensíveis, o que significava alguns falsos-positivos. Com uma doença mortal, não seria melhor errar por ser por demais inclusivo? Contudo, o oposto era verdadeiro para o teste de triagem para borrelia. Se você faz o ELISA e o resultado é negativo – os lymies advertiam –, é nisso que seu médico vai acreditar, e você não vai fazer o da mancha ocidental, o teste feito para os que têm teste positivo de ELISA. A mancha ocidental é um teste mais sensitivo, eles dizem, mas a doença tem de ser diagnosticada por alguém que reconheça toda a panóplia da história e dos sintomas clínicos.

Infelizmente, poucos médicos dedicaram algum tempo a se atualizar com as complexidades desse diagnóstico clínico. Por que fariam isso? Nunca viram um paciente com Lyme. Para a informação mais recente, dependem dos conhecimentos básicos: "Use o teste de triagem ELISA. Se for positivo, pode ser um falso-positivo, a não ser que você veja o exantema com o olho de boi. Para infecções reais, dez dias de antibióticos são suficientes." Mesmo médicos dos programas de televisão receberam conselho semelhante, e, sem questionar a fonte, passaram para os espectadores. Mas o padrão de "dez dias" foi baseado num único estudo considerado falho pela maioria dos médicos da Lyme, que vêem centenas de pacientes por ano. Dez dias de antibióticos é uma receita para recaída, dizem os lymies. É o mesmo que dizer que um inseticida para barata era suficiente para qualquer casa, não importando seu tamanho, se você viu alguma barata recentemente na casa ou se a casa estava infestada há anos. Se você não acredita que um subtratamento é perigoso, olhe para nós, os lymies. Somos os resultados desse conselho. Tivemos recaída e nos recusaram tratamento. Nós, antes professores, advogados, carpinteiros, médicos, assistentes sociais e mães, ficamos de cama, perdemos nossos empregos, nossas casas e muitas vezes nossas esperanças.

Era como se estivesse ouvindo pessoas que se afogavam no rio Styx. Que tipo de doença eu tinha adquirido? Seria a Lyme que fazia aquelas pessoas rabugentas e desconfiadas? Os lymies queriam saber por que a comunidade médica fora tão apressada, tão determinada em recomendar um tratamento a curto prazo. Chamavam a atenção para o fato de que até 1982 ninguém tinha certeza da etiologia da doença. E em vinte anos, houve pesquisa suficiente para saber como impedir que o borrelia hidrocéfalo invadisse o corpo e se entrincheirasse no seu restaurante favorito: o cérebro.

Tivesse eu a Lyme ou não, sabia que estava desenvolvendo o que alguns chamariam de "doença terminal", o que se adquire sentada na frente de um computador, ingerindo informação da Internet em doses de megabytes. Mas tinha de saber quem era o terrorista. Tinha de visualizar o que estava agora no meu corpo. Meu inimigo era um espiroqueta, uma bactéria esperta com uma cauda, quatro vezes mais complexa na sua estrutura genética do que o espiroqueta causador da sífilis, para o qual os pacientes recebem *meses* de tratamento com antibióticos. Como as assustadoras criaturas do filme *Alien: o oitavo passageiro*, o espiroqueta do gênero borrelia é um inseto inteligente com capacidade de tomar outras formas, uma versão celular do lobo com pele de cordeiro, capaz de se esconder e não ser reconhecido por antibióticos, nem pelas defesas imunes do corpo. Um arsenal sempre renovado de armas era necessário para derrotá-lo, com tratamento de anos, se não pelo resto da vida. Porém, companhias de seguro, planos de saúde e organizações médicas aderiram à idéia de que dez dias de antibióticos é o quanto basta para vencer o borrelia e devolver o paciente a uma vida indolor e produtiva. Sua justificativa para essa abordagem parcimoniosa funda-se na preocupação com as doenças resistentes a antibióticos que surgiram no mundo inteiro devido ao uso indiscriminado desses medicamentos. Mas pacientes com acne continuam a receber antibióticos durante anos sem nenhuma controvérsia. Acne não é uma ameaça à vida, os lymies dizem, ao passo que a neuroborreliose crônica é.

Os mais antigos usuários nesse painel de mensagens eram muito céticos. Não confiavam na maioria da comunidade médica, só nos médicos considerados "conhecedores da Lyme", que vêem centenas de casos por ano, ao contrário dos que viram somente um ou dois durante todo seu tempo de prática profissional. Os lymies me aconselharam a procurar um médico entendido na doença, que pedirá testes ao IGeneX, o laboratório que incluiu as dezesseis faixas da mancha ocidental e mais cepas do borrelia, cerca de trezentas no mundo todo, do que qualquer outro laboratório.

Mas eu não sou tão cínica quanto esses lymies. Nem todos os médicos se recusaram a considerar a doença de Lyme. Meu novo neurologista mandou que fosse feito o teste de Lyme antes que eu chegasse a falar no assunto. Certamente deve ter considerado a possibilidade de eu ter a doença. Logo chegariam os resultados dos testes e eu teria minha resposta.

A resposta chegou. Os testes eram negativos. Tinha tanta certeza de ter a doença, de estar ainda com ela. As observações dos lymies sobre a pouca sensibilidade do ELISA não deixavam minha mente. Telefonei para o especialista, para dizer que acabava de me lembrar de uma informação importante que eu não tinha dado a ele, nem aos outros médicos. Falei sobre o exantema, a dormência, a rigidez no pescoço que me tinha feito comprar novos travesseiros a cada semana.

– Eu duvido realmente que você tenha a doença de Lyme – ele disse. – É extremamente rara na Califórnia.

Apressei-me a dizer que passava parte do tempo na Costa Leste, que ia muitas vezes a Dutchess, Putnam e Columbia, em Nova York, locais onde havia infestações da doença. Tinha passado férias em Mystic, Connecticut, perto de Old Lyme, a cidade que dera o nome à doença.

– Sei que o exame deu negativo – disse –, mas gostaria de fazer novos exames, só para ter certeza.

Então meu médico me surpreendeu. Ele disse que o laboratório não havia feito o teste para a Lyme. Tinha feito exames para sífilis, aquele outro espiroqueta. Mas se isso me faria sentir melhor, ele podia pedir o melhor teste para Lyme, o ELISA. E se desse positivo, podíamos fazer uma punção na espinha para ter certeza.

Naquela noite escrevi um e-mail para o especialista em Lyme, em San Francisco, mencionado pelos lymies na Internet. Considerado por eles o maior perito na doença, atendia pacientes do país inteiro, e num ano fora votado entre os melhores médicos de San Francisco. Na consulta, contei meus sintomas e, em vez de parecer intrigado, aquele médico assentiu, balançando a cabeça: "Bem comum", ele disse. Olhou para a minha ressonância magnética. "Característico", observou. Nada parecia muito surpreendente ou bizarro para ele. Recomendou o teste da mancha ocidental feito pelo IGeneX, o mesmo laboratório que os lymies tinham recomendado. Logo tive minha resposta: o teste da mancha ocidental deu altamente positivo para a doença de Lyme, sublinhando várias faixas. Um scan do meu cérebro mostrou hipoperfusão, também chamada "cérebro obstruído", o que era responsável por processamento retardado e outros danos, todos típicos da doença de Lyme. Meu sistema imunológico mostrou anormalidades indicativas da luta do sistema contra uma infecção crônica – uma contagem de linfócitos de 55%, muito acima do normal, de 42%. Tinha também um número anormalmente pequeno de células assassinas, uma marca que o médico tinha visto em quase todos os pacientes num estado avançado da doença de Lyme. Ele escreveu o nome do meu diagnóstico oficial: neuroborreliose, também conhecido como doença neurológica de Lyme.

Naquele dia comecei a tomar megadoses de antibióticos. Dois dias depois eu estava pior do que nunca. Meu cérebro parecia inchar, eu tinha uma dor de cabeça terrível. A dor nas juntas estava pior, o zumbido no ouvido era estridente e minhas mãos e meus pés queimavam. Estava exausta, como se fosse ter gripe. Relatei ao médico o que estava acontecendo.

– É bom ouvir isso – ele disse. – A piora dos sintomas, a reação Jarisch-Herxheimer, acontece em poucas doenças, em resposta aos antibióticos, uma delas é a sífilis e a outra – veja só – a doença de Lyme. O fato de ter ocorrido essa reação confirma o diagnóstico.

Depois de dez dias os antibióticos não tinham feito grande coisa para me livrar dos sintomas. Graças a Deus não estava com um médico que insistia no padrão de dez dias. Porém, depois de oito semanas, um pouco da confusão melhorou e senti uma energia enorme – isto é, minha energia normal. Fiquei satisfeita. Limpei minha mesa, mudei a disposição dos móveis, troquei a roupa de cama, fui de carro à loja de ferragens, voltei e pintei a garagem, instalei uma barra de metal no closet e lavei o terraço com a mangueira. Mais tarde fui ao supermercado. Preparei uma refeição para amigos e lavei os pratos – tarefas comuns que há tempo não fazia por falta de capacidade de organização, energia e motivação. No dia seguinte, comecei a escrever outra vez. Umas duas semanas depois, a confusão mental voltou e voltaram o cansaço e o desânimo. Quando tentei dirigir, parei num sinal verde e passei no vermelho.

Quando souberam do meu diagnóstico, dezenas de pessoas me procuraram dizendo que também estavam infectadas com a doença de Lyme. Eu acabava de ser iniciada ao clube secreto. Os membros incluíam escritores, um editor, um publicitário e seu sócio, um libretista, um técnico veterinário e a mulher de um escritor. Eu pensei: Esta é uma doença rara? A julgar pelos números dados pelos Centros de Controle de Doenças, eu raramente, ou nunca, deveria ter encontrado alguém com a doença. A maioria daquelas pessoas morava na Costa Leste, onde uma picada de carrapato é levada mais a sério. Muitas tinham consultado grandes médicos, que receitaram antibióticos sem fazer o teste de triagem. O que não recebeu tratamento logo no começo mora da Califórnia e é escritor. Como eu, ficou sem poder escrever. Está combatendo a doença há seis anos. Já passou por várias combinações de antibióticos, transfusões diárias e injeções dolorosas. Aos poucos está melhorando. "Os bons dias, quando chegam", ele me disse, "valem ouro. Deve saboreá-los. Escreva até não poder mais."

Encontrar a causa devia ser o fim desta história, mas, para mim, é ainda o começo. Estou começando a grande viagem, com um tratamento que provavelmente durará anos. Não me sentirei segura enquanto meu scan do cérebro e os exames de sangue do meu sistema imunológico não voltem ao normal, até que a mancha ocidental dê negativa para a doença de Lyme e os vários sintomas tenham desaparecido. Bem, talvez nem todos desapareçam. Disseram que os problemas nas juntas permanecerão como lembrança.

Além disso, simplesmente pelo fato de ter a doença de Lyme, fui levada ao cisma da ciência médica tanto para diagnóstico quanto para tratamento. Conheço agora o maior perigo do borrelia: a ignorância.

Eu era ignorante e não sabia que os sintomas originais mereciam ser contados. A maioria dos médicos ainda acredita que a doença de Lyme é extremamente rara, porém a cada dia fico sabendo de mais casos. A comunidade médica acredita sem questionar que o ELISA é um bom teste de diagnóstico e que um curto tratamento com antibióticos resolve o caso. Essa, sei agora, é a posição da diretoria da Associação Médica da Califórnia. Por que dar uma recomendação dessas que estabelece um precedente perigoso? Os executivos da associação dizem que não há prova ainda de que a doença de Lyme pode se transformar numa infecção persistente.

Isso me deixa como? Tenho uma infecção persistente e sou também, por natureza, bastante persistente. Persisti em encontrar o médico certo, descobrindo o espiroqueta que me infectou. Farei o que for preciso para ficar boa. Mesmo que eu não me recupere completamente, agradeço por ter conseguido uma pequena melhora, pois posso escrever outra vez, quando os dias dourados chegam silenciosamente. Escrever é um grande esforço. Tenho de pensar com maior concentração. Mas, afinal, o mundo é agora um lugar mais difícil para todos nós. Nós todos temos de pensar mais profundamente.

Por enquanto, posso aceitar com segurança e bom humor o fato de realmente ficar confusa e não ser tão rápida quanto antes. Quando estou desorientada, sei que não é por causa de pânico, de medo do desconhecido. O terrorista no meu corpo foi encontrado. Sim, o mundo ainda é para mim um lugar ameaçador, porém não mais do que para a maioria das pessoas. Não sou mais governada pelo destino e pelo medo. Tenho esperança e, com isso, uma determinação para mudar o que não está certo. Como contadora de histórias, sei que se eu não gostar do fim, posso escrever outro melhor.

Minha mãe e eu.

Estes contos apareceram de forma levemente modificada nas seguintes publicações: "Como soubemos", no *Harper's Bazaar*; "Última semana" (sob o título "Fantasmas de família guardam segredos que assombram os vivos"), no *New York Times*; "A escolha de minha avó", no *Ladie's Home Journal e na Life*; "Cabeça de peixe", em *Seventeen*; "Conselho perigoso", na *Ski Magazine*; "Confidências da meia-idade", em *Mid-Life Confidential* (Viking); "Joy Luck e Hollywood", no *Los Angeles Times*; "Confissões", em *Confession* (PEN/Faulkner Foundation); "Incrivelmente bela", em *The Oprah Magazine*; "As palavras mais odiosas", no *New Yorker*; "Meu caso de amor com Vladimir Nabokov" (sob o título "Amy Tan's Personal Best: *Lolita*"), em *Salon*; "Decoração inferior (sob o título "Tête-à-Tête"), em *Elle Décor*; "Retirada para a realidade" (sob o título "Weekend Siege"), em *Ski Magazine*; "Meu cabelo, meu rosto, minhas unhas", em *Ski Magazine*; "Língua materna", em *The Threepenny Review* e *The Best American Essays 1991* (Houghton Mifflin); "A linguagem da discrição", em *The State of the Language* (University of California Press); "Angústia e o segundo livro" (como "Angústia e o segundo romance"), em *Publisher's Weekly*; "Leitura obrigatória e outros assuntos perigosos", em *The Threepenny Review* e *Harper's*; e "As melhores histórias", em *The Best American Short Stories 1999* (Houghton Mifflin).

Todas as fotos são cortesia de Amy Tan.

Este livro foi impresso na Editora JPA Ltda.,
Av. Brasil, 10.600 – Rio de Janeiro – RJ,
para a Editora Rocco Ltda.